NEW! 성령과 기질

팀 라헤이 지음 | 홍종락 옮김

생명의말씀사

SPIRIT-CONTROLLED TEMPERAMENT
by Tim LaHaye

ⓒ 1966 Post, Inc., La Mesa, California; ⓒ 1994 renewed by Tim LaHaye
Revised edition ⓒ 1992 by Tim LaHaye
All rights reserved.

Translated into Korean by permission of Tyndale House Publishers.
Korean Edition published by Word of Life Press, Seoul 1971/1992/2004.
Printed in Korea.

성령과 기질

ⓒ 생명의말씀사 1971, 1992, 2004

1971년 3월 3일 1판 1쇄 발행
1991년 8월 20일　　15쇄 발행
1992년 5월 30일 2판 1쇄 발행
2003년 11월 10일　　20쇄 발행
2004년 5월 15일 3판 1쇄 발행
2025년 8월 6일　　22쇄 발행

펴낸이 | 김창영
펴낸곳 | 생명의말씀사

등록 | 1962. 1. 10. No.300-1962-1
주소 | 서울시 종로구 경희궁1길 6 (03176)
전화 | 02)738-6555(본사) · 02)3159-7979(영업)
팩스 | 02)739-3824(본사) · 080-022-8585(영업)

기획편집 | 유정희
표지디자인 | 디자인부
편집디자인 | 박소정
인쇄 | 주손디앤피
제본 | 주손디앤피

ISBN 89-04-09032-6 (03230)

저작권자의 허락 없이 이 책의 일부 또는 전체를
무단 복제, 전재, 발췌하면 저작권법에 의해 처벌을 받습니다.

성령과 기질

SPIRIT-CONTROLLED TEMPERAMENT

Spirit-Controlled Temperament

Spirit-Controlled

FOREWORD

서문

사람들의 타고난 기질은 참으로 놀랍기 그지없다. 눈송이마다 모양이 다 다른 것처럼 각 사람은 독특한 존재이고 그 독특함을 만드는 것이 바로 기질이다. 기질은 인간 행동의 근저에 놓인 보이지 않는 힘이요, 되는 대로 방치할 경우 멀쩡하고 유능한 사람을 파멸시킬 수도 있는 힘이다.

기질로 인해 강점을 갖게 되기도 하고 약점이 생기기도 한다. 우리는 자신의 강점만 생각하고 싶어하지만 약점이 없는 사람은 없다!

하나님은 그리스도인들에게 성령을 주셨다. 성령의 인도를 받을 때, 우리는 타고난 강점을 보강하고 약점을 극복할 수 있다. 이것이 바로 26년 전에 탄생한 이 책의 요지이다.

베스트셀러의 탄생

나의 첫 저서인 성령과 기질이 베스트셀러가 되었을 때 누구보다 놀란 사람은 나 자신이었다. 지금까지 이 책은 영어권에서만 백만 부 이상이 팔렸다. 그리고 참으로 감사하게도 20개 이상의 언어로 번역되었다. 생면부지의 전 세계 사람들을 대상으로 사역할 수 있다는 것은 작가만의 특권이 아닐 수 없다.

원래 나는 책을 출판할 의도가 전혀 없었다. 이 책의 초고는 1966년 샌디에이고의 우리 교인들을 대상으로 한 주일 저녁예배 설교 원고였다. 그 설교의 취지는 성령께서 우리의 타고난 약점을 강하게 하실 수 있음을 보여주려는 것이었다.

그 설교는 내가 그 교회에서 25년 동안 전한 내용 중 가장 실제적이고 호응이 좋았다. 많은 교인들이 그 설교를 통해 삶이 달라졌노라 간증했다. 설교 원고를 출력해서 배포하자 출석률이 높아졌다. 그 연속설교 기간에 예배 출석 교인 수는 교회 역사상 최고치를 기록했다.

하나님의 섭리였는지, 애로우헤드 스프링즈에 있는 CCC 서점의 관리 부장이자 우리 교회 교인이던 존 린스콧이 "때마침" 샌디에이고에 들렀다가 그 연속설교의 마지막 부분을 들었다. 열한 번의 설교 모음을 모두 훑어본 그가 말했다. "제가 서점에서 팔 수 있도록 이 원고들을 모아 표지를 붙여 주실 수 있겠습니까?"

나는 우리 교인들 외에 과연 그걸 읽을 사람이 있을까 의아해하면서 이렇게 물었다. "몇 부나 보내드릴까요?"

"300부 주십시오."

그래서 당시 고등학생이던 내 아이들이 출력된 원고를 묶어 접착제로 표지를 붙였다. 그 다음 인쇄소로 가서 책들을 반듯하게 다듬었다.

사흘 후 존이 전화를 걸어 1,200부를 더 요청했다! 그는 당시 CCC 교육 담당간사였던 핼 린지에게 한 부를 주고 그 책을 추천해 달라고 부탁한 모양이었다. 핼은 그날 밤 침대에 누워 그 책을 다 읽고 잤다고 했다. 다음 날 아침 그는 학생들 앞에서 그 책을 집어 들고 말했다. "어젯밤에 이 책을 읽었는데 정말 괜찮네요. 여러분도 꼭 읽어 보세요." 오후가 되자 첫 300부가 모두 팔렸다. 그래서 존은 1,200부를 더 요청한 것이다. 내 두 번째 "개인" 인쇄부수는 3,000부였다. 그 정도면 남은 평생 동안 팔리고도 남을 줄 알았다.

그 무렵 나는 피닉스에서 이 설교를 했다. 회중들의 반응은 샌디에이고 교인들과 똑같았다. 내가 가져간 책 100부가 금세 동이 났다. 이쯤 되자 아이들은 "아빠의 책"을 묶어내는 데 진력이 나고 말았다.

어느 날 나는 주일학교 담당자 모임 강연을 위해 시카고로 가게 되었다. 그때 아내 베블리가 나를 공항까지 태워다 주었다. 공항에 도착한 우리는 이 작은 책을 발간할 출판사를 세워달라고 하나님께 기도했다. 우리는 그 분이 이미 준비작업을 해놓으셨음을 전혀 알지 못했다.

존 린스콧은 켄 테일러의 리빙바이블을 베스트셀러로 만든 마케팅의 귀재 밥 호킨스에게 이 책 한 부를 주고 이렇게 말했다. "밥, 이 책은 꼭 출판해야 합니다." 밥은 이 책을 서류 가방에 넣어두고 들춰보지도 않았는데, 그의 아내 셜리가 이 책을 읽어보고는 이렇게 말했다고 한다. "여보, 틴데일하우스가 반드시 이 책을 내야 해요."

존 린스콧과 셜리의 추천을 받은 밥은 시카고로 내 강연을 들으러 왔다.

강연 후 그는 자신을 소개하더니 유명한 스테이크하우스에서 저녁을 사겠다고 했다. 그날 밤 그가 한 말로 내 삶이 달라졌다. "틴데일하우스는 기존의 성경 출간 외에 일반 서적도 낼 계획입니다. 그리고 성령과 기질을 우리의 첫 번째 책으로 삼았으면 합니다."

그렇게 해서 나의 첫 번째 책이 틴데일하우스의 첫 번째 책이 되었다.

성령과 기질은 성령의 도우심으로 우리의 약점을 보완하는 실제적인 방법을 제시한 책이다. 이 책의 출판에 힘쓴 밥과 나, 그리고 틴들하우스 모두 힘주시는 하나님의 은혜로운 역사를 분명히 맛보았다. 25년이 지난 지금, 틴들하우스는 성경적이고 유익한 책들을 많이 출간하는 메이저급 기독교출판사로 성장했다. 밥 호킨스는 출판사 하비스트하우스를 설립해 수백 권의 양서를 출간했다. 또, 그 후 내가 쓴 30권의 책은 지금까지 전세계에 9백만 부가 넘게 팔렸다.

처음에 성령과 기질을 쓰면서 나는 이 책이 좀더 그리스도인다운 삶을 살기 원하는 사람들을 도울 수 있다는 생각에 마음이 들떴다. 이 책에 담긴 내용은 이미 내 삶을 변화시켰고, 또 나의 폭넓은 상담사역을 통해 많은 사람들의 삶에서도 유사한 변화가 일어나는 걸 목격했다.

나는 전세계를 다니며 800여 회의 가정생활 세미나를 통해 이 책의 내용을 가르쳤다. 그리고 세미나 참석자들로부터 받은 수천 통의 편지와 간증들로 그 내용이 적절함을 더욱 확신하게 되었다. 그런 이유로 나는 틴들하우스로부터 이 책의 개정판을 내자는 제안을 받았을 때 흔쾌히 수락했다.

4대 기질론의 약사(略史)

4대 기질론은 완벽하지 않다. 사실 인간 행동에 대한 이론 가운데 완전한 이론은 아직까지 없다. 그러나 4대 기질론은 그 기원이 3,000년 전까지 거슬러 올라가는, 인간 행동에 대한 가장 오래된 이론이다. 잠언 30:11-14에서 현자賢者는 네 부류의 사람이 있음을 보았다. 그로부터 약 500년 후, 현대 의학의 아버지라 불리는 히포크라테스는 각 부류에 이름을 붙였다. 그리스의 의사 갈레노스130-200는 기원후 200년경 4대 기질의 장단점에 대해 자세한 목록을 작성했다. 이 이론은 역사를 거치면서도 거의 원형 그대로 유지되어 왔고 지금도 유럽에서는 주도적인 위치를 고수하고 있다.

불행히도 미국에서는 지그문트 프로이트와 인간 행동을 유전적 성향이 아닌 환경과 성장 배경으로 설명하는 그의 비과학적 이론이 유력한 견해가 되었다.

노르웨이의 신학자 오 할레스비의 책 기질과 기독교 신앙(Temperament and the Christian Faith)의 영역본이 출간된 직후 나는 그 책을 구해다 읽었다. 4대 기질에 관한 이 책은 사람마다 다른 약점에 시달리는 이유에 대해 새로운 시각을 갖게 해주었다. 할레스비는 각 사람이 타고난 기질로 인해 성향이 결정된다고 말한다.

4대 기질론 연구에 대한 나의 기여

성령과 기질은 영어권 그리스도인들을 위해 씌어진 최초의 기질 관련서이다. 이 책 이후 나는 다혈질 베드로, 담즙질 바울, 우울질 모세, 점액질 아브라함 등 성경 인물에 대한 연구서 변화된 기질Transformed Temperaments을 썼다. 내 아내 베블리는 기질에 대한 두 권의 책, 성령 충만한 여인과 기질과 자녀교육생명의말씀사 역간을 썼다. 우리 부부는 기질이라는 유구한 개념을 기독교 공동체에 대중화시키는 특권을 누려온 것이다.

모방은 최고의 찬사라는 말이 있다. 이 책이 출간된 후 여러 사람들이 기질에 대한 책을 썼다. 기질론이 유용한 개념이라는 증거인 셈이다. 기질 대신 '성격 특성'이나 '동물 특성'이라는 용어를 쓴 이들도 있고, 4대 기질론에 근거한 기질 테스트도 개발되었다. 이런 다양한 문건의 출간은 4대 기질론이 계속해서 사람들에게 도움을 준다는 사실을 증명한다.

4대 기질론의 타당성은 성령과 기질을 쓴 후 26년 동안 '라헤이 기질 분석' 테스트를 받은 27,000명의 사람들을 통해 수백 번 이상 검증되었다. 그들 중에는 카운슬러도 많았는데, 그들은 4대 기질론으로 얻은 통찰을 자신들의 전문 분야에 활용했다.

나 자신이 4대 기질론의 창안자는 아니지만 이 분야에 다음과 같은 세 가지 기여를 했다고 할 수 있다.

1. 기질의 혼합. 한 사람에게 적어도 두 가지 이상의 기질이 나타난다는 이유로 4대 기질론을 거부하는 이들이 있다. 나는 "1차" 기질과 "2차" 기질의 존재를 인정한다. 본 개정판에는 12가지 기질조합에 대한 장이 추가되었다.
2. 우리의 원수, 분노와 두려움. 우리는 모두 분노나 두려움에 시달린다. 그대로 방치했다간 우리의 감정을 좀먹는 그 원수가 우리의 삶을 심

각하게 제약하게 된다. (기질의 혼합으로 인해 두 가지 문제를 모두 가지고 있는 이들도 있다.) 그러나 좋은 소식이 있다. 성령께서 그리스도인들에게 삶을 좀먹는 분노와 두려움을 극복할 힘을 주신다.

3. 기질이 정반대인 남녀는 서로에게 매력을 느껴서 결혼을 한다. 제대로 활용한다면 부부간의 기질 차이는 큰 장점이 될 수 있다. 그러나 제대로 활용하지 못할 때 그것은 사랑을 증오로 바꿔놓게 된다. 갈라디아서 5:22-23에 묘사된 성령 충만한 삶의 아홉 가지 열매 안에는 기질로 인한 모든 약점을 극복할 힘이 있다. 나는 목회자 겸 상담가로서의 경험을 통해 그 신나는 사실을 알게 되었다. 우리의 성장 환경이나 기질의 조합, 반복되는 습관이 무엇이건 간에 예수 그리스도께서는 성령을 통해 우리에게 "얽매이기 쉬운 죄" 히 12:1를 이길 힘을 주시는 분이다.

유용한 이론

기질론은 인간 행동에 대한 최종 해답이 아니다. 또, 이런 저런 이유로 이 이론에 만족하지 못하는 이들도 있을 것이다. 그러나 지금까지 고안된 모든 행동이론 가운데 이 4대 기질론은 사람들의 행동방식과 그들의 주된 약점들에 대해 나에게 가장 유용하게 설명해 주었다.

이 책의 초판이 나온 이래로 이 유구한 이론에 대한 나의 확신을 뒤흔들 만한 반론은 아직까지 접하지 못했다. 오히려 그 후 많은 경험을 통해 4대 기질론이 인간 행동에 대한 최선의 설명 방식이라는 나의 확신은 더욱 확고해졌다. 성경은 4대 기질론을 구체적으로 가르치고 있지는 않지만, 우리 안에 내주시는 성령의 도움으로 우리가 누릴 수 있는 능력을 잘 보여준다. 성경과 4대 기질론을 병행해서 활용한다면 지금껏 고안된 그 어느 이론보다 사람들에게 큰 도움을 줄 수 있다.

나는 4대 기질론이 각 사람의 잠재력을 극대화하도록 돕는 도구임을 알게 되었다. 또, 교류분석Transactional Analysis, 에릭 번이 개발한 상담 및 심리치료법. 성격 기능의 강화를 통한 성격 변화에 초점을 맞춘다. 환자가 자기 분석을 통해 사고, 감정, 행동을 조화롭게 통합할 수 있도록 하고 스스로 책임질 수 있도록 돕는다—역주과 프로이트 이론에서부터 MBTI 16가지 성격유형에 이르기까지 다양한 행동이론들 가운데 이 4대 기질론이 가장 뛰어나고 이해하기 쉬우며 자기 개선에 활용하기 쉬운 이론이라고 본다.

MBTI 16가지 성격유형외향/내향, 감각/직관, 사고/감정, 판단/인식의 네 가지 선호지표의 조합으로 사람의 타고난 성향을 이해하려는 검사법—역주을 검토해 보고 나서 내가 4대 기질론이 더 낫다고 판단한 데는 세 가지 이유가 있다.

첫째, 더 쉽다. 기질론에서는 행동을 설명하는 네 가지 이름만 익히면 된다. 네 가지 기질을 섞으면 열두 가지 조합이 나온다.

둘째, MBTI는 테일러존슨 테스트와 마찬가지로 자기 개선에 도움이 안 된다. 앞으로 살펴보겠지만, 기질론은 사람을 변화시키는 성령의 사역을 돕는다.

셋째, 열두 가지 기질조합은 현실에 부합된다. 인간의 이론이 다 그렇듯 기질론 역시 완벽하지 않다. 그러나 이 이론은 성경에 위배되지 않고 성경의 몇 가지 원칙들과 부합하며 실제로 많은 사람들에게 도움을 주었다. 그리고 그것으로 하나님께 영광을 돌렸다.

기질이론의 "지나친 단순화"를 문제시하는 이들도 있지만, 그것은 기질론이 인기를 끄는 비결이기도 하다. 사람들이 쉽게 이해할 수 있기 때문이다. 기질론을 별자리 12궁이나 점성술과 연계하려는 시도도 있었지만 성공하지 못했다. 그들의 계산 가운데 무려 아홉 달의 착오가 발생했다. 점성술은 출생 일자에 기초한 것이고, 출생 일자는 사실 기질과 전혀 상관이 없기 때문이다.

앞으로 살펴보겠지만, 기질은 부모 유전자의 결합에 의해 수태시에 결정된다. 그리고 기질 특성은 우리를 "지으심이 신묘막측(神妙莫測)하심이라"시139:14는 성경의 진리를 잘 보여준다. 하나님은 강점이나 재능, 그리고 약점을 함께 가진 인간을 "창조하셨다." 그분은 인간의 강점을 사용하기 원하시며, 또한 성령에 의해 약점을 강점으로 만들기 원하신다.

이 책의 취지는 성령의 도우심으로 당신이 스스로의 약점을 극복할 방법을 찾도록 돕는 데 있다. 그것은 자동적으로 이루어지지 않는다! 성령께 순종함으로 당신의 삶은 완전히 달라질 수 있다.

도움을 주신 분들

많은 분들 덕분에 이 책을 쓸 수 있었다. 나는 기질과 심리학 일반에 대해 폭넓은 독서를 했고 33년 이상 목사와 상담가로 일하면서 사람들을 관찰했다. 또, 성경에 충실한 기독교 심리학자 헨리 브란트의 강연 사역에서 많은 도움을 얻었다. 그리고 노르웨이의 신학자 고(故) 오 할레스비 박사의 저서 기질과 기독교 신앙에서 많은 내용을 참고했다.

- 서문 · 7

1 기질은 타고나는 것! · 19
  기질, 인격, 성격은 어떻게 다른가?

2 기질은 조정될 수 있다 · 23
  기질은 어떻게 변화될 수 있는가?

3 네 가지 기본 기질 · 28
  활발한 다혈질 / 든든한 담즙질 / 거장 우울질 / 만사태평 점액질

4 열두 가지 기질조합 · 56
  다혈담즙질 / 다혈우울질 / 다혈점액질 / 담즙다혈질 / 담즙우울질 / 담즙점액질 /
  우울다혈질 / 우울담즙질 / 우울점액질 / 점액다혈질 / 점액담즙질 / 점액우울질

5 기질상의 강점 · 83
  다혈질의 강점 / 담즙질의 강점 / 우울질의 강점 / 점액질의 강점

6 기질상의 약점 · 93
  다혈질의 약점 / 담즙질의 약점 / 우울질의 약점 / 점액질의 약점

7 성령으로 충만한 기질 · 110
  성령 충만한 사람의 아홉 가지 특성 – 사랑 / 희락 / 화평 / 오래 참음 / 자비 / 양선 /
  충성 / 온유 / 절제

8 성령 충만을 받는 법 · 127
  성령 충만을 받을 때 어떤 일이 생기는가? / 변화는 어떤가? / 성령의 충만을 받는
  법 / 성령을 좇아 행하기

CONTENTS

9 분노는 성령을 근심하게 한다 · 148
보편적인 죄인 분노 / 분노의 대가 / 분노의 기본 원인

10 두려움은 성령을 소멸한다 · 164
두려움은 보편적인 감정이다 / 두려움의 대가 / 두려움의 원인

11 우울증, 그 원인과 치료법 · 190
우울증의 대가 / 우울증의 원인 / 자기 연민

12 이기심, 모든 약점의 근본 · 211
이기심, 관계의 파괴자 / 이기심은 또 다른 약점들을 낳는다 / 기질과 이기심 / 이기심의 요소 / 이기심과 사랑 / 이기심을 극복하는 법

13 약점을 극복하는 법 · 230
기질을 유용하게 활용하기 / 기질의 약점에 대한 하나님의 치료법 / 약점을 치료받은 사례들

14 성령으로 달라진 기질들 · 252
성령 충만한 다혈질 / 성령 충만한 담즙질 / 성령 충만한 우울질 / 성령 충만한 점액질 / 모든 약점을 이기는 힘

- 인용 도서 목록 · 275
- 역자 후기 · 276

CHAPTER 1

기질은 타고나는 것!

"왜 저는 자신을 통제할 수 없을까요? 옳고 그른 게 뭔지는 압니다. 그런데 옳은 일을 행할 능력이 없는 것 같아요!" 나에게 상담을 받으러 온 청년 사업가가 이렇게 호소했다. 표현은 좀 다를지 몰라도 그런 불평을 듣는 것은 내게 처음이 아니었다. 아주 많은 사람들이 그와 비슷한 경험을 한다.

사도 바울도 다음과 같은 고백을 할 때 분명 같은 심정이었을 것이다. "내 속 곧 내 육신에 선한 것이 거하지 아니하는 줄을 아노니 원함은 내게 있으나 선을 행하는 것은 없노라 내가 원하는 바 선은 하지 아니하고 도리어 원치 아니하는 바 악은 행하는도다 만일 내가 원치 아니하는 그것을 하면 이를 행하는 자가 내가 아니요 내 속에 거하는 죄니라." 롬 7:18-20

바울이 자기 자신과 자신 내부의 통제할 수 없는 세력을 구분하면서

"내가 아니요 내 속에 거하는 죄니라"고 말한 데 주목하자. "나"란 바울의 인격, 영혼, 의지와 정신이다. 그의 속에 거하는 "죄"는 부모에게서 물려받은 타고난 약점에서 나온다.

잉태되는 순간 우리는 강점과 약점을 포함하는 기본 기질을 부모에게 물려받는다. 성경은 기질을 여러 가지 명칭으로 부른다. 몇 가지만 들어 보면 "자연인", "육체", "옛사람", "부패한 육신" 등이다. 자신의 필요를 채우고자 함은 우리 존재의 기본 욕구이다. 우리의 행동과 반응이 기질에 좌우된다는 사실을 제대로 이해하기 위해 먼저 분명히 정의를 내리고 구분해야 할 세 가지 용어가 있다. 바로 기질, 인격, 성격이다.

기질

기질은 우리의 모든 행동에 무의식적으로 영향을 끼치는 타고난 특성들의 조합이다. 이러한 특성들은 유전적 요인에 따라 유전자를 통해 전해지고 수태시에 결정된다. 눈에 보이지는 않지만 기질 특성의 배열은 눈이나 머리 색깔, 덩치만큼이나 예측 가능하다.

사람을 사교적이고 외향적으로, 또는 수줍음을 타거나 내성적으로 만드는 것도 기질이다. 주위를 둘러보면 같은 부모에게서 났는데도 성향이 전혀 다른 형제를 볼 수 있을 것이다. 형은 예술이나 음악에 빠져드는가 하면 동생은 스포츠나 돈벌이에 관심을 갖는다. 그 모두가 기질 차이 때문이다. 사실 내가 만난 탁월한 음악가 중에는 형제 자매가 음치인 사람들도 있었다. 한 프로미식축구 선수의 형은 "폭력을 차마 볼 수 없다"는 이유로 한번도 동생의 경기 장면을 보지 않았다.

인격

인격은 우리의 진정한 모습이다. 성경은 그것을 "마음에 숨은 사람"[벧전 3:4]이라고 부른다. 인격은 타고난 기질이 유아 시절의 양육, 교육, 기본적인 태도, 신념, 원칙과 자극에 따라 조정된 결과물이다. 인격은 지, 정, 의로 이루어진 인간의 "혼"을 가리키기도 한다.

인격은 우리의 기질, 훈련, 가치관, 신념과 습관의 총합이다. 우리가 받은 모든 영향력과 신앙의 결과물이다. 그것은 주위에 아무도 없을 때 드러나는 진정한 우리의 모습이다. 우리가 원하는 바를 마음대로 할 수 있을 때 나오는 행동, 그것이 바로 우리의 실체를 드러낸다.

성격

성격은 자신의 외적인 표현이다. 성격은 그 사람이 얼마나 진실한가에 따라 인격과 같을 수도 있고 다를 수도 있다.

성격은 나약한 인격을 가려주는 보기 좋은 외관일 때도 있다. 많은 사람들은 진정한 자기 모습대로 살지 않고 어떠해야 한다는 정해진 생각에 따라 연기를 한다. 그렇게 되면 정신적, 영적 혼란이 생긴다. 인간의 틀로 바람직한 행동을 규정한 결과이다. 성경 말씀을 들어보자. "사람은 외모를 보거니와 나 여호와는 중심을 보느니라."[삼상 16:7] "생명의 근원이 이(마음)에서 남이니라."[잠 4:23] 행동을 변화시키는 장소는 바깥이 아니라 인간의 내면이다.

요약

요약해 보자. 기질은 인간이 타고난 특성들의 조합이다. 인격은 "다듬어진" 기질이다. 그리고 성격은 다른 사람들에게 보여주는 "얼굴"이다.

기질적 특성들은 부모에게서 유전적으로 물려받는 터라, 우리는 거기에 영향을 끼치는 자연적 요소들을 명심해야 한다.

어떤 기질적 특성은 한 집단 전체의 유전자 풀에 모두 나타나기도 한다. 멕시코로 선교여행을 갔을 때, 부족마다 큰 차이점이 있음을 발견했다. 나는 사포타코 인디언들에게 깊은 인상을 받았다. 다른 부족들은 게으르고, 무심하고, 별 생각 없이 살아가고 있었으나 사포타코 인디언들은 매우 성실하고 유능했다. 우리가 방문한 한 도시에서 그들은 피륙사업을 본격적으로 추진하고 있었고, 그들의 책임감은 다른 부족들의 무책임한 모습과 현격한 대조를 이루었다. 기술은 개인이 습득했다 치더라도 적응력과 학습욕구는 사포타코 부족의 대대로 물려받은 특성이라고 볼 수밖에 없었다.

성별도 개인의 기질에 영향을 미친다. 특히 정서적인 면에서 더욱 그렇다. 여성은 남성보다 감정표현이 다양하다. 같은 기질의 소유자라 해도 성별에 따라 감정 표현의 정도가 다를 수 있다.

기질적 특성은 평생을 간다. 그러나 나이가 들면서 모질고 무정한 특성들이 좀더 부드럽고 원만해지는 경향이 있다. 이웃과 평화롭게 지내기 위해선 타고난 강점을 키우고 약점을 누르는 길이 최선임을 배우는 것이다.

많은 사람들이 인격을 개발하고 성격을 개선시키는 데 성공하지만, 누구도 기본적인 기질을 변화시키진 못한다. 그러나 기질이 변한 것처럼 보일 만큼 조정할 수는 있다.

CHAPTER 2

기질은 조정될 수 있다

지난 수십 년 동안 '행동 조정'에 대해 말들이 많았다. 인간 행동의 변화(개선이길 바란다)를 꾀하는 그간의 다양한 시도 중에는 쓸 만한 것들도 있고 그렇지 않은 것들도 있다. 나는 그리스도를 구주로 영접하고 성령의 도우심으로 삶이 달라질 때 부작용이 없는 가장 유익한 변화가 일어난다고 믿는다.

일부 그리스도인들은 그런 변화를 겪을 때 자신의 기질이 변했다고 오판하지만, 기질이 바뀌는 일은 있을 수 없다. 우리는 기질을 선천적으로 타고난다. 그러나 성령께서는 기질이 변한 것처럼 보일 만큼 기질을 조정해 주실 수 있다.

외향적인 기질을 타고난 사람은 끝까지 외향적이다. 그러나 저돌적이고 자기 주장이 강하고 성마른 사람이 부드럽고 너그러워지면 첫눈에 기질이 변한 것처럼 보인다. 실제로는 하나님이 그 사람의 약점을 보완해 주신 것이다. 불신으로 인해 하나님께 쓰임받지 못하던 겁 많고 소심한 사람이 믿음과 도전정신을 갖추게 되면 영락없이 기질이 변했다고 본다. 그러나 실제로는 하나님이 그의 약점을 보완해 주신 것이다. 우리 모두 그런 조정이 필요한 사람들이다.

사도 바울은 기질상의 약점 때문에 한탄하는 사람들의 처절한 절망을 이렇게 대변했다. "오호라 나는 곤고한 사람이로다 이 사망의 몸에서 누가 나를 건져내랴." 롬 7:24 이어지는 바울의 답변은 매우 놀랍다. "우리 주 예수 그리스도로 말미암아 하나님께 감사하리로다." 25절

그렇다. 기질상의 약점은 보완될 수 있다! 바울은 다음과 같이 선언했다. "그런즉 누구든지 그리스도 안에 있으면 새로운 피조물이라 이전 것은 지나갔으니 보라 새것이 되었도다." 고후 5:17 기질은 "옛 본성"이므로 이제 새 본성이 필요하다. 믿음으로 예수 그리스도를 우리 삶에 영접할 때 그 "새 본성"이 우리에게 전가된다.

사도 베드로는 "새 본성"을 받아 기질이 크게 개선된 사람이기 때문에 경험에 의해 이 주제를 다룰 수 있었다. 베드로후서 1:4에서 그는 믿음으로 "중생"한 이들은 "정욕을 인하여 세상에서 썩어질 것을 피하여 신의 성품에 참예하는 자"가 되었다고 말한다. 예수 그리스도를 통해 오는 "신의 성품"만이 타고난 기질의 지배에서 벗어날 수 있는 유일한 길이다. 우리는 그분을 통해 "새로운 피조물"이 되기 때문이다.

비범한 자기 절제력으로 기질의 일부분과 행동양식까지 어느 정도 변화시킨 듯 보이는 사람들이 있다. 그러나 그들의 모든 약점이 치료된 것은 아니다. 그들에게도 쉽게 빠져드는 죄가 있다. 사탄은 우리 기질상의

주요 약점들을 알고 그것을 이용해 우리를 무너뜨리고자 애쓴다. 사탄은 그리스도인들이 약점에 걸려 무너지는 모습을 보는 걸 가장 좋아한다. 그러나 우리는 예수 그리스도를 통해 승리를 얻을 수 있다. 그분의 성령께서 우리의 모든 약점을 바꾸어 강하게 만들어 주실 수 있기 때문이다.

헨리 브란트 박사는 심리학 이론보다 성경의 원칙을 더욱 신뢰한 최초의 그리스도인 심리학자로 꼽힌다. 그는 목회자들로 이루어진 청중 앞에서 예수 그리스도를 구주로 영접하길 거부하는 환자들을 도울 수 없었다고 말했다. 그는 심리학에서 인간의 행동문제에 대한 치료책을 찾을 수 없었다. 그러나 예수 그리스도 안에서 그 해답을 발견했다.

브란트 박사는 예수 그리스도의 능력에 대한 절대적 확신을 보다 분명히 보여주기 위해 이렇게 말했다. "예전에 여러분은 여러분의 행동을 성장환경 탓으로 돌릴 수 있었습니다. 그러나 예수 그리스도를 주와 구주로 영접한 후에는 그럴 수 없습니다. 이제 여러분 속에는 자신의 행동을 변화시킬 수 있는 능력이 있습니다."

목사 겸 카운슬러로서 나는 성령께서 약하고 부패한 기질을 변화시키시고 그것을 예수 그리스도의 능력에 대한 생생한 본보기로 삼으시는 것을 보고 짜릿한 기쁨을 느꼈다.

그러나 모든 그리스도인들이 이런 변화의 능력을 체험하지는 못하는 것 역시 사실이다. 회심자의 아내나 남편, 혹은 자녀들에게 물어보라! 애석하게도 대다수의 그리스도인들이 기질의 완전한 혁신을 경험하지 못한다는 사실을 인정할 수밖에 없다. 그 이유는 너무도 분명하다. 성령 충만한 삶의 능력을 꾸준히 체험하지 못하기 때문이다.엡 5:18-21 참조

그러나 예수 그리스도를 영접하는 순간 이전 것들이 "지나가고" 모든

것을 "새롭게" 만들 수 있는 "새 본성"을 받는다는 사실은 변함이 없다. 물론 이러한 행동의 변화는 저절로 생기지 않는다. 우리 자신이 우리 안에 거하시는 성령께 순종할 때에만 체험할 수 있다. 하나님은 모든 그리스도인에게 성령 충만을 받으라고 명령하셨다.엡 5:18 성령으로 충만해질 때, 성령께서 우리의 본성을 온전히 다스리시고 비로소 우리는 그리스도의 삶을 살게 된다.

그러나 이 주제를 살펴보기 전에 성령께서 우리에게 하실 일을 기대할 수 있도록 먼저 기본적인 기질유형들을 살펴보자.

토의를 위한 질문

1, 2장의 내용을 토대로 아래 질문들에 답해 보자.

1. 기질이란 무엇인가? 기질은 어떻게 생겨나는가?
2. 기질은 하나님이 주신 것이다. 그렇다면 그것은 "선한" 것인가 "악한" 것인가?
3. '인격'은 무엇이며, 인격과 기질은 어떻게 다른가?
4. 인격은 하나님이 주신 것인가?
5. 인격은 어떻게 변화될 수 있을까?
6. 원죄原罪는 인격에 어떤 영향을 미칠까?
7. '성격'은 무엇인가?
8. 사람들에게 거부감을 주는 "얼굴"이 있다. 왜 그런 성격이 나타날까?
9. 인격의 변화 없이 성격만 변하는 일이 있을 수 있을까? 만약 그렇다면, 왜 그럴까?
10. 사람이 중생하면 어떤 일이 벌어질까? 이 질문을 다음 세 가지 성경 구절에 비추어 토의해 보자. (1)롬 6:1-7 (2)고후 5:17 (3)벧후 1:4.
11. 사람이 회심할 때 기질과 인격과 성격 중 어떤 부분이 가장 많은 영향을 받을까?
12. 성령께서 우리 기질의 약점을 변화시킬 수 있다면, 왜 모든 그리스도인들이 변화받지 못하는 걸까?
13. "내 안에 거하라"는 말씀에 유의하면서 요한복음 15:1-14을 읽어보자. 그리스도 안에 거한다는 말은 무슨 뜻일까?
14. 끝으로 에베소서 5:18 말씀이 밝히고 있는 '그리스도 안에 거함'의 의미를 헤아려 보자.

CHAPTER 3

네 가지 기본 기질

주전 4세기경, 그리스의 훌륭한 의사 겸 철학자 히포크라테스는 네 가지 기본 기질유형이 있다는 이론을 내놓았다. 그는 인간의 몸 속에 흐르는 네 가지 액체, 즉 피, 담즙(황담즙), 검은 담즙(흑담즙), 그리고 점액의 영향으로 네 가지 기질이 형성된다고 잘못 생각했다.

히포크라테스는 각 기질의 원인이 된다고 생각한 체액의 이름을 따서 기질에 명칭을 붙였다. 다혈질은 따뜻한 피가 많고, 담즙질은 황담즙이 많고, 우울질은 흑담즙 때문에 생겨나고, 점액질은 소위 점액이라는 걸쭉한 피가 많은 사람으로 보았다. 또한 활발한 기질(다혈질), 활동적인 기질(담즙질), 어두운 기질(우울질), 느린 기질(점액질)을 각각의 특성으로 보았다.

현대 의학의 발전으로 기질이 체액에 따라 결정된다는 생각은 폐기되었지만, 기질에 대한 네 가지 명칭은 오늘날에도 여전히 널리 쓰이고 있다.

현대 심리학이 기질 분류법에 대해 새로운 제안을 많이 내놓았지만, 어떤 이론도 4대 기질론만큼 그리스도인들 사이에서 널리 받아들여지진 못했다.

새로운 구분법 가운데 가장 널리 알려진 내향형(內向型)과 외향형(外向型)의 이분법은 아무래도 미흡하다. 따뜻하고 유쾌하고 다정한 외향형과, 활동적이고 지시하기 좋아하고 두목 행세하는 외향형은 구분되어야 마땅하다. 네 가지 기본 기질을 인정하는 것이 보다 현실적이다.

4대 기질은 기질에 대한 기본 분류법이라는 점을 명심하자. 하나의 기질유형만 가진 사람은 없다. 기질은 유전자를 통해 부모와 조부모, 외조부모 모두의 영향을 받는다. 모든 사람 안에는 몇 가지 기질이 섞여 있다. 물론 그 중 지배적인 기질 성향이 있다.

네 가지 기질유형을 소개하는 데는 위험이 따른다. 어떤 사람들은 친구들을 분석해 이런저런 기질의 틀에다 끼워 넣으려 할 것이다. 이는 위험한 처사이다. 4대 기질론은 친구들을 후려치기 위한 몽둥이가 아니다.

기질을 연구하는 목적은 자기 분석에 있다. 물론 기질에 대한 이해를 바탕으로 다른 사람들의 타고난 강점과 약점을 보다 잘 이해하게 된다면 그것은 바람직한 일이다. 상대의 약점이나 특이한 면이 기질상의 특징이라면 받아들이기가 좀더 쉽기 때문이다. 상대의 행동을 예상해서 불필요한 충돌을 피하는 법도 배워둘 만하다.

자기 분석의 도구랍시고 기질에 대한 이해를 못난 행동에 대한 핑계거리 정도로 삼아서는 안 된다. 자신의 기질을 이해하면 큰 도움이 된다. 특히 자신의 약점을 과장하고 거기에 쉽게 매이는 분석적인 사람이라면 더욱 그렇다. 모든 사람이 기질을 가지고 있고, 또 약점을 가지고 있다.

기질 이해는 자신의 강점과 약점을 파악하지 못해 쩔쩔매는 이들에게 특히 도움이 된다. 이번 장이 자기 평가의 출발점이 될 수도 있을 것이다.

기질 간에는 우열이 없음을 명심해야 한다. 기질마다 강점과 가치가 있고 약점과 위험이 있다.

맨먼저 소개할 기질은 다혈질이다.

활발한 다혈질

활발한 다혈질은 열정적이고 명랑하고 활기차고 재미라면 사족을 못 쓴다. 감수성이 예민하고 외부의 자극에 쉽사리 마음이 들뜨며 민감하게 반응한다. 사려 깊은 생각보다는 감정에 따라 결정을 내린다.

활발한 다혈질은 즐거운 시간을 보내는 데 남다른 재주가 있고 거침없는 사교성을 발휘한다. 사람들이 모인 자리에 가면 그야말로 신나게 이야기를 쏟아내는 바람에 다른 사람들도 덩달아 흥이 오른다. 열정적이고 풍부한 감성으로 생생한 이야기를 늘어놓는, 타고난 이야기꾼이다.

활발한 다혈질은 친구가 많다. 오 할레스비 박사는 기질과 기독교 신앙에서 다혈질에 대해 이렇게 말했다. "그의 구김 없고 자발적이고 다정한 성품 때문에 사람들은 마음 문을 연다." 다혈질은 처음 만나는 사람이라도 그 사람의 기쁨과 슬픔을 진심으로 느낄 수 있다. 그렇기 때문에 상대방은 자신이 그의 특별한 친구요, 중요한 존재라는 느낌을 받는다. 그러나 다혈질은 다른 사람에게도 동일한 관심을 나타낸다.

악의가 있는 건 아니지만, 다혈질은 자신의 결심과 약속과 의무를 쉽사

Temperament

리 잊어버린다. 이내 신나는 모험으로 덤벼들다 보니 아무래도 안정감이 없다.

다혈질은 고독을 싫어하고 사람들을 좋아하며 친구들에게 둘러싸여 있을 때 가장 에너지가 넘친다. 그는 모임의 활력소 같은 존재이다. 끝없는 이야기보따리를 실감나게 풀어놓다 보니 어른과 아이 모두의 사랑을 받고 각종 파티와 사교모임에서 환영을 받는다.

다혈질은 말문이 막히는 경우가 없다. 물론 생각 없이 말할 때가 많기는 하다. 그러나 허심탄회한 모습에 사람들은 그에게 이끌린다. 자유분방하고 외향적인 생활방식은 소심한 기질의 사람들에게 시샘을 받기도 한다.

다혈질의 습관

기질은 운전과 정원 관리, 식사 등 기본적인 생활습관에도 영향을 미친다. 다혈질의 운전습관? 한마디로 제멋대로다. 마구 속도를 내는가 하면 다음 순간 별다른 이유도 없이 시큰둥해져서는 속도를 줄인다. 다혈질이 모는 차 뒷좌석에 앉아있는 건 위험천만이다. 그는 너무나 사람을 중히 여기는지라 운전 중에도 대화 상대의 얼굴을 똑바로 보고 싶어한다. 이야기를 하느라 앞을 제대로 보지도 않는다.

정원 가꾸기에 대해서라면, 활발한 다혈질은 정원을 손보기 위해 토요일 아침 일찍 일어난다. 대단한 기세로 모든 공구(외판원에게 '안 사요'란 말을 못하다 보니 없는 도구가 없다)를 늘어놓고, 자르고, 다듬고, 치고, 가지치기할 준비를 한다. 그러나 30분도 못 되어 아내는 바깥이 왜 이렇게 조용한지 의아해진다. 그는 이웃사람과 잡담을 하고 있다. 하루 해가 저물기 전, 그는 아들에게 "공구를 다 치우라"고 시키고 정원은 다음 주에 손보기로 한다. 늑장부리기로 치면 다혈질은 누구에게도 뒤지지 않는다.

식습관? 다혈질은 눈에 보이면 뭐든지 먹는다. 식당에 앉은 다혈질은 대화에 몰두하느라 종업원이 오기 전까지 메뉴판은 쳐다보지도 않는다.

가계부 작성? 다혈질은 통장이나 카드를 넣어둔 곳을 좀처럼 떠올리지 못하고, 제자리에 숫자를 적어 넣고 수입과 지출을 맞추는 일조차 힘들어한다. 나는 여태 다혈질 회계사는 보지 못했다.

성경에 등장하는 다혈질

사도 베드로는 다혈질이었다. 그는 복음서에 등장할 때마다 뭔가를 말하고 있는 듯했다. 내 추측을 확인하기 위해 한번은 복음서를 통독해 보았는데 다혈질 베드로가 다른 제자들을 모두 합친 것보다 더 많은 말을 했음을 알게 되었다. 내 친구 켄 포어 목사의 표현을 빌자면 "다혈질은 방안에 들어올 때도 입부터 들어온다." 그리고 대부분의 다혈질이 그렇듯 켄 포어 목사도 모두의 사랑을 받는다.

다혈질은 시끌시끌하고 뽐내는 듯한 태도 때문에 실제보다 더 자신만만해 보인다. 활기차고 사랑스러운 성격 덕에 인생의 어려움을 무난히 넘어가기도 한다. 사람들은 "그렇게 생겨먹었으니 할 수 없지."라는 말로 다혈질의 약점을 봐주곤 한다.

베드로 얘기를 계속 해보자. 복음서에 등장하는 그의 대사는 그리스도의 신성에 대한 위대한 신앙고백마 16:16을 제외하곤 모두 "아니올시다"다. 그의 사악한 배신과 손쉬운 "눈물의" 회개는 정말 다혈질다운 행동이다. 다혈질은 잘못이 발각되었을 때 언제나 뉘우친다. 그러나 그것이 전부가 아니다! 베드로는 초대교회의 굳건하고 단호한 지도자가 되었다. 사도행전에서 그는 전적으로 옳은 말만 했다. 성령으로 충만해졌기 때문이다.

적합한 일자리

세상은 카리스마를 타고난 유쾌한 다혈질들 덕분에 풍성해진다. 다혈질은 다른 기질에 비해 영업직에 매력을 느끼고, 대개 탁월한 영업사원이 된다. "그는 에스키모에게 냉장고도 팔아치울 사람이다." 바로 다혈질 영업사원을 두고 한 말이다. 그가 활동하는 모습을 보고 싶다면, 근처의 중고차 중개소를 찾아가 보라. 외판원의 3분의 2 정도는 다혈질일 것이다.

다혈질은 영업도 잘하지만 재능 있는 배우나 연예인, 설교자(특히 부흥사)가 되기도 한다. 또 유능한 사회자, 경매인, 때로는 리더(다른 기질이 적절히 섞여 있을 경우)도 된다. 오늘날 대중매체의 발전과 더불어 정치권에서 다혈질에 대한 수요가 증가하고 있다. 정치권에서는 타고난 카리스마가 아주 유리하게 작용하기 때문이다.

다혈질은 병원에서 일하기에도 적합하다. 대부분의 병자들은 "오늘 어때요?"라는 다혈질 간호사의 활기찬 인사에 "좋아요."라고 답한다. 그러나 우울질 간호사라면 똑같은 질문에도 "최악이에요."라는 자기 연민이 섞인 답변을 듣게 될 것이다. 침대 시트처럼 하얗게 질린 채 금방 죽을 사람마냥 누워있던 환자도 다혈질 의사가 씩씩하게 병실에 들어왔다 나갈 때쯤이면 기분이 한결 나아진다. 의사의 반응에서 따뜻한 연민을 느낀 환자는 과대한 치료비조차 크게 부당하게 느끼지 않을 것이다.

다혈질은 여러 사람들과 접할 수 있는 직업을 골라야 한다. 그들은 다른 사람들을 행복하게 하는 일에 소질이 있다.

다음 소개할 두 번째 기질유형은 든든한 담즙질이다.

든든한 담즙질

든든한 담즙질은 뜨겁고 재빠르고 활동적이고 실용적이며 의지가 굳세다. 그는 혼자서도 충분하고 대단히 독립적이다. 결단력이 있고 자기 주장이 강하며 자기뿐 아니라 다른 사람들을 위해서도 쉽사리 결정을 내린다.

든든한 담즙질은 활동을 해야 힘이 난다. 사실 그에게 있어 "인생은 활동"이다. 그는 주위 환경에 의해 자극을 받을 필요가 없다. 오히려 끝없는 발상과 계획과 야심으로 환경을 자극한다. 그의 활동에는 목표가 분명하다. 올바른 결정을 재빨리 내리거나 가치 있는 장기 프로젝트를 계획할 수 있는 실제적이고 예리한 지성을 가졌기 때문이다. 다른 사람들이 생각을 달리한다 해도 주저하지 않는다. 쟁점에 대해 자기 입장이 분명하고, 사회의 불의나 부당한 상황에 맞서는 운동에 참가하기도 한다.

담즙질은 역경에 주눅 들지 않고 오히려 자극을 받는다. 단호한 결심으로 다른 사람들이 실패한 환경에서 성공을 거두기도 한다. 그의 계획이 더 뛰어나다기보다는 다른 이들이 낙담하고 포기할 때 그는 계속 "밀어붙이기" 때문이다. "리더는 만들어지는 것이 아니라 태어난다."라는 격언이 사실이라면, 담즙질은 타고난 리더이다. 어떠한 어려움도 거뜬히 이겨낸다.

든든한 담즙질은 정서적인 면에서는 발육이 부진하다. 다른 사람에 대한 동정과 연민은 낯설기만 하다. 다른 사람의 눈물은 거북하거나 역겹게 다가온다. 예술에 조예가 부족하고 주로 실용적인 데만 관심을 보인다. 대단히 낙천적이고 언제나 성공을 확신하기 때문에 실패하는 일이 거의 없

Spirit-Controlled

다. 단, 가정에서만은 예외이다. 담즙질의 우선순위에서 사랑은 그리 높은 자리를 차지하지 않는다.

담즙질은 재빨리 기회를 포착하고 역시 재빠르게 그것을 이용할 최선의 방도를 찾는다. 생각은 잘 정리되어 있지만 세부사항에 이르면 지루해한다. 그는 분석이 아니라 직관적이고 재빠른 평가를 선호한다. 때문에 목표를 바라보긴 하되 잠재적인 위험과 장애물을 놓치기 십상이다. 일단 목표를 향해 출발한 후에는 진로 방해자들을 짓밟아버릴 수도 있다. 지시하기 좋아하는 위압적인 사람으로, 목표를 위해서라면 주저 없이 다른 사람들을 이용하는 성향이 있다. 그래서 기회주의자로 여겨지곤 한다.

담즙질은 자족적이고 완강한 태도 때문에 성인이 된 후에는 그리스도께 나아오기가 어렵다. 때문에 나는 주일학교 교사들에게 촉구한다. "여러분이 맡은 담즙질 어린이가 초등학교 5학년이 되기 전까지 그리스도를 주와 구세주로 알게 하셔야 합니다." 이것은 부모에게도 필요한 조언이다. 자녀가 담즙질 성향이 높을수록 그들의 회심을 위해서 3학년에서 5학년 사이에 더욱 간절히 기도해야 한다. 그 기간은 영적인 일들에 대한 감수성이 아직 남아있는 시기이기 때문이다.

담즙질의 습관

담즙질은 운전대만 잡으면 차선을 쏜살같이 넘나드는 속도광이 된다. 언제나 정해진 시간에 가능한 많은 일을 해내려 하고 시간을 벌기 위해 약속시간 사이사이에 미친 듯이 차를 몬다. 그러면서도 교통위반딱지를 떼는 일은 거의 없다. 법규 위반을 안 해서가 아니라 "경찰차"를 살피느라 백미러에서 눈에 떼지 않을 정도로 영악하기 때문이다.

든든한 담즙질은 정원 손질하는 일을 싫어한다. 사실 그는 천성적으로 기계와 친하지 않은 데다, 수리나 가지 치는 일을 싫어한다. 그 일에 소질이 없기 때문이다. 정원 일을 꼭 해야 한다면 후다닥 미친 듯이 해치우지만, 결과물은 깔끔과는 거리가 멀다. 덤불이나 나무, 산울타리 다듬는 일이라면 담즙질에게 시키지 않는 게 좋다. 그의 머릿속엔 한 가지 생각뿐이다. "꼭 해야 한다면 일 년에 한 번만 하는 게 낫다!" 차로 동네를 돌아 보면 보통 담즙질의 정원은 금세 눈에 띈다. 작은 산울타리와 난쟁이나무들을 찾으면 된다.

담즙질의 식습관은 틀이 잡혀 있다. 매일 식단은 거의 변화가 없고, 식사가 차려지면 큼직하게 베어 씹는 도중에도 말을 하면서 뚝딱 먹어치운다. 보통은 제일 먼저 식사를 끝낼 때가 많다.

가계부 작성? 담즙질은 세부사항이라면 질색이라서 가계부 적는 일은 다른 사람에게 맡긴다.

적합한 일자리

담즙질은 세부사항과 분석적 기획에 대한 지나친 부담이 없는 한 리더십과 강한 성취욕, 높은 생산성이 필요한 일자리를 고려해 볼 만하다. 그는 위원회 모임과 장기 계획을 지루해한다. 행동가이기 때문이다. 담즙질 성향이 강한 외과의사나 치과의사, 철학자와 발명가, 시계 제조공은 찾아보기 어렵다. 보통은 기술자(담즙질이 감당하기 어려운 정확성과 효율성을 요구하는 직업)가 아니지만 기술자를 감독하는 일은 종종 맡는다. 생산성이 높은 건설업을 좋아하고 십장이나 현장감독이 되는 경우도 많다.

든든한 담즙질은 타고난 택지 개발업자이다. 그는 차를 타고 시골길을 지나갈 때 옆자리의 승객처럼 "구불구불 돌아가는 아름다운 언덕길"을 즐길 수 없다. 중기계가 도로를 내고 건설업자들이 주택과 학교와 쇼핑센터를 짓는 모습이 머릿속에 그려지는 탓이다.

오늘날의 도시와 교외의 모습은 대부분 담즙질의 머릿속에서 그려진 것들이다. 그러나 틀림없이 자신이 개략적으로 생각해낸 계획을 그려낼 분석적, 창의적 역량을 갖춘 우울질 건축사를 고용했을 것이다. 담즙질은 왜 몇 줄의 문장으로 시청 도시계획국의 승인을 얻을 수 없는지 이해하지 못한다. 시청에서 누구보다 목청껏 싸우는 이들은 바로 담즙질들이다. 그들은 이렇게 한탄한다. "이런 상세한 계획들이 왜 필요하단 말입니까? 난 이쪽 일을 많이 해봐서 압니다. 실전에서는 최상의 계획이라도 작업 도중에 수정이 필요한 법이니, 작은 문제는 차차 맞춰 가기로 하고 일단 승인을 해주면 안 됩니까? 난 내 목표를 분명히 안단 말입니다!"

그래서 현명한 담즙질은 우울질 조수를 고용하거나 우울질과 동업을 한다. 그러면 무적의 팀이 탄생한다. 물론 모든 사람에겐 일, 이차 기질이 있으므로 담즙질과 우울질의 특성을 모두 가진 사람도 가끔은 만나게 될 것이다.

대부분의 기업가는 담즙질이다. 자신의 생각을 공식화하고 용감하게 새로운 방향으로 진출한다. 자신의 생각에만 매달리지도 않고, 때로는 새로운 기업이나 사업을 시작할 정도로 진취적이지 않은 사람의 창의적인 발상을 엿듣기도 한다. 그러나 일단 새로운 일을 시작한 후에는 성공하자마자 곧바로 싫증을 느낄 가능성이 높다.

거기에는 두 가지 이유가 있다. 첫째, 사업이 커지면 세부작업도 늘어나기 때문이다. 담즙질은 천성적으로 책임을 남에게 위임하는 데 서툴고(물론 적절한 훈련과 더불어 위임하는 법을 배울 수 있다) 유능한 자신의 노력으로 생산적인 결실을 보고 싶어하기 때문에 다른 사람들의 수고를 폄하하는 경향이 있다. 결국 모든 일을 혼자서 하려고 발버둥이치게 된다.

둘째, 자신이 "너무 바쁘다"는 사실을 깨닫게 되면 담즙질은 자신의 기업체를 사들일 사람을 찾는다. 그런 식으로 평생에 걸쳐 평균 4-10개의 기업이나 조직을 세운다.

남에게 위임하는 법과 그로써 더 많은 일을 할 수 있다는 사실을 알게 되면 그는 정말 많은 일을 성취할 수 있다. 다른 사람들은 담즙질이 그토록 많은 일에 관여하면서도 제정신을 유지할 수 있다는 사실을 믿기 어려워한다.

자, 여기 그 비결이 있다. 담즙질은 일을 벌이는 데 관심이 있지 완벽해야 한다는 부담은 갖지 않는다. 즉, 그는 이렇게 생각한다. '몇 가지 일을 100% 마무리하는 것보다 많은 일을 70-80%로 끝내는 편이 더 낫다.'

든든한 담즙질은 다른 사람들에게 동기 부여하는 일을 타고났다. 자신감이 넘치고 목표를 명확하게 인식하는 그는 다른 사람들도 자신과 같은 목표를 바라보도록 자극할 수 있다. 결과적으로 동료들은 담즙질의 지도를 따를 때 더 많은 일을 해낸다.

그러나 좀처럼 만족할 줄 모르고 다른 사람들을 아주 모질게 대하는 담즙질의 습성은 지도자로서 큰 약점이다. 다른 사람들이 그의 인정과 격려를 얼마나 원하는지 깨닫고, 좀더 자주 그들을 칭찬하고 격려해 주어야 한다. 그러면 그들은 더 헌신적으로 일할 것이다. 그러나 담즙질은 인정과 격려가 사람들을 자기 만족에 빠뜨린다는 생각을 가지고 있다. 칭찬을 남발하면 직원의 생산성이 떨어진다고 단정한다. 그렇기 때문에 효과적인 자극제가 되길 바라면서 비판에 주력한다. (불행히도 기대했던 것과 정반대의 결과가 나온다.)

담즙질은 타고난 홍보능력으로 영업과 교직(다만 실용과목에만 해당), 정치와 군대, 스포츠와 다른 여러 활동에서 두각을 드러낸다.

든든한 담즙질은 다혈질처럼 좋은 설교자가 된다. 다만 감정에 호소하는 면에서는 좀 떨어진다. 미국의 상당수 대형 교회의 담임목사는 조직력과 홍보능력, 강한 리더십을 갖추고 박력 있게 설교하는 담즙질이다. 그들은 두려움 없이 새로운 활동을 추진하고 적절한 동기 부여와 하나님의 은혜로 보통 성공적인 사역을 하게 된다.

서구문명은 든든한 담즙질들 덕에 많은 혜택을 누렸다. 그러나 그들로 인해 많은 고통도 함께 겪었다. 세계의 유명한 장군들과 독재자들, 갱단 두목의 상당수가 담즙질 성향이 강한 인물들이었다. "성공 성향" 같은 게 있다면 바로 담즙질이 그걸 갖고 있다. 그렇다고 해서 그들이 다른 기질보다 영리하다는 뜻은 아니다. 다만 더 재능 있는 다른 사람들이 포기하고 마는 곳에서도 강한 의지와 결단력으로 밀어붙여 성공을 쟁취할 뿐이다.

성경에 등장하는 담즙질

사도 바울은 담즙질의 요소를 상당히 많이 갖고 있었다. 구원받기 전에는 "위협과 살기가 등등하여" 행 9:1 누구보다도 심하게 초대교회를 박해했지만, 나중엔 거침없이 달려가 당시 알려진 온 세계에 복음을 전파했다. 담즙질이 아니라면 누가 돌 더미에 깔려 있다가 기어 나와서 다음날 20km 가까이 걸어가 복음을 전할 수 있겠는가?

그러나 성령으로 충만해진 바울은 타고난 기질과 정반대되는 부드러움과 연민 또한 보여주었다. 그렇다. "나를 떠나서는 너희가 아무것도 할 수 없음이라"요 15:5는 예수님의 말씀의 의미를 누구보다 깨닫기 어려운 담즙질조차 성령께서 능히 다스리실 수 있다. 성령 안에서 행하고 그리스도 안에 거하는 법을 배운다면 담즙질은 무슨 일이건 할 수 있다.

다음에 소개할 세 번째 기질유형은 거장 우울질이다.

거장 우울질

거장 우울질은 종종 "음울한" 또는 "어두운" 기질이라 불린다. 그러나 실제로 우울질은 가장 풍요로운 기질이라 할 수 있다. 모든 일에 분석적이고, 자신을 희생하고, 재능 있는 완벽주의자에다 정서적으로 매우 민감하기 때문이다. 예술에서 가장 큰 기쁨을 누리는 사람이 바로 우울질이다.

우울질은 천성적으로 내향적인 사람이 되기 쉬운데, 감정에 많이 좌우되는 유형이라 기분이 자주 변한다. 때로는 환희에 가득 차 아주 외향적인 사람처럼 행동하다가도 때로는 울적하고 우울해져서 혼자만의 시간을 보내려 하고 매우 신경질적이 되기도 한다.

거장 우울질은 아주 신실한 친구지만 다혈질과는 달리 친구를 쉽게 사귀지 않는다. 그에게 다가오는 사람들을 조금씩 만날 뿐 적극적으로 친구를 찾지 않는다. 그러나 완벽주의 성향을 가진 그는 책임을 회피하거나 다른 사람들을 실망시키지 않기 때문에 모든 기질 중 가장 믿을 수 있는 사람이다. 굳이 나서지 않고 과묵하다고 해서 사람들을 꺼리는 것은 아니다. 우울질은 사람들을 좋아하고 사랑받고 싶은 욕구도 강하다. 실망스러운

Temperament

경험들로 인해 다른 사람을 있는 그대로 받아들이길 주저하다 보니, 다른 사람들이 자신에게 다가오거나 관심을 보일 때 의심부터 하곤 한다.

우울질은 계획 단계의 사업에 놓인 장애물과 위험을 탁월한 분석력으로 정확하게 진단할 수 있다. 이런 면에선 담즙질과 극명한 대조를 이룬다. 담즙질은 문제나 어려움은 거의 생각할 줄 모르고 혹시 문제가 발생하더라도 감당할 수 있다는 자신감에 차 있다. 이런 차이 때문에 우울질은 새로운 일을 벌이길 주저하고, 새로운 일을 벌이려는 담즙질과 자주 부딪힌다. 기분이 최고조에 달하고 영감이 넘칠 때 우울질은 대단한 예술작품이나 천재적인 업적을 이룰 수 있다. 그러나 그런 업적을 이룬 후에는 한동안 극심한 우울증에 시달리기도 한다.

우울질은 흔히 일신의 희생을 통해 인생의 가장 큰 의미를 발견한다. 자신을 고통 속에 몰아넣는 걸 즐기는 듯 보이기도 하고 때로는 엄청난 희생이 필요한 직업을 택하기도 한다. 그는 자신이 선택한 목표를 철저하고 끈기 있게 추구한다. 그렇기 때문에 그만큼 업적을 이룰 가능성이 높다.

일반적으로 볼 때 우울질보다 지능지수가 더 높고 창의성이나 상상력이 우수한 기질은 없다. 그만큼 양질의 작업을 "완벽하게" 수행할 수 있는 사람은 없다.

우울질의 습관

우울질 운전자는 여행 준비를 사전에 다 끝내놓고 집을 나선다. 지도를 미리 살펴서 처음부터 끝까지 최상의 노선을 파악한다. 우울질은 어느 기질보다 연료비와 수리내역 등 차량사용기록을 꼼꼼히 기록할 가능성이 높다. 타고난 준법주의자인 우울질은 과속하는 일이 거의 없고 고속도로에서도 제한속도보다 약간 느린 속도를 유지하며 뒤에서 따라오던 운전자들이 답답해서 이리저리 추월해가는 데 묘한 쾌감을 느낀다. 위반딱지를 뗄 때는 일이 있다면 좌측차로에서 떡 버틴 채 거북이 운전으로 도로교통을 제한하는 경우이다. 그런 상황에 처하게 되면 우울질은 거의 분노에 가까운 반응을 보인다. 그들은 제한속도를 지키지 않았는가?

거장 우울질은 뭔가를 기르고 가꾸는 천성을 타고난 까닭에 동네에서 가장 근사한 정원을 가꾼다. 식물들에게 말을 걸고 소중히 보살피고 거의 주말마다 정원 풀밭을 기어다니며 잔디와 울타리를 "꼼꼼히 손질한다."

우울질은 식성이 아주 까다롭다. 주문할 음식을 정하는 데만 오랜 시간이 걸리고 음식이 도착하면 한입 베어 물 때마다 그 맛을 음미한다.

가계부? 우울질은 보통 금전적인 모든 내용을 컴퓨터에 입력해서 수입과 지출을 엄격하게 관리하고, 뭘 사는 데 얼마가 들었는지, 쓸모가 있었는지 등을 꼼꼼히 기록한다.

적합한 일자리

세계의 위대한 작곡가와 미술가, 음악가, 발명가, 철학자, 이론가, 신학자, 과학자, 그리고 헌신적인 교육자들은 우울질 성향이 많았다. 유명한 화가와 작곡가, 관현악단 지휘자들 중에서 천재(이자 종종 괴상한) 우울질을 많이 찾을 수 있다. 렘브란트와 반 고흐, 베토벤과 모차르트, 바그너 등 수많은 예술가들을 생각해 보라.

음악가들은 대개 어느 정도 우울질을 갖고 있다. 그러고 보면 교회 음악과 세속 음악을 통틀어 우리가 알고 즐기는 음악의 상당 부분에 우울질의 한탄이 섞여 들어간 이유를 알 수 있다. 바로 어제, 아내와 함께 차를 몰고 공항으로 가는 도중에 라디오에서 컨트리 뮤직이 흘러나왔다. 우리는 서로를 쳐다보고 웃고 말았다. 노래 속에 우울질의 한탄조가 너무 분명했기 때문이다. 그 노래는 인기차트의 상위에 올라 있다.

몇 년 전 우리 교회에서 한 유능한 찬양사역자를 평가하는 자리가 있었다. 그때 나는 기질이 음악적 재능에 미치는 영향을 분명히 보았다. 피아노 반주를 맡은 그의 아내는 담즙질임이 분명했다. 집으로 오는 길에 나는 담즙질이 어떻게 그런 뛰어난 피아니스트가 될 수 있는지 이해할 수 없다고 아내에게 말했다. 그러자 아내가 대답했다. "그녀는 기계적인 연주자예요. 강한 의지력으로 피아노 연주 기술을 억지로 익혔지만 음악을 느낄 줄은 몰라요." 나중에 보니 그녀가 그날 밤 연주로 보여준 환상적인 편곡 실력은 우울질 남편의 작품이었다. 피아니스트는 아니었지만 그는 음악을 "느낄" 수 있었던 것이다.

우울질이 매력을 느끼는 또 다른 직업은 놀랍게도 외향적인 사람들이 도맡아 할 것 같은 연기이다. 무대 위에서 우울질은 어떤 외향적 기질이라도 연기해낼 수 있다. 그러나 연극이 막을 내리면 내성적인 본래 기질로 되돌아간다.

물론 우울질이라고 해서 다 연기나 예술 분야로 들어서지는 않는다. 많은 우울질들은 상당한 수준의 기술이 필요한 직종에서, 즉 도목수와 벽돌공, 배관공, 미장이, 과학자, 원예가, 정비사, 공학자로 일하고 그 외에도 인류에게 유익한 서비스를 제공하는 온갖 직업인으로 살아간다.

우울질은 사람을 돕는 직업에 매력을 느낀다. 여러 해 동안 의사들을 관찰해 보니 내가 아는 의사들 대부분은 우울질 성향이 강하거나 적어도 조금은 섞여 있었다. 고된 의과대학 과정을 통과하려면 우울질의 정신이 필요할 것이다. 의사는 완벽주의자이자 분석 전문가에, 다른 사람들을 돕고자 하는 마음에 불타는 박애주의자가 되어야 하기 때문이다.

우울질은 철저함과 자기 희생과 창의성이 필요한 직업에 제격이다. 그러나 자신을 과소평가하고 약점을 과장함으로써 스스로의 잠재력을 제한하곤 한다.

건설업에 종사하는 우울질은 현장감독을 맡고 싶을 수 있다. 그러나 현장에는 사람들과 함께 일하는 데 익숙한 다른 사람을 보내놓고 본인은 작업실에서 도면작업에 집중하는 게 더 나을 것이다. 우울질은 대인관계에서 일어나는 평범한 문제들에 좌절감을 느끼고, 완벽을 기하는 특유의 요구로 오히려 문제를 악화시키기 쉽다.

성경에 등장하는 우울질

성령의 힘을 덧입을 때 우울질보다 더 많은 잠재력을 갖게 되는 기질은 없다. 많은 뛰어난 성경 인물들이 강한 우울질 성향을 보였다. 모든 선지자와 솔로몬, 사도 요한이 우울질이었다.

그리고 모세가 그렇다. 유능하지만 자기 불신이 강한 내향성, 그러나 모세는 결국 하나님을 신뢰함으로 역사상 가장 위대한 지도자로 손꼽히는 인물이 되었다. 하지만 모세는 분노를 이기지 못했다. 분노 때문에 오랜 세월 동안 하나님께 쓰임받지 못했던 그는 결국 약속의 땅에 들어가지 못하고 죽었다.

다음에 살펴볼 네 번째 기질유형은 만사태평 점액질이다.

만사태평 점액질

만사태평 점액질의 명칭은 히포크라테스가 온화하고 차분하고 느리고 태평스럽고 균형 잡힌 기질을 낳는다고 생각한 체액, 점액에서 나왔다. 점액질에게 인생은 행복하고 차분하고 즐거운 경험이다. 그는 될 수 있는 대로 발목 잡힐 일을 피한다.

차분하고 태평한 점액질은 어떤 상황에도 동요하지 않는 듯하다. 끓는 점이 아주 높고 웬만해선 분통이나 폭소를 터뜨리지 않고 감정을 절제한다. 언제나 한결같은 사람, 그가 바로 점액질이다. 만사태평 점액질은 보통 마음이 따뜻하고 동정심이 많지만 좀처럼 속내를 드러내지 않는다. 겉보기보다 감정이 훨씬 복잡하고 예술과 인생의 "미묘한 문제들"도 제대로 파악해낸다.

점액질은 친구가 많다. 사람들을 좋아하고 진지한 얼굴로 재미있는 농담을 할 줄 알기 때문이다. 좌중이 "배꼽을 잡게" 만들고도 눈 하나 깜짝하지 않는다. 점액질은 다른 사람들의 모습과 행동에서 재미있는 요소를 찾아내는 독특한 능력이 있다. 기억력이 뛰어나기 때문에 다른 사람들 흉내를 잘 낸다. 다른 기질유형들을 "조롱하고" 놀리는 것이 점액질의 큰 즐거움이다. 다혈질의 목표 없이 들뜬 열정에 짜증을 느끼고 때로 시비를 걸기도 한다. 우울질의 울적한 기분을 거북하게 여기고 놀리려 드는가 하면 담즙질의 허황된 계획과 야심에 찬물을 끼얹는 데서 큰 기쁨을 얻는다.

점액질은 인생의 구경꾼이 되려 하고 다른 사람들의 일에 너무 깊숙이

Temperament

개입하지 않으려 한다. 점액질이 의욕에 넘쳐서 일상의 틀을 벗어나기는 어렵다. 그러나 행동할 필요성이나 다른 사람들의 어려움을 모르진 않는다. 점액질과 담즙질은 똑같은 불의를 보고도 전혀 다른 반응을 보인다. 예의 그 출동정신이 발동한 담즙질은 이렇게 말할 것이다. "이 문제에 대해 위원회를 조직하고 캠페인을 벌여 뭔가를 해봅시다!" 그러나 점액질의 반응은 다르다. "정말 끔찍한 상황이군! 왜 아무도 나서지 않는 거지?"

그러나 차분하고 과묵하다 못해 거의 소심해 보이는 점액질의 내면엔 아주 유능한 역량들이 자리 잡고 있다. 그가 일단 행동에 돌입하면 아주 유능하고 효율적인 모습이 드러난다. 점액질은 스스로 리더십을 발휘하진 않지만, 피할 수 없는 상황이 되면 좋은 리더가 될 수 있다. 나는 그들을 "나서지 않는 리더"라고 부른다.

점액질은 속으로 리더의 위치를 갈망할 순 있지만, 자원하는 건 아무래도 성미에 맞지 않는다. 무질서하고 무능한 사람들이 혼란만 가중시키다가 마침내 할 수 없이 자신에게 리더의 역할이 넘어올 날을 끈기 있게 기다린다. 불행히도 많은 경우에 기회는 찾아오지 않고 점액질은 기다림으로 인생을 허비한다. 사장이 점액질의 역량을 인정한다 해도 리더감으로 생각하진 않기 때문이다. 결국 회사와 직원 모두가 손해를 보는 셈이다.

점액질의 우아한 성품은 세상에 큰 유익을 끼친다. 그는 사람들 사이를 원만하게 하고 화해시키는 역할을 타고났다. 점액질은 자기만의 조용한 방식으로 다른 사람들이 꿈을 이루는 걸 돕는다. 꼼꼼하고 참을성이 필요한 일, 틀에 박힌 일을 특히 잘한다.

점액질의 습관

만사태평 점액질은 네 가지 기질 중 운전 속도가 가장 느리다. 교차로에서 신호가 바뀌면 제일 늦게 출발하고 웬만해선 차선을 바꾸지 않는다. 고속도로로 진입하는 과정에서도 우물쭈물하다 위험을 초래한다. 교통의 흐름에 따라 움직여야 할 때도 툭하면 멈춘다. 날이면 날마다 느려터진 "초보운전자"다. 교통위반딱지를 거의 받지 않고 사고도 내지 않지만 도로 소통에는 큰 지장을 준다.

점액질의 정원을 보면 토요일 느지막한 오전에도 주인이 아직 집안에서 세 번째 커피 잔을 홀짝거리고 있음을 알 수 있다. 그러나 정원 관리를 누구보다 잘하는 점액질은 그대로 쉬고 싶은 마음을 누르고 밖으로 나와 "오래된 농장"을 꼼꼼하게 보살핀다. 바람직하게 처신하고 싶은 욕구가 크기 때문이다. 물론 어느 쪽을 택할지는 평소에 몸을 얼마나 잘 건사했는가에 따라 다를 수 있다.

점액질은 음식을 아주 잘 씹어 먹다 보니 언제나 식사를 가장 늦게 끝낸다. 점액질이 좀처럼 살이 안 찌는 이유도 주로 그 때문이다. 체중 관리 전문가들은 비만 환자들에게 천천히 먹으라고 조언한다. 음식이 뱃속으로 들어가 허기를 없애는 데 20분이 걸리기 때문이다.

점액질은 가계부를 정확하고 꼼꼼하게 기록하고 관리한다.

적합한 일자리

점액질은 교육 분야에 매력을 느낀다. 대부분의 초등학교 교사들은 점액질이다. 초등학교 1학년 아이에게 읽기를 가르치는 데 필요한 인내심을 점액질 말고 누가 가졌겠는가? 다혈질은 수업시간 내내 아이들에게 이야기만 하고 말 것이다. 우울질의 꾸지람에 질린 아이들은 큰소리로 읽기를 무서워할 것이다. 그리고 초등학교 1학년을 맡은 담즙질 교사는 아무래도 상상이 안 된다. 학생들은 창문 밖으로 뛰쳐나가고 말 것이다! 점액질의 부드러운 성품은 읽기 학습에 이상적인 분위기를 만들어준다. 고등학교와 대학의 수학, 물리학, 문법, 문학, 언어 수업도 비슷하다. 교직원, 도서관 사서, 카운슬러와 대학 학과장 중에 점액질을 흔히 접할 수 있다.

점액질이 매력을 느끼는 또 다른 분야는 공학이다. 계획과 계산을 좋아하기 때문에 훌륭한 건축사나 위생 전문가, 화학기사, 제도사, 기계나 토목공학자, 통계학자가 된다. 대부분의 점액질은 기계를 다루는 일에 솜씨를 타고나 훌륭한 정비사나 금형전문가, 제도사나 목수, 전기기술자나 미장이, 유리세공 기술자, 시계와 카메라 수리공으로 적합하다.

현재 산업계에서 가장 큰 문제는 인력이다. 임금은 계속 치솟고 직장 내의 불화로 직원들의 의욕이 극히 떨어져 고용주는 수백만 달러의 손실을 입게 된다. 최근 들어 회사의 경영진들은 노련한 점액질이 탁월한 십장과 감독관, 지배인이 된다는 사실을 발견했다. 원만하고 무난한 점액질은 사람들과 잘 어울린다. 그가 리더의 위치에 오르면 혼란 가운데 질서를 이끌어내고 작업환경에 조화를 불러와 생산성을 높인다. 언제나 조직적이고, 회의에는 준비된 상태로 제시간에 참석하며, 압박 하에서도 일을 잘 해낸다. 참으로 믿을 만한 기질이다.

점액질은 절대 모험을 하지 않는다. 평생 한 직장에서만 일하는 경우도 많다.

점액질이 잠재력을 충분히 발휘하는 경우는 드물지만 실패자로 사는 경우 역시 드물다. 그는 안정적인 기반을 원하고 연금이나 보험 등 혜택이 많은 직장을 고른다. 그러므로 공직, 군대, 지방자치단체 등 "안전한" 직장에 매력을 느낀다. 아무리 역량이 뛰어나도 웬만해선 자기 사업을 벌이지 않는다. 보통은 다른 사람에게 많은 돈을 벌어다주고 정작 자신은 소박한 생활에 만족한다.

성경에 등장하는 점액질

아브라함은 전형적인 점액질이다. 그의 일생을 들여다보면 하나님이 사람의 타고난 약점을 강점으로 변화시키는 과정을 볼 수 있다. 두려움과 걱정에 시달리던 우유부단한 아브라함은 결단력 있고 용감하고 행동할 줄 아는 사람으로 완전히 바뀌어 신약성경에 누구보다 자주 등장하는 구약의 인물이 되었다.

다른 기질, 다른 작업환경

최근 나는 기질의 차이를 극명하게 보여주는 경험을 했다. 고등학생 여름캠프에 강사로 따라갔다가 팩스를 쓸 일이 생겼다. 작은 마을인지라 팩스는 교육회관에 한 대뿐이었다. 사전에 약속을 하고 그곳에 가 보니 아홉 명의 직원이 열심히 일하고 있었다. 차분한 분위기에 잘 정돈된 효과적인 작업장이었다. 직원들이 주로 우울질이나 점액질이란 걸 알 수 있었다.

아니나 다를까 관장은 팩스 사용료를 계산하더니 자신이 직접 요금을 받으면 규정에 어긋난다며 꼼꼼한 회계담당자에게 나를 안내했다. 회계담당자는 장부계원에게, 장부계원은 출납계에 나를 안내했고, 출납계에선 마침내 1달러 44센트를 잔돈을 관리하는 전화교환원에게 주라고 말했다. 그날의 하이라이트는 교환원의 잔돈통이었다. 거기엔 분명 완벽주의자의 손길이 배어있었다. 잔돈이 25센트, 10센트, 5센트별로 깔끔하게 쌓여 있었던 것이다.

나는 주위를 둘러보다가 다른 사무실의 광경이 떠올라 속으로 웃었다. 그곳은 OHP를 산 매장이었다. 점장부터 직원에 이르기까지 모두 두드러진 외향적 담즙질 또는 다혈질들이었다. 어찌나 어지럽고 어수선하던지! 종이는 사방에 널려있고, 전화벨은 울리고, 손님 받을 사람은 없고, 그야말로 왁자지껄 난장판이었다.

마침내 소음 저편에서 자포자기한 표정으로 직원들에게 이렇게 말하는 점장의 목소리가 들려왔다. "조만간 여기를 좀 정리하세나!"

이 두 장면을 통해 기질적 특성의 차이를 볼 수 있다. 또한 세상의 다양성과 균형을 위해서는 네 가지 기질 모두가 필요하다는 사실을 깨닫게 된다.

네 기질을 모두 살펴봤으니, 왜 "사람들 모두가 개별적인 존재"인지 알게 되었을 것이다. 여러 가지 차이를 만들어내는 네 가지 기질유형에다 각 기질이 어떻게 조합되고 뒤섞이는가에 따라 수많은 차이가 생겨난다. 그러나 대부분의 사람들은 네 가지 기본 기질유형 중 한 가지 특성을 나타내는 행동양식을 보인다.

토의를 위한 질문

1. 히포크라테스가 내세운 4대 기질론의 주된 오류는 무엇인가?

2. 활발한 다혈질의 특성에 대해 정리하고 토론해 보자. 토론 참석자 모두의 성경 지식을 총동원하여 성경 안에서 다혈질을 가능한 많이 꼽아 보라. 그들이 다혈질임을 입증할 만한 성경의 사건을 간략히 말해보자. 하나님은 각 사람을 어떻게 쓰(기 원하)셨는가?

3. 든든한 담즙질의 특성에 대해 정리하고 토론해 보자. 토론 참석자 모두의 성경 지식을 총동원하여 성경 안에서 담즙질을 가능한 많이 꼽아 보라. 그들이 담즙질임을 입증할 만한 성경의 사건을 간략히 말해보자. 하나님은 각 사람을 어떻게 쓰(기 원하)셨는가?

4. 대가 우울질의 특성에 대해 정리하고 토론해 보자. 토론 참석자 모두의 성경 지식을 총동원하여 성경 안에서 우울질을 가능한 많이 꼽아 보라. 그들이 우울질임을 입증할 만한 성경의 사건을 간략히 말해보자. 하나님은 각 사람을 어떻게 쓰(기 원하)셨는가?

5. 만사태평 점액질의 특성에 대해 정리하고 토론해 보자. 토론 참석자 모두의 성경 지식을 총동원하여 성경 안에서 점액질을 가능한 많이 꼽아 보라. 그들이 점액질임을 입증할 만한 성경의 사건을 간략히 말해보자. 하나님은 각 사람을 어떻게 쓰(기 원하)셨는가?

6. 네 가지 기질유형의 습관을 비교해 보라. 각 기질의 공부 습관은 어떨까? 각 기질은 어떤 취미를 좋아할까?

7. 네 기질 가운데 자신의 모습이 있다면, 자신의 기질 가운데 만족스러운 부분에 대해 하나님께 감사드리자. (4장을 읽고 나면 더욱 감사하게 될 것이다.)

CHAPTER 4

열두 가지 기질조합

    4대 기질론을 반대하는 사람들은 인간을 한 기질의 틀에 가둬 버린다며 비판한다. 그러나 절대 그렇지 않다!

    모든 인간은 주된 기질과 부차적 기질, 최소한 두 가지 기질의 조합체이다. 세상이 "좁아질수록", 서로 다른 민족과 인종간의 결혼이 많아질수록, 다음 세대의 기질은 더욱 "뒤섞이게" 된다.

    나에게 기질검사를 받은 사람들 중 일부는 세 가지 기질이 혼합된 특성을 보였다. 일차적 특성이 하나, 이차적 특성이 둘이었다. 네 가지 기질이 고르게 나온 피험자는 단 한 사람뿐이었다. 내 생각엔 그 여성이 기질 이론에 대해 너무 잘 안 나머지 객관적인 답변을 하지 않고 자신의 기질에 대한 희망사항을 답으로 쓴 것이 아닌가 한다.

    이제 4대 기질론을 보다 실제적이고 현실에 걸맞게 만들어 주는 열두 가지 기질조합에 대해 살펴보겠다. 아마도 열두 가지 기질조합에선 네 가지 기본 기질 안에서보다 자신의 모습을 찾아내기가 더 쉬울 것이다.

대부분의 경우 자신의 일차적 기질만 파악하더라도 큰 도움이 된다. 그러나 이차적 기질까지 알면 더 큰 도움을 받을 수 있다. 예를 들어 다혈담즙질은 격한 행동으로 주위 사람들을 발끈하게 만들지만, 다혈점액질은 좀더 지내기 쉽고 근사한 사람으로 보인다.

다양한 기질조합

같은 기질조합이라 해도 기질 사이의 조합 비율은 천차만별이라는 점을 염두에 둬야 한다. 다혈질과 담즙질의 비율이 6대 4인 사람은 8대 2인 사람과 다소 다르다.

내용의 명료함을 위해 기질을 열두 가지 조합 이상으로 나누진 않겠다. 또, 일차적 기질 특성과 이차적 특성의 비율이 6대 4인 조합을 임의로 선정하여 살펴볼 것이다. 일차 기질과 이차 기질의 정확한 조합 비율을 정할 방법은 없지만, 자신의 기질조합 비율을 추정해 볼 수는 있겠다. 그러나 우리의 목적상 지금 여기서는 자신의 일차 기질과 이차 기질을 파악하는 일이 더 중요하다. 즐거운 시간이 되시길!

회의적인 독자를 위한 사연

열두 가지 기질조합 개념에 회의적인 독자에게 소개할 사연이 있다. 몇 년 전 아내와 나는 전 세계 44개국을 돌며 선교사들과 영어 사용자들을 위해 가정생활세미나를 주최하는 특권을 누렸다.

시드니에서는 한 크리스천 정신과 의사와 점심약속이 되어 있었다. 기질이론을 진료에 사용한다는 사람이었다. 그는 기질 진단을 위한 '루커 색채기법' 특별 연수차 두 차례 런던에 다녀온 것 같았다. 그는 거기서 네 가지 기질에 근거한 열두 가지 행동 유형이 있음을 알아냈다. 환자들에게 여러 가지 색깔을 보여주고 선택하게 하는 방식인데, 환자들이 선택한 색깔 유형을 살펴서 나온 기질 진단 결과가 기질을 알면 남자가 보인다라는 책에서 내가 처음 제시한 열두 가지 기질조합과 일치한다는 것이었다.

그는 가방에서 책장 모서리가 접힌 기질을 알면 남자가 보인다를 꺼냈다. 환자가 선택한 색채로 진단한 기질조합의 특성을 그 책에서 찾아 환자에게 읽어줬다는 것이다. 그럴 때마다 환자들은 자신의 행동을 정확하게 묘사했다며 한결같이 깜짝 놀랐다고 했다. 그전까지 나는 루커 색채검사법에 대해 들어보지도 못했다. 그러나 별개의 두 접근법이 네 가지 기본 기질에 근거한 열두 가지 기질조합이라는 결론에 도달했던 것이다.

열두 가지 기질조합표

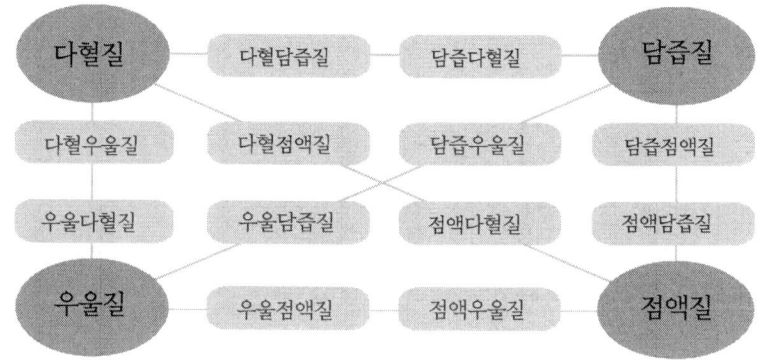

다혈담즙질

기질조합 가운데 가장 외향적인 조합은 두 외향적 기질이 결합된 다혈담즙질이다. 유쾌한 카리스마의 다혈질 때문에 이 사람은 사람 중심의 열정적인 영업사원 유형이 된다. 또한 담즙질 성품으로 인한 결단력과 기개로 순수한 다혈질보다 좀더 조직적이고 일도 잘한다.

직업 면에서 다혈담즙질은 영업이나 홍보사원으로 출발해서 영업부장 자리까지 오르는 경우가 많다. 대인관계가 주를 이루는 분야라면 모두 적합하지만, 흥미를 잃지 않으려면 다양한 경험과 활동과 자극이 있어야 한다. 다혈담즙질 남성은 하나같이 스포츠에 열광한다. 가정에서 적절한 교육과 동기 부여와 사랑을 받고 약점에 얽매이지 않는다면 경제적으로 성공할 수 있다.

다혈담즙질의 약점은 보통 분명하게 드러난다. 흔히 말이 너무 많다 보니 상황을 제대로 알기도 전에 말을 쏟아낸다. 솔직히 그 누구보다 입 때문에 많은 곤경을 겪는다.

다혈담즙질은 좋은 첫 인상을 남기지만 강한 자의식으로 대화를 독점하는 바람에 첫 인상을 망쳐버릴 때가 많다. 사람들이 자신을 거부한다는 느낌이 들면 오히려 더 강하게 나와서 상황을 악화시키기도 한다. 파티의 활력소에다 사랑스러운 사람이지만 위협이나 불안감을 느끼면 밉살스럽게 굴 수 있다. 정서적으로 가장 두드러진 문제는 분노다. 사소한 일에도 발끈하여 무모한 행동을 할 수 있다.

다혈담즙질은 자기 뜻에 맞는 사람에겐 칭찬을 아끼지 않지만, 방해가 되는 사람에겐 험담을 퍼붓는다. 다혈질답게 잘 잊어버리는 데다 "목적이 수단을 정당화한다"는 사고방식을 갖고 있어 양심이 비교적 무디고 자신의 행동을 정당화하려는 경향이 있다.

3장에서 예수님의 수제자를 자임한 시몬 베드로를 다혈질로 묘사한 바 있다. 좀더 세분하자면 아마도 그는 다혈담즙질의 전형일 것이다. 복음서 내내 제멋대로였고 의지는 약해 빠진데다 세속적이었다. 그러나 사도행전에서 베드로는 단호하고 유능하고 생산적인 사람으로 놀랍게 변했다. 무엇이 그를 그토록 달라지게 한 걸까? 바로 성령 충만이다.

다혈우울질

다혈우울질은 감정의 기복이 대단히 심하다. 갑자기 미친 듯이 웃는가 하면 다음 순간 눈물을 터뜨리곤 한다. 슬픈 이야기를 듣거나 다른 사람의 가슴 아픈 곤경을 목격하거나 슬픈 음악을 들을 때마다 한없이 눈물을 흘린다. 다른 사람들의 슬픔을 진심으로 가슴 아파한다.

다혈우울질 의사는 언제나 환자들을 따뜻하게 대한다. 다혈질은 보통 환상적인 교사가 된다. 대학에서 손쉽게 인기를 독차지하는 교수들이 바로 그들이다.

다혈우울질은 언제나 사람들과 함께 일해야 한다. 사람들에게 존경받는 것을 중요하게 생각하기 때문에 맡은 일을 꾸준히 해나간다. 대중 강연, 연기, 음악이나 예술 분야를 고려해봄직하다. 다혈질의 대중 강사 중에서도 다혈우울질은 가장 정확한 통계 수치를 사용한다.

그러나 다혈우울질이 특유의 완벽주의 성향을 자제하지 못할 때 사람들을 마구 비판하게 되고 그 바람에 외톨이가 될 수 있다. 그는 인간관계를 소중히 여길 줄 알고 다른 사람들에게 도움을 줄 수 있는 충분한 잠재력이 있다. 다만 자의식과 오만 때문에 밉살스럽게 굴다가 다른 사람들의 미움을 받지 않도록 조심해야 한다.

다혈질과 우울질 모두 몽상가이다 보니 다혈우울질의 가장 큰 취약점은 바로 생각에 있다. 그는 모욕과 상처를 곱씹다 자신을 학대하는 지경에 이를 수도 있다. 다혈질과 우울질 모두 불안을 이기지 못한다. 그 두려움 때문에 잠재력을 제대로 발휘하지 못할 수 있다. 게다가 다혈우울질은 분노 또한 문제가 될 수 있다.

그러나 다혈우울질은 하나님과 교제하는 탁월한 능력이 있다. 다윗 왕이 그 본보기이다. 특유의 카리스마로 사람들을 매료시켰던 인기남 다윗은 다채롭고 인상적이고 감정이 풍부했다. 음악가이자 시인이었고 충동적으로 많은 결정을 내렸다. 불행히도 다윗은 여러 가지 끔찍하고 값비싼 실수로 일생에 오점을 남긴 후에야 비로소 자제력을 배웠다. 그러나 다윗과 달리 많은 다혈우울질은 산산이 쪼개진 삶을 추슬러 다시 시작하지 못한다. 의지박약은 다윗을 거의 파멸의 지경까지 몰고 갔었다. 다혈우울질은 매일 성령 안에서 행함으로 실수를 피해야 한다.

다혈점액질

다혈점액질은 누구나 좋아할 만한 사람이다. 다혈질의 부담스럽고 때론 밉살스러운 면이 우아하고 느긋한 점액질의 특성으로 상쇄가 된다. 다혈점액질은 태평한 마음과 유머감각으로 다른 사람들을 즐겁게 해주는 낙천가이다. 틈만 나면 사람들을 돕고, 다양한 형태의 영업방식을 보인다.

다혈질 중에서 가장 덜 외향적인 다혈점액질은 주도적인 행동이나 스스로를 독려하기보다는 주변 상황과 환경에 끌려가는 경향이 있다.

다혈점액질은 보통 가족에게 성실하고 배우자와 자녀들에게 많은 사랑을 쏟는다. 불행히도, 강한 도덕적 신념으로 제약을 받지 않으면 엉뚱한 사람을 사랑하는 불륜으로 이어질 수도 있다.

다혈점액질의 가장 큰 약점은 의욕과 자제력 부족이다. 일보다 잡담을 좋아하고 진지하게 인생을 살지 않는다. 다혈점액질 직원에 대한 사장의 감정은 반반이다. 인간적으로 끌리면서도 한편으론 좀더 열심히 일해 줬으면 하는 것이다.

다혈점액질은 어지간해선 당황하지 않고 매사를 밝은 쪽으로 해석한다. 미소를 머금고 퇴근해서 "이봐, 나 오늘 해고당했어."라고 말할 사람이다. 농담거리가 끝이 없고 다른 사람들을 웃기길 좋아한다. 종종은 심각해야 할 상황에서도 그렇게 한다.

그러나 그리스도를 뜨겁게 사랑하게 되면 보다 결연하고 과단성 있고 생산적인 사람으로 변한다.

1세기의 복음전도자 아볼로는 신약성경의 인물 중 다혈점액질의 전형에 해당한다. 숙련된 연사인 그는 바울과 여러 전도자들이 개척한 교회들을 맡아 성령 충만한 설교와 가르침으로 교인들에게 감동을 주었다. 모두의 사랑을 받고 일부 헌신적인 추종자도 이끌었던 유쾌하고 헌신적인 아볼로는 많은 여행을 했음이 분명하지만 새로운 일을 개척하지는 않았다. 그에 대해선 이 이상 알려진 바가 거의 없다.

담즙다혈질

기질조합 가운데 두 번째로 외향적인 조합은 담즙다혈질이다. 담즙다혈질은 거의 활동에만 전념한다. 대부분 생산적이고 목적이 분명한 일에 노력을 기울이지만 때로는 조심해야 한다. 한순간에 감성이 폭발해 버릴 수 있기 때문이다! 그는 타고난 홍보가로 거의 모든 걸 팔 수 있다. 사람들은 그에게 호감을 느낀다. 그에겐 이웃과 잘 지낼 수 있는 카리스마가 있다.

다른 사람들에게 동기를 부여하는 데 능하고 어려움이 닥치면 오히려 힘이 솟는다. 두려움을 모르는 무한 에너지로 새로운 모험에 맞선다. 배우자의 평가를 들어보자. "남편에겐 전속력과 정지, 두 가지 속도밖에 없어요." 담즙다혈질은 냉정한 판사와 배심원들의 호감을 얻는 훌륭한 변호사나, 사람들이 저축하려고 마련해둔 돈까지 기부하게 만드는 탁월한 기금모금 전문가가 된다. 그는 어디를 가든 관심을 끌고 수월하게 친구를 사귄다.

그는 실제적인 설교와 효율적인 교회 행정을 겸비한 유능한 목회자고, "한 번 더" 주민을 대표할 수 있게 법안까지 바꿔놓을 인기 정치가다. 또, 사실 관계나 논리가 딸릴 때는 말을 꾸며 허세를 부리거나 으름장을 놓는 설득력 있는 토론가다. 특히, 사회과학 분야를 탁월하게 가르치는 교사이다. 수학이나 과학 또는 추상적인 학문에는 별 매력을 느끼지 못한다. 어떤 직업을 갖든 언제나 재빨리 두뇌가 돌아간다.

담즙다혈질의 주된 약점은 적개심이다. 욱 하고 분통을 터뜨리는 다혈질의 급한 성미에다 분을 풀 줄 모르는 담즙질의 앙심까지 들어있다. 자신도 궤양에 걸리고 다른 사람도 궤양에 시달리게 만들 유형이다. 추진력과 에너지가 떨어지는 사람은 봐주질 못하고, 잔인하고 신랄하리 만큼 솔직한 자신을 자랑스레 여긴다.

그는 한 번에 한 가지 일에만 집중하지 못하므로 자신이 벌인 일을 마무리하기 위해 다른 사람들을 끌어들인다. 자기 주장이 강하고 편파적이고 성급한 그는 어쩌면 처음부터 시작하지 말았어야 할 일을 끈질기게 끝내려 든다. 하나님의 제어를 받지 않으면 자신의 모든 행동을 정당화하고 목표를 달성하기 위해 주저 없이 다른 사람들을 조종하고 짓밟을 유형이다.

대부분의 담즙다혈질은 일에 몰두하느라 가족과 친구들을 소홀히 하고, 그들이 불평하면 폭언까지 일삼는다. 담즙다혈질 남자의 아내는 자신이 사랑받지 못하는 쓸모없는 존재라 느끼고 소외감에 시달린다. 그녀는 남편을 존경하면서도 두려워하고 적개심을 품는다. 그래서 자녀들이 장성하고 나면 남편의 곁을 떠나기도 한다. 그러나 그런 남자라도 자신이 가족을 사랑하고 인정하는 일이 얼마나 중요한지 깨달으면 식구들 하나하나를 사랑하고 집안 전체를 변화시킬 수 있다. 담즙다혈질 아내는 자신이 좋아하는 일에 몰두한 나머지 남편에게 소홀하기도 한다.

신약성경 야고보서의 저자 야고보는 담즙다혈질이었던 듯하다. 야고보서의 요지는 "행함이 없는 믿음은 죽었다"이다. 일벌레 담즙질이 애호하는 구호다. 야고보는 실용적이고 합리적인 논증을 펴는 담즙질이면서도 크게 존경받는 하나님의 사람이었다. 그가 논한 한 가지 약점—혀는 곧 불이며 아무도 통제할 수 없다약 3장—은 담즙다혈질의 가장 취약한 특성, 곧 쉬지 않고 쏟아지는 날카로운 독설이다. 특유의 잔인함과 빈정거림을 이기고 그리스도의 복음을 위해 효과적으로 일한 담즙다혈질의 모습은 그리스도께서 성령을 통해 일하시는 훌륭한 본보기가 된다.

담즙우울질

담즙질과 우울질의 비율이 6대 4인 사람은 아주 근면하고 유능하다. 담즙질의 낙관론과 실행력이 우울질의 변덕을 극복하기 때문에 담즙우울질은 목표 지향적이면서도 꼼꼼하다. 그는 학교 공부도 잘하고, 분석력이 뛰어나고, 머리 회전이 빠르면서도 과단성이 있다. 담즙우울질은 탁월하게 일을 처리하는 유능한 리더가 된다.

이 사람이 변호사라면 더 바랄 나위가 없을 것이다. 담즙우울질은 논쟁에 탁월한 데다 아주 작은 일까지 정확히 기억한다. 사실을 정확히 알고 있지 않는 한 담즙우울질에게 시비를 걸지 말라! 담즙우울질은 좀처럼 질 줄 모른다. 그의 전략은? 급소를 집중 공략하라! 그는 어떤 직업에서도 대개 성공을 거둔다. 캘리포니아 모 병원의 탁월한 외과과장인 담즙우울질 의사는 비범한 성경교사이기도 하다. 이 기질의 사람은 최고의 리더가 될 가능성이 높다. 제2차 세계대전에서 독일군을 베를린으로 퇴각시킨 미 육군 3군사령관 조지 패튼 장군도 담즙우울질이었을 것이다.

담즙우울질의 약점은 강점 못지않게 크다. 존경과 증오를 동시에 불러일으키는 "독재자" 성향이 있기 때문이다. 자기 주장이 강하고 상대가 듣고 싶어하건 말건 자기 생각을 주저 없이 표현한다. 논쟁을 즐기고 논쟁에 이기기 위해서라면 자기 입장과 다른 주장도 서슴지 않는다. 약삭빠른 언변가인 그의 비꼬는 말에 사람들은 큰 상처를 입는다. 상처만 주는 정도가 아니라 비참하게 만든다. 일하는 습관은 불규칙하지만 한번 일할 때 장시간 일하는 타고난 행동가이다.

담즙우울질은 상당한 증오심과 원한을 품을 수 있다. 부모의 충분한 사랑을 받지 못하면, 대인관계, 특히 가족과의 관계에 어려움을 겪는다. 담즙우울질은 지나치게 자녀를 징계하는 가혹한 부모가 될 수 있다. 담즙질답게 좀처럼 만족할 줄 모르는 데다 우울질의 완벽주의 성향까지 갖고 있다. 탁월한 세일즈맨인 어떤 아버지는 15살 아들의 성적이 나쁘다는 이유로 여름 내내 낮에는 방에서 나오지 말라고 명령했다. 말할 것도 없이 아들은 "분통을 터뜨렸고" 결국 가족과 하나님을 떠나고 말았다.

담즙우울질은 특별한 이상 없이 출혈성 궤양이나 대장염, 고혈압에 시달리는 경우가 많다. 오십대 이후 심장발작을 일으킬 확률이 가장 높다. 그러나 성령의 다스림을 받을 때 담즙우울질은 정서가 달라지고 훌륭한 그리스도인이 될 수 있다.

나는 3장에서 담즙질로 소개했던 사도 바울이 좀더 구체적으로는 담즙우울질이었다고 확신한다. 회심하기 전 바울은 적개심에 불타는 잔인한 사람이었다. 흔들리지 않는 결심 때문에 불합리한 고집을 부리는 면은 회심한 후에도 하나님의 뜻과 경고를 무시하고 예루살렘으로 올라가는 대목에서 찾아볼 수 있다. 바울의 편지와 사역에는 담즙질의 실용적, 분석적 논증과 자기 희생까지도 감수하는 추진력이 잘 드러난다. 그는 담즙우울질의 삶을 변화시키시는 하나님의 능력의 산 본보기이다.

담즙점액질

담즙점액질은 외향적 기질 가운데 가장 차분한 기질조합이다. 재빠르고 활동적이고 열정적인 데다 침착하고 태연하고 담담한 면이 섞여 있다.

담즙점액질은 이제까지 살펴본 다른 외향적인 기질들처럼 재빨리 상황 속에 뛰어들지 않고 좀더 신중하고 차분하다. 처음에는 그렇게 보이지 않을지라도, 길게 보면 대단히 유능한 사람이다.

담즙점액질은 주의 깊게 계획을 세운 다음 열심히 일하는, 상당히 조직적인 사람이다. 사람들은 그와 함께 일하길 좋아한다. 분명한 목표와 세부 추진 계획까지 다 세워놓고 일하면서도 사람들을 심하게 몰아세우지 않는다. 다른 사람들이 각자의 능력을 최대한 발휘하도록 도울 줄 알고 남에게 상처를 입히거나 이용당한다는 느낌을 주지 않는다.

혼자 일을 다 해내야 한다는 강박관념이 없고 항상 다른 사람들과 함께 하는 방향으로 생각하기 때문에 어느 기질보다 많은 일을 해낸다. 그의 모토는? 열 사람을 불러 모아 할 수 있는데 왜 혼자 열 사람 몫을 하는가?

가정생활세미나를 주최한 담즙점액질 목사가 최근에 이 특성을 잘 보여주었다. 예상보다 참석자가 많았기 때문에 우리는 좀더 큰 집회실로 수백 권의 책을 옮겨야 했다. 혼자서 그 많은 책을 아래층으로 부리나케 옮기는 대신, 그는 사람들을 둘러보더니 열 사람만 도와달라고 조용히 요청했다. 책을 옮기는 데는 4분밖에 걸리지 않았고 그는 책을 한 번만 나르면 되었다.

담즙점액질은 거의 모든 분야에서 탁월한 행정가일 뿐 아니라 좋은 남편과 아버지가 된다.

그의 역량이 출중하긴 하지만 눈에 띄는 약점이 없는 건 아니다. 그는 벌컥 화를 내지는 않지만 적개심과 앙심을 품는다. 담즙질의 날카로운 비아냥거림은 점액질의 우아함으로 어느 정도 무마된다. 가시 돋친 말을 유머로 교묘하게 포장한다. 상대방은 농담인지 조롱인지 알 수 없게 된다.

담즙점액질은 그 누구보다 완고하고 고집이 세다. 회개하거나 잘못을 인정하기 어려워한다. 그 결과 자신이 잘못한 사람에게 사과하지 않고 "보상하려" 든다. 소심한 점액질의 특성 때문에 담즙질의 진취성이 억눌려 잠재력을 충분히 발휘하지 못할 수도 있다.

바울의 영적 아들이자 크레데 섬에 있는 백여 개 교회의 지도자 디도는 아마 담즙점액질이었을 것이다. 성령 충만을 받은 디도는 복음을 신실하게 가르치고 교회를 역량 있게 관리할 적임자로 바울이 믿고 맡긴 사람이었다. 바울이 디도에게 보낸 서신은 모든 교사, 특히 담즙점액질 교사의 필독서이다.

우울다혈질

이제 내향적인 특성이 더 강한 기질들로 넘어가 보자. 이미 살펴본 기질과 다소 유사해 보이겠지만 조합된 기질의 비율이 뒤바뀐 점이 다르다.

우울다혈질은 유능한 학자이고 교직, 그것도 고등학생이나 대학생을 가르치는 일에 누구보다 적임이다. 우울질 특성 덕에 잘 알려지지 않은 사실을 찾아내고 세부사항까지 정확히 사용하는 한편, 다혈질 특성 덕에 학생들과 잘 통한다. 흔히 사회과학이나 신학, 철학, 문학 등을 전공한다.

우울다혈질은 때로 컴퓨터나 사무기기나 학습 교재 등을 판매하는 업무를 맡는다. 그런 일은 상세 정보와 사실을 잘 전달해야 하고, 상대적으로 스트레스가 적다. 그는 유능한 변호사나 의사감이다.

우울다혈질은 대단히 유능하지만 보통은 다른 사람 밑에서 일한다. 자기 사업을 시작하거나 조직을 설립할 만한 배짱은 없다.

우울다혈질은 좋은 배우자와 충실한 부모가 된다. 다만 배우자와 자녀를 있는 모습 그대로 받아들이고 비판을 자제하는 법을 배워야 한다.

일반적으로 그는 재능이 많고 청중의 마음을 사로잡는 연주가의 자질이 다분하다. 많은 위대한 연기자와 오페라 스타, 컨트리 뮤직 가수들이 우울다혈질이다. 오늘날의 포크송과 발라드 대부분은 우울다혈질의 작품이다. 우울다혈질은 재미있는 사회자나 교인들과 잘 지내는 목회자가 된다. 또 화가가 되면 그림을 잘 그릴 뿐 아니라 자신의 작품을 잘 판다. 물론 팔 생각이 있을 때의 얘기다.

우울다혈질은 감정의 기복이 아주 흥미롭다. 상황이 흡족할 땐 엄청 행복감을 느낀다. 그러나 상황이 안 좋아지거나 거절당하거나 모욕감을 느끼거나 마음이 상하면 자기 연민의 바다에 잠겨버린다. 우울질이 두드러진 다른 기질조합과 마찬가지로 우울다혈질도 생각의 흐름을 잘 다스려야 한다.

쉽게 감동하는 탓에 눈물을 잘 흘리고 모든 상황을 깊이 느끼면서도 터무니없이 비판적으로 나오거나 다른 사람들에게 가혹하게 굴 수 있다. 일이 뜻대로 풀리지 않을 때는 완고해지고 비협조적으로 나올 수도 있다. 물론 바람직하지 않고 도움될 것도 없는 처사이다.

우울다혈질이 학생인 경우 보통 우수한 성적을 받지만 전공을 자주 바꾸다 보니 대학을 졸업하는 데 5-6년씩 걸리기도 한다. 학업을 중도에 포기하기도 하는데, 그렇게 되면 잠재력을 충분히 발휘하기 어렵다.

스스로 만든 초라한 자화상 때문에 자신의 잠재력을 제대로 발휘하지 못하고 두려움과 불안에 사로잡히기도 한다. 스스로 인식하고 있는 것보다 훨씬 유능하지만 좀처럼 밖으로 드러나지 않으니 사람들은 대개 그의 재능을 알아차리지 못한다.

세례 요한과 엘리야와 예레미야와 그 외 성경의 여러 선지자들이 우울다혈질이었다. 그들은 하나님과 교제하는 놀라운 능력을 지녔고, 자기를 희생하고 사람들을 도우며, 탁월한 카리스마로 추종자들을 거느렸고, 가르치고 회개를 촉구하는 과정에서 율법주의적이 되기도 했고, 극적 효과에 대한 감각이 있었으며, 자신들의 원칙을 위해 기꺼이 목숨을 내놓았다. 그러나 그들 역시 자기 회의와 우울증에 시달릴 때가 있었다.

상담가로서 나는 그동안 우울질들이 우울증을 극복하도록 도와 왔다. 그렇기 때문에 하나님께서 우울다혈질을 위해 베푸시는 은혜를 잘 안다!

우울담즙질

우울담즙질은 우울질 특유의 감정의 기복이 담즙질의 의지력과 결심으로 다소 안정감을 찾은 형태이다. 이 사람은 거의 모든 직업을 가질 수 있다. 완벽주의자에다 추진력도 갖추고 있다.

특히 조사와 정확성을 요하는 법률 분야에서 탁월한 변호사가 된다. 어느 누구보다 사건 준비를 배 이상 열심히 하기 때문에 좀처럼 지지 않는다. 의사인 경우 최신 의학용어까지 꿰고 있고 환자들에게도 중요한 사실들을 분명히 각인시킨다. 위대한 교향악단 지휘자와 합창단 지휘자들 중 다수가 우울담즙질이다.

강력한 리더십 자질을 갖추고 있고 "이사장" 노릇을 즐기며 준비 없이 회의에 참석하는 법이 없다. 교육계에 몸담은 경우 교실을 떠나 교육행정가가 되는 경우가 많다.

정치권에 입문하기도 하고, 스포츠 분야의 많은 슈퍼스타들(특히 야구

투수들) 또한 우울담즙질이다.

우울다혈질과 달리 우울담즙질은 자신의 이름을 내건 조직이나 기관을 설립하고 소란스럽지 않으면서 자연스럽고 효율적으로 운영할 수 있다. 많은 선교기관, 대학, 기독교 단체의 설립자들이 성령 충만한 우울담즙질이다.

우울담즙질의 타고난 약점은 생각과 감정과 입에서 드러난다. 그는 정말 만족시키기가 너무나 어려운 사람이다. 사람(자기 자신도 포함)이나 사물에 대해 부정적으로 생각하기 시작하면 도저히 같이 지내기 어려운 타입이 된다. 우울담즙질의 감정은 생각의 흐름에 따라간다. 우울질이 섞인 다른 두 기질조합만큼 우울증에 오래 빠져있지는 않지만, 우울증에 빠지는 속도는 오히려 더 빠를 수 있다.

우울질과 담즙질은 자기 학대와 증오와 비판에 시달리는 두 가지 기본 기질이다. 이 두 가지가 우울담즙질에서 만났으니 상황이 어려울 때 이 사람이 죽을 생각까지 하는 것도 이상할 것이 없다.

이 사람이 주로 하는 기도는? "주님, 왜 하필 접니까?" 우울담즙질이 사람들과 하나님께 화를 내는 일은 드물지 않다. 그런 분노에 오래 사로잡혀 있다 보면 조울병에 걸릴 수도 있다. 최악의 경우 가학증에 빠지기도 한다.

왜 그런 못난 생각과 분노와 앙심에 빠져 있느냐는 말을 들으면 분통을 터뜨린다. 나는 서른네 번이나 수혈을 받은 궤양 환자를 알고 있다. 그녀의 자기 연민과 부모와 남편과 자녀들을 향한 원망을 조심스럽게 지적하자 그녀는 이렇게 맞받아쳤다. "저 같은 취급을 받았더라면 목사님도 똑같은 생각을 하셨을 거예요!"

상세한 분석과 완벽함을 추구하는 성향 때문에 이리저리 흠을 잡다 보니 다른 사람들을 궁지에 몰아넣기도 한다. 성령의 충만을 받거나 긍정적인 생각을 견지하지 못하면 잠시도 함께 있기 어려운 사람이 되고 만다. 그 사실을 누구보다 뼈저리게 느끼는 사람이 바로 배우자와 자녀들이다. 우울담즙질은 가족에 대한 불만을 "과장하고" 집 안팎에서 그들에게 몹쓸 말을 해서라도 실수를 바로잡아야 한다고 느낀다.

우울담즙질은 아내의 요리나 청소, 지출 방식이 마음에 들지 않는다는 이유로 몇 달씩 부부관계를 거부하기도 한다. 이 사람은 성품상 누구보다 하나님의 사랑을 가슴으로 느껴야 할 사람이고 가족들에게도 그를 통해 나오는 하나님의 사랑이 절실히 필요하다.

우울담즙질은 분노와 복수심이라는 꿍한 마음 때문에 놀라운 잠재력에 걸맞게 살지 못한다. 그러나 성경의 많은 위인들은 우울담즙질의 모습을 보여준다. 바울의 선교여행에 꾸준히 함께한 의사 누가도 그 중 한 사람이다. 그는 주님의 생애에 대한 가장 자세한 기록과 초대 교회의 확산에 대한 유일한 기록을 남긴 학자 겸 연구자였다. 그리고 3장에서 살펴본 모세가 있다.

우울점액질

세계 최고의 학자들은 우울점액질이었다. 그들은 앞서 살펴본 두 우울질처럼 쉽사리 적개심을 품지 않고 일반적으로 다른 사람들과도 잘 지낸다. 재능 많고 내성적인 이 사람은 우울질의 분석적 완벽주의에다 점액질의 조직적 효율성을 모두 갖추고 있다. 연구와 조사에 필요한 혼자만의 조용한 환경에서 활력을 얻는 성격 좋은 인도주의자이다.

우울점액질은 대개 철자에 대단히 민감하고 수학도 잘한다. 고등교육

뿐 아니라 의학과 약학, 치의학, 건축, 장식, 문학, 신학, 그 외 다른 많은 "지적" 분야에서 두각을 드러낸다. 또한, 존경받는 작가이자 철학자, 과학자이며 건축과 음악, 예술계의 거장이다. 극히 꼼꼼하고 정확한 우울점액질은 훌륭한 회계사와 부기계원과 공인회계사가 된다. 의학이나 치의학 분야에서 전문의가 되는 이들도 드물지 않다.

세계의 중요한 발명과 의료계의 발견을 이루어낸 사람 대부분이 우울점액질이다. 내가 잘 아는 한 우울점액질 친구를 놓고 나는 "할 줄 모르는 게 없는 유일한 사람"이라고 말하곤 했다.

이런 능력을 갖고 있는 우울점액질에게도 약점이 있다. 하나님의 도우심이 없으면 우울점액질은 쉽사리 낙담하고 부정적인 생각에 빠진다.

우울점액질은 두려움과 불안과 부정적인 자화상에 유난히 쉽게 무너진다. 위대한 재능과 역량을 가진 사람들이 자신을 하찮게 여기는 자기 생각의 희생자가 되다니 참으로 놀라울 뿐이다.

우울점액질은 보통 조용한 편인데 복수심을 품다 증오에 사로잡힐 수도 있다. 감정의 기복이 심하면서도 완고하고, 외고집에다 비타협적이 되기도 한다.

그러나 비판하는 습관에서 돌이켜 항상 기뻐하는 법을 배우면 인생관이 달라질 수 있다. 나는 비슷한 점이 아주 많은 우울점액질 두 사람을 안다. 둘 다 자기 분야의 전문가에다 유능하고 수입도 많다. 둘 다 가족을 아끼고 신앙생활도 열심히 하지만 분명한 차이점이 있다. 한 사람은 가족과 많은 친구들의 사랑과 존경을 받는다. 독학 성경학자이기도 하다. 다른 한 사람도 가족의 존경을 받긴 하지만 사교적이지 못하고 사람들도 그를 싫어한다. 두 사람의 차이가 뭘까? 두 번째 사람은 몇 년 전 가슴에 맺힌 응어리를 지금도 떨치지 못하고 있다. 그 영향은 표정에도 역력히 나타난다.

우울점액질은 양심에 따라 행동하려는 마음이 강하다. 그렇다 보니 다른 사람들의 압력에 눌려 이런저런 일들을 떠맡느라 에너지와 창의력을 소진하기도 한다. 어려운 사람들을 돌아보느라 가족에게 많은 시간을 할애하지 못하는 경우도 있다. 그러나 성령 충만을 받으면 본이 될 만한 절제와 헌신으로 가족의 존경과 사랑을 받을 수 있다. 속도를 조절하고 여가 활동으로 긴장을 푸는 법을 배우지 못하다 결국 젊은 나이에 생을 마감하는 경우도 종종 있다.

성경에서 우울점액질 후보를 꼽자면 사도 요한이 가장 유력하다. 그는 너무 화가 난 나머지 주님께 하늘에서 불을 내려 사람들을 태워 주십사 요청한 적도 있다. 그러나 감수성이 예민한 요한은 최후의 만찬 때 예수님의 품에 머리를 기댔다. 예수님이 십자가에 달리셨을 때도 그 자리에 서 있던 유일한 제자였다. 예수님은 요한에게 모친을 맡기셨다.

후에 사도 요한은 위대한 교회 지도자가 되었고 신약성경 가운데 다섯 권의 저서를 남겼다. 요한복음과 요한계시록은 예수 그리스도께 특별히 영광을 돌리는 책이다.

점액다혈질

열두 가지 기질조합 중에서 가장 오랫동안 지내기 쉬운 유형은 점액다혈질이다. 붙임성 있고, 유쾌하고, 협조적이고, 사려 깊고, 사람을 소중히 여기고, 원만하고, 믿을 수 있고, 재미있고 유머감각도 있다. 애어른 할 것 없이 이웃의 사랑을 듬뿍 받는다.

판매업종을 직업으로 택하는 경우는 드물지만 강매에 대한 부담만 없다면 판매도 잘할 수 있다. 교육계로 진출하는 경우가 많고 행정이나 회계, 역학, 공학 분야에서도 뛰어나다. 장의사, 과학자, 통계학자, 라디오 아나운서, 카운슬러, 목회자, 수의사, 농부, 건설노동자도 많다.

대개 가족들과 평온한 생활을 즐기고 배우자와 자녀들을 사랑한다. 그들이 헌신된 그리스도인이고 동기 부여를 잘해 주는 좋은 목회자를 만난다면 교회에서 상당한 역할을 감당하게 된다.

점액다혈질의 약점은 다른 기질처럼 두드러지지 않으나, 늘 함께 살아야 하는 사람에게는 그리 사소한 문제가 아니다. 그것은 점액질답게 별로 아쉬울 게 없고 다혈질답게 자제력이 부족하여 잠재력을 충분히 살리지 못하는 경우가 많다는 것이다. 학교를 중퇴하고 좋은 기회를 흘려버리며 "너무 많은 노력"이 필요한 일은 피하곤 한다. 빈둥거리며 고독을 즐기고 세월이 지나는 것에도 그리 개의치 않다가 고만고만하게 살아가는 경향이 있다.

보통은 정반대 기질의 남녀가 서로에게 매력을 느끼고 결혼에 이르는데, 점액다혈질 여성은 적극적인 남자와 결혼해 남편을 내조하며 살아가면 된다. 그러나 남자가 점액다혈질인 경우엔 상황이 전혀 달라진다. 아내가 일을 해서 남편을 먹여 살리기는 어려우므로 남편의 소극적인 생활방식은 아내를 짜증나게 한다. 그의 아내는 남편에게 자기 개발 서적을 나오는 족족 사다 주지만 남편은 읽다가 잠들고 만다. 내 세미나에 참석한 아내들로부터 가장 많이 받는 질문 중 하나는 "점액질 남편에게 어떻게 동기 부여를 해줄 수 있나요?" 하는 것이다.

두려움과 염려는 점액다혈질에게 터무니없는 불안감을 불러일으키는 또 다른 골칫거리다. 조금만 더 믿음을 가지면 소심함과 자멸적인 불안을 떨치고 변화될 수 있는데 점액다혈질은 오히려 자기 껍질을 단단하게 만들고 자신과 가족에게 유익한 활동을 외면하여 굴러오는 복을 차버린다.

점액다혈질 하면 성경의 디모데가 떠오른다. 사도 바울이 영적 아들로 특별히 아낀, 부드럽고 신실하고 사람 좋은 디모데는 믿음직하고 안정감이 있었지만 소심하고 두려움이 많았다. 바울은 그에게 "전도인의 일을 하라"딤후 4:5고 말했고, 보다 과감해지라고 거듭 촉구했다. 그것은 모든 점액다혈질을 향한 하나님의 말씀이다.

점액담즙질

점액질 중 가장 활동적인 유형이 점액담즙질이다. 그래도 점액질이 두드러진 사람이라 활동가가 되긴 어렵다. 다른 점액질과 마찬가지로 함께 지내기 무난하고 모임의 탁월한 리더가 되기도 한다. 적절한 훈련을 받으면 유능한 십장이나 부사장, 회계사, 교육가, 기획가, 그리고 거의 모든 건축 분야의 노동자가 될 수 있다. 점액질은 경청할 줄 알고 다른 사람에게 진정한 관심을 보이기 때문에 좋은 상담가의 자질이 있다. 욥의 인내심을 갖고 있는 그는 종종 다른 상담가들로부터 위로를 얻지 못한 환자들을 돕기도 한다. 그는 부드러운 태도로 사람들에게 절대 위협감을 주지 않는다.

점액담즙질이 다른 사람들을 위해 봉사하는 일은 거의 없지만, 자신이 책임자로 있는 조직적인 사무실 안에서는 대개 일급 전문가이다. 그의 조언은 실제적이고 유용하다. 그가 성경을 배운 그리스도인이라면 충분히 신뢰할 수 있다. 언제나 옳은 일만 할 사람이지만 좀처럼 정해진 틀을 벗어나진 않는다.

    점액담즙질의 약점은 언뜻 명백하지 않지만 가정에서 서서히 그 모습을 드러낸다. 그도 역시 다른 점액질들처럼 아쉬운 게 없고 두려움이 많다. 게다가 완강하게 고집을 피우고 뜻을 굽히지 않는다. 다른 사람들에게 분통까지 터뜨리진 않지만 반항하거나 비협조적으로 나온다.

    점액담즙질은 싸움이나 시위를 벌이진 않는다. 그러나 그들의 숨은 분노와 고집이 종종 침묵으로 표출된다. 말 많은 아내를 둔 점액담즙질은 이렇게 말했다. "마침내 아내를 다루는 법을 알아냈어요!" 어떤 방법이냐는 내 질문에 이렇게 대답했다. "침묵입니다! 닷새 동안 한마디도 하지 않았어요. 아내는 그걸 견디질 못해요!" 나는 그에게 궤양에 시달릴 가장 확실한 길을 택한 거라고 경고했다. 내게 예언 능력이 있는지 미처 몰랐는데 그는 28일 후 출혈성 궤양으로 병원에 실려 가야 했다.

    점액담즙질은 종종 "작업장"이나 "둥지"로 물러가 혼자 조용히 시간을 보낸다. 밤마다 텔레비전 속으로 빠져들기도 한다. 안 그래도 이기적이라 할 만큼 앉아있기 좋아하는 사람이 나이가 들수록 점점 더 수동적이 되어간다. 자신은 편안하게 오래 살 가능성이 높지만, 가족의 필요와 관심을 생각해야 한다. 그리고 적극적인 사람이 되고자 애써야 한다.

    점액담즙질 남자의 아내가 가장노릇을 지긋지긋해 하는 남편의 수동성을 받아들이고, 자녀의 훈육과 같은 가정사를 챙겨준다면 오래도록 행복한 결혼생활을 누릴 수 있다.

    점액담즙질의 특성을 가장 잘 보여주는 성경 인물은 아브라함이다. 초반부에 그려진 그의 모든 행동은 두려움에서 나온 것이었다. 하나님의 첫 번째 부르심을 받았을 때 그는 안전한 이방 도시 우르를 떠나길 주저했다.

두 번이나 아내를 누이라고 속였고 아내의 존재를 부인했다. 그러나 결국 하나님께 온전히 순복했고 성령 안에서 자라났다. 그로 인해 그의 최악의 약점이 최상의 강점으로 변했다. 지금 그는 겁쟁이 아브라함이 아니라 "하나님을 믿으매 이것이 저에게 의로 여기신 바 되었던"창 15:6, 롬 4:3 '믿음의 조상'으로 불리고 있다.

점액우울질

점액우울질은 모든 기질조합 중에서 가장 품위 있고 부드럽고 조용하다. 좀처럼 화를 내거나 적개심을 품지 않고 사과할 말은 아예 하지도 않는다(그건 무엇보다도 말이 많지 않기 때문이다). 곤경을 자초하거나 다른 사람들을 난처하게 하지 않고 언제나 적절한 행동만 한다. 또, 소박한 옷차림에, 믿을 수 있고, 정확하다.

점액우울질은 자비를 베풀어 남을 돕는 방면에 재능이 있다. 사회생활을 시작하면 함께 일하는 동료들의 필요를 잘 헤아리게 된다.

그는 깔끔하고 조직적으로 일한다. 사진 촬영과 출력, 목록 작성과 분석, 레이아웃, 광고, 역학, 교육, 제약, 치의학, 시계 제작, 도목수일(일하는 속도가 느리기 때문에 개별 작업은 거의 맡지 않는다), 유리세공, 도배와 페인트칠, 그 외 세밀한 작업과 대단한 인내가 필요한 일들을 잘 소화해낸다.

점액우울질은 점액질답게 집안일을 잘하고 여력이 있는 대로 집안 곳곳을 수리한다.

약점을 살펴보자면, 점액우울질 아버지는 자녀들이 생산적이고 절제할 줄 아는 어른이 되는 데 필요한 징계를 소홀히 하는 경향이 있다. 좀처럼 인정되지 않는 사실이지만, 자녀들이 자라면서 부모에게 말대꾸하고 불순종하는 것을 방치하는 수동적인 아버지는 불합리한 징계로 자녀의 원한을 사는 독재자 부모만큼이나 자녀를 노엽게 한다.엡 6:4

점액우울질 남자의 아내가 남편의 수동적인 성향을 파악하고 그가 가장 역할을 하도록 재치 있게 기다려주면 두 사람은 행복한 가정과 부부관계를 누릴 수 있을 것이다.

점액우울질의 다른 약점들은 두려움과 이기심, 부정적 사고방식, 비판, 건전한 자아상의 결핍에서 나온다. 최근에 열린 가정생활세미나에서 아내가 두려움에 대한 강연을 했다. 그때 강연을 들은 한 젊은 화가가 자신이 엄청난 사업 기회를 활용하길 두려워하고 있음을 명확히 알게 되었다고 했다. 그의 말을 들으니 그가 탁월한 실력으로 최선을 다하면서도 자기 재능을 헐값에 팔아온 점액우울질이란 걸 알 수 있었다.

대부분의 점액우울질은 어떤 활동에 참여하는 데 지나친 거부감을 갖는다. 도에 지나치게 빠져 버리거나 말려들면 어쩌나 겁을 내어 무슨 일이건 거의 자동적으로 거부한다. 내적으로는 동기 부여가 안 되는 기질이므로 자기에게 벅차다 싶을 정도의 책임을 떠맡을 필요가 있다. 그러한 외적 자극 덕분에 더 큰 일을 이룰 수 있을 것이다. 모든 점액질은 긴장 속에서도 일을 잘한다. 그러나 그 긴장은 바깥에서 주어져야 한다.

점액우울질은 몸을 단련시키는 데 특별히 신경을 써야 한다. 새로운 활력을 얻게 될 것이다. 물론 의욕의 가장 큰 원천은 성령의 능력이다.

바울의 1차 전도여행에 동행했던 바나바가 점액우울질이었을 확률이 높다. 그는 소유의 절반을 구제헌금으로 교회에 바쳤고, 1차 전도여행 도중 낙오한 조카 마가 요한이 2차 전도여행에 합류하는 문제를 놓고 바울과 다퉜다. 어찌나 심하게 다퉜던지 바나바는 바울 없이 조카 마가만 데리고 전도여행을 떠났다.

나중에 바울은 "저가 나의 일에 유익하니라"딤후 4:11는 말로 마가를 칭찬했다. 신실하고 헌신적이며 부드러운 바나바가 당시 곤경에 처한 마가를 도왔기 때문에 오늘날 마가복음이 우리 손에 쥐어질 수 있었다.

자기 기질 찾기

지금까지 열두 범주 어디에도 딱 들어맞지 않는다고 낙심할 필요는 없다. 똑같이 들어맞는 사람은 아무도 없다. 자신의 기질조합을 고르기 어렵게 만드는 다음 변수들을 고려해 보자.

1. 기질조합 비율이 내가 임의로 선택한 6대 4와 다를 수 있다.
2. 똑같은 기질조합이라도 가정 환경과 양육 방식의 차이에 따라 다르게 나타난다. 예를 들어보자. 자녀를 사랑하면서도 엄하게 훈육하는 부모 밑에서 자란 다혈점액질은 방임형 부모 밑에서 자란 경우보다 훨씬 자제력이 강할 것이다. 같은 우울점액질이라도 무자비한 부모 밑에서 자란 경우와 부드러운 부모 밑에서 자란 경우는 다르다. 둘 다 비슷한 강점과 재능을 갖고 있지만 무자비한 부모 밑에서 자란 경우 증오와 우울증과 자기 학대에 시달리느라 타고난 강점을 제대로 살리지 못할 것이다. 성령의 능력을 덧입는 것만이 유일한 해결책이다.
3. 자신을 객관적으로 보지 못한 것일 수 있다. 그런 경우라면 자신의 기질에 대해 가족이나 친구들의 말을 들어봐야 한다. 우리 모두 자신을

좋게 평가하는 경향이 있다.

4. 교육과 지능지수가 기질 평가에 영향을 끼칠 수 있다. 예를 들면 지능지수가 아주 높은 우울다혈질은 평균이나 평균 이하의 우울다혈질과 다소 달라 보인다. 대개 교육을 받지 못한 사람은 성숙하는 데 더 오랜 시간이 필요하다. 그것은 자신감과 관련된 문제이다. 한 가지 기술에 숙달된 사람은 그렇지 못한 사람보다 대개 진취적이고 자신감이 넘치며 자기 표현도 풍부하다.

5. 건강 상태와 신진대사가 기질 평가에 영향을 끼친다. 같은 담즙점액질이라도 갑상선에 문제가 있거나 다른 질병이 있는 사람보다는 건강상태가 최상인 사람이 훨씬 진취적이다. 같은 점액우울질이라도 저혈압에 시달리는 사람보다 신경이 예민한 사람이 더 활동적이다. 고혈압은 종종 각 기질의 "극대치"를 보여준다.

6. 동기 부여는 변화를 낳는다! 생명의 근원이 마음에서 나온다.잠 4:23 참고 적절한 동기 부여가 있으면 기질과 관계없이 행동이 변할 수 있다. 사실 이 책을 쓴 이유도 제대로 동기 부여를 받지 못한 이들이 하나님의 능력을 체험하고 행동이 온전히 변화되도록 하려는 것이다.

7. 성령의 도우심으로 기질이 조정된 성숙한 그리스도인들은 자신들의 기질조합을 분석하기 어려울 때가 많다. 자신들의 현재 행동으로 기질론을 대하기 때문이다. 기질은 자연인에게 있는 것으로, 그 자체로는 영적인 요소가 없다. 그렇기 때문에 성숙한 그리스도인보다는 불신자나 육적인 그리스도인을 진단하고 분류하기가 훨씬 쉽다. 성숙한 그리스도인이 자신을 제대로 분석하려면 인간적인 강점에만 집중하거나 성령 충만한 신자가 되기 전의 행동을 떠올려 보면 된다.

토의를 위한 질문

1. 교회의 한 위원회가 12가지 기질조합을 대표하는 12위원으로 이루어졌다고 하자. 각 위원이 위원회에 어떤 기여를 할 수 있는지 생각해 보자.

2. 다혈질과 담즙질(외향성) 중 하나와 우울질과 점액질(내향성) 중 하나를 골라 임의로 기질조합을 만들어보자. 그리고 이 기질조합의 사람 12명으로 이루어진 위원회를 상상해 보자. 이 위원회는 무엇을 잘할까? 또, 어떤 일을 잘 못할까? (선택된 기질조합에 해당하는 성경 인물의 특성을 생각해보고 그와 같은 사람 12명으로 구성된 위원회를 상상해 보면 되겠다.)

3. 하나님이 인간에게 왜 그토록 다양한 기질유형을 허락하셨다고 생각하는가? 고린도전서 12:1–31을 읽어보자. 이 구절은 성령의 은사에 대해 말하고 있지만, 기질의 다양성에 대해서도 시사하는 바가 있지 않은가?

4. 4대 기질과 12가지 기질조합에 대해 배운 것들을 활용해 가족과 친구들을 "헤아리는" 일의 유익과 위험은 각각 무엇일까? (3장의 도입 단락을 보라.)

5. 4대 기질과 12가지 기질조합에 대한 지식을 활용해 자기 자신을 "헤아리는" 일의 유익과 위험은 각각 무엇일까? (3장의 도입 단락을 보라.)

6. 다음의 성경구절을 큰소리로 읽자. 그리고 기질의 생성과 관련해서 각 구절을 토의해 보자. 욥 3:14–15, 시 139:13–18, 사 44:24, 갈 1:15.

7. 12가지 기질조합 가운데 자신의 모습이 있다면, 그 기질의 장점을 놓고 하나님께 감사하는 시간을 갖자.

CHAPTER 5

기질상의 강점

성령께서 어떻게 사람의 기질을 변화시키시는지 설명하기에 앞서 4대 기본기질의 강점을 간략하고 체계적으로 요약해 보겠다.

다혈질

즐겁다

다혈질은 누구보다도 인생을 즐긴다! 주위 사물에 대한 천진난만한 호기심을 절대 잃지 않는 듯 보인다. 환경에 잘 적응하기 때문에 환경이 달라지면 그 전의 안 좋았던 기억은 곧 잊어버린다. 일찍 일어나고 활기차게 잠에서 깬다. 행복한 생각을 마음속에 간직할 수 있기 때문에 휘

파람을 불거나 노래를 부르면서 하루를 살아간다. 지루함과는 거리가 먼 사람이다. 낙심했을 때라도 금세 재미있는 일을 찾아 나선다.

낙천적이다

할레스비 박사는 다혈질의 특성을 이렇게 묘사했다. "하나님은 다혈질에게 현재를 사는 능력을 주셨다."

다혈질은 과거를 쉽게 잊기 때문에 마음 상하고 실망했던 기억으로 인해 정신이 흐려지는 법이 없다. 미래에 대한 불안 때문에 좌절하거나 두려워하지 않는다. 미래에 대해 그리 많이 생각하지 않기 때문이다. 다혈질은 현재를 위해 산다. 크고 작은 일에 감동할 줄 아니 오늘의 삶이 즐겁다.

다혈질은 사전 계획 없이 삶을 있는 그대로 받아들인다. 그래서 그의 삶에는 유난히 예기치 못한 일들이 많다. 다혈질은 그것도 재미있어 하지만 배우자에겐 신경 곤두서는 일이 아닐 수 없다.

다혈질은 새로운 일을 벌이고 싶은 의욕을 쉽사리 느낀다. 그리고 주변 사람들도 그의 끝없는 열정에 이끌린다. 어제의 일은 실패했어도 오늘 하고 있는 일은 분명 성공할 거라고 생각한다.

붙임성이 있다

유쾌한 다혈질이 사교적이고 붙임성 있는 태도를 보이는 이유는 기본적으로 사람들을 정말 좋아하기 때문이다. 다른 사람들과 함께 있는 걸 좋아하고 기쁨과 슬픔을 공감하며 새 친구를 잘 사귄다. 파티석상에서 즐겁게 지내지 못하는 사람들을 보면 그냥 넘어가지 못하고 그 사람들을 모임에 끌어들인다. 사람들에 대한 애정과 열정적인 카리스마는 대개 보답을 받는다.

동정심이 많다

다혈질은 마음이 부드럽고 동정심이 많다. 다른 사람들의 필요에 누구보다 진심어린 반응을 보인다. 다른 사람들의 좋고 나쁜 감정에 모두 공감할 줄 안다. 그는 본성상 "즐거워하는 자들로 함께 즐거워하고 우는 자들로 함께 울라" 롬 12:15는 성경 말씀에 쉽사리 순종한다.

다른 사람들의 기쁨과 상심을 진심으로 헤아리기 때문에 감정의 변화가 심하다. 그러다 보니 본의 아니게 다른 사람들의 오해를 사곤 한다.

다혈질은 많은 사람들을 사랑하지만 또 금세 잊어버린다. 그러나 일부러 그런 건 아니다. 그저 현재를 즐겁게 사는 능력이 있을 뿐이다. 세상은 유쾌하고 감수성이 풍부한 다혈질로 인해 풍요로워진다. 그는 어디를 가건 주위 사람들에게 기쁨을 퍼뜨린다.

담즙질

의지가 강하다

담즙질은 의지가 강하고 자제력이 있으며 자기 문제를 스스로 결정하려는 성향이 강하다. 또, 자신감이 강하고 매우 적극적이다. 그는 끊임없이 움직이지만, 다혈질과 달리 철저한 사전 계획에 따라 목적이 분명한 행동을 한다.

일단 일을 시작하면 집요하게 그 일에 몰두하고 끈질기게 한 방향으로 밀어붙인다. 담즙질은 "오직 한 일"빌 3:13을 하는 사람이라 불릴 만하다. 한 가지 일에만 몰두하다 보니 자주 성공을 거둔다. 본인은 다른 사람보다 자신의 방법과 계획이 낫기 때문이라 생각할지 모르지만, 실제로 그의 성공은 계획이 좋아서라기보다는 단호함과 끈기의 결과이다.

실제적이다

담즙질은 대개 실제적인 부분에 관심을 가진다. 그는 생활의 모든 것을 실용적인 관점에서 보고, 뭔가 가치 있는 일에 참여할 때 가장 행복해한다.

조직을 꾸리는 일에 대한 열정이 있지만 세부작업은 고역으로 여긴다. 상황을 금세 평가하고 실제적인 해결책을 내놓는다. 분석적 추론이 아닌 직관으로 대부분의 결정을 내린다.

리더

담즙질은 리더십 성향이 강하다. 강한 의지로 모임을 주도하곤 한다. 사람을 보는 안목이 있고 비상시에 민첩하고 대담하게 움직인다. 그는 리더의 자리를 두려워하지 않고, 리더 역할을 기꺼이 떠맡는다. 기회가 주어지지 않으면 종종 리더 역할을 자청하기도 한다. 흔히 "책임자"격 인물로 알려진다. 지나치게 오만해지거나 다른 이들을 부려먹으려 들지 않는 한, 사람들은 담즙질의 실제적인 방향 제시와 리더십을 잘 따른다.

낙천적이다

담즙질의 낙천적 인생관은 타고난 자신감에서 나온다. 어찌나 모험심이 강한지 안정된 지위를 버리고 미지의 세계에 뛰어드는 일도 자주 있다. 개척자 정신을 타고 났다고 할 수 있다.

새로운 상황을 평가할 때도 목표에만 몰두할 뿐 다가올 위험이나 잠재적 문제들은 거의 보지 못한다. 그러나 어떤 어려움이 닥치더라도 해결할 수 있다는 흔들림 없는 자신감이 있다.

역경이 닥치면 낙심하기는커녕 오히려 식욕이 돋고 목표에 대한 의지가 더욱 굳세어진다.

우울질

감수성이 예민하다

우울질은 모든 기질 가운데 재능과 감수성이 가장 풍부하다. 지능지수가 높고 매우 창의적이며 재능이 다양하다. 세계의 위대한 천재들 대부분은 우울질이다. 그는 문화의 가치를 알고 예술에 특히 뛰어나다. 감수성이 풍부하지만, 다혈질과 달리 감정을 속으로 삭이고 쉽사리 (대개 "안 좋은") 감정에 휩쓸린다.

우울질은 창의적 사고에 특히 뛰어나고, 감정이 고조되었을 때 가치 있는 발명품이나 창의적인 작품을 만들어내곤 한다.

완벽주의자

강한 완벽주의 성향을 지닌 우울질의 기준은 누구보다 높다. 어떤 분야에서건 다른 사람은 물론이고 자기 자신에게도 불가능할 만큼 요구조건이 까다롭다. 지나간 일이나 과거의 결정을 놓고 후회하며 다시 한번 기회가 주어진다면 더 잘할 거라는 생각에 자주 시달린다.

우울질은 타고난 분석력에다 완벽주의 성향이 더해져 "세부 내용에 집착"한다. 담즙질이나 다혈질이 내놓는 모든 제안을 금세 분석하고 문제점들을 하나하나 집어낸다. 끊임없이 문제점을 지적하기 때문에 그 일에 반대하는 사람처럼 보이기도 한다. 그러나 우울질의 입장에선 "그저 현실적이 되는 것뿐"이다!

충실한 친구

우울질 성향을 가진 사람은 일부러 충실하고자 애쓸 필요가 없다. 충실함을 타고났기 때문이다. 우울질은 많은 친구를 사귀지는 않지만 소수의 친구들과 깊은 우정을 나누고, 친구를 위해 목숨이라도 내놓으려 한다.

희생적이다

우울질은 정해진 시간 내에 맡은 일을 완수해낼 거라 믿을 수 있는 사람이다.

각광을 받으려 하지 않고 막후에서 하는 일을 선호한다. 희생정신이 필요한 직업을 자주 선택하고 박애주의 활동에 인생을 바치고픈 욕구를 많이 느낀다. 우울질은 자신의 한계를 파악하는 놀라운 능력이 있어서 감당할 수 없을 만큼 일을 떠맡진 않는다.

그는 내성적인 데다 좀처럼 자신의 의견이나 생각을 먼저 말하지 않는다. 그러나 직접 물어보면 그에게도 언제나 자기 생각이 있고 상황을 깊이 분석하고 있다. 말을 허비하지 않고 자신이 뜻하는 바를 정확하게 표현한다.

점액질

재치 있다

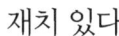

점액질은 어떤 문제에도 지나치게 몰두하지 않는 냉철한 유머감각을 가지고 있다. 일상적인 일들 속에서도 웃을 거리를 찾아낸다. 표정 하나 변하지 않고 늘어놓는 농담에 다른 사람들은 '와' 하고 웃음을 터뜨린다. 농담을 던지고 상상력을 자극할 타이밍을 찾는 데 탁월한 감각을 타고났다. 다혈질처럼 한물 간 농담들을 끝없이 늘어놓지 않는다. 그저 재미있는 이야기를 할 뿐이다. 대부분의 개그맨은 점액질이다.

믿음직하다

점액질은 믿음직한 사람의 전형이다. 언제나 유쾌하고, 친절하고, 맡은 일을 시간 내에 끝내는 사람이다. 언제나 사람들의 기대에 부응해 "적절한 일"을 해낸다. 우울질과 마찬가지로 그 역시 충실한 친구이다. 좀처럼 다른 사람과 깊은 관계를 맺지 않지만 배신하는 일은 드물다.

점액질은 좋은 상담가의 자질을 타고났다. 느긋하고 태평한 태도로 남의 말을 잘 들을 수 있기 때문이다. 상대와 일정한 거리를 유지할 수 있고 우울증에 빠지지 않으며 매우 객관적이다. 조언을 남발하지 않지만 귀기울일 만한 가치가 있는 사려 깊은 충고를 해준다.

효율적이다

점액질은 실제적이고 효율적이며 대단히 조직적인 사람이다. 미리 생각하고 계획을 세워 품을 아끼고, 무슨 일이건 먼저 상황을 분석한 후에야 뛰어든다. 흥분한 상태에서 갑작스런 결정을 내리지 않기 때문에 최소의 노력으로 목표 달성을 위한 실용적인 방법을 찾는다. 긴장 속에서도 일을 잘 해낸다. 다른 기질 같으면 "주저앉고 말" 상황에서 오히려 최상의 일을 해내는 경우도 종종 있다.

점액질의 손길에는 늘 깔끔함과 효율성이 묻어난다. 완벽주의자까지는 아니지만 매우 정확하고 꼼꼼하다. 큰 프로젝트를 진행하는 중에도 늘 깔끔한 그의 책상은 활동적인 다른 기질이 보기에 놀라울 뿐이다. 그는 뭐든지 제자리에 두는 습관이 장기적으로 볼 때 품도 덜 들고 시간 절약도 된다는 것을 안다. 점액질은 어릴 때부터 깔끔함과 정돈된 상태를 좋아한다.

요약

네 가지 기질유형의 다양한 강점은 세상이 제대로 돌아가도록 해주는 원동력이다. 기질간의 우열은 없다. 각 기질은 나름의 커다란 강점으로 세상에 가치 있는 기여를 한다.

누군가 네 기질이 등장하는 사건을 놓고 농담조로 이렇게 말했다. "추진력 있는 담즙질이 대량 생산한 천재 우울질의 발명품을 풍채 좋은 다혈질이 팔고 태평한 점액질이 사서 즐긴다."

네 가지 기질 모두 나름의 매력적인 강점이 있고 우리 모두 일부나마 그런 강점을 갖고 있음에 감사할 수 있다. 그러나 그것이 전부가 아니다!

많은 사람들이 기질상의 강점을 토대로 자신의 기질을 판단했다가, 각 기질의 약점을 접하고는 생각을 바꿨다. 약점은 다음 장에 소개된다.

여기엔 한 가지 원칙이 있다. 강점을 토대로 자신의 기질을 판단했으면 그 기질의 약점을 접하더라도 마음이 달라지면 안 된다. 그렇지 않으면 자신에게 객관적이거나 정직하기를 거부한다는 뜻일 것이다.

강점이 있으면 약점도 있기 마련이니, 약점을 있는 그대로 직면하고 하나님이 변화시켜 주시도록 그분께 맡겨드리자.

토의를 위한 질문

1. 다혈질, 담즙질, 우울질, 점액질의 강점을 살펴보고 그에 대해 토의해 보자.

2. 서로 다른 기질의 강점이 어떻게 서로를 보완하는가?

3. 부부는 서로 정반대의 기질인 경우가 많다. 그러한 차이가 어떻게 "조화를 이룰 수 있을까?" 또, 비극을 초래하는 경우는 어떤 게 있을까?

4. 각 기질은 기독교인으로서 어떤 봉사 직분에 매력을 느낄까?

5. 자신의 강점을 나열하고 두드러진 강점의 순서대로 번호를 매겨 보자. 강점의 절반이나 3분의 2 정도가 동일한 기질에 속한다면 그것이 아마 본인의 일차 기질일 것이다. 자신의 이차 기질도 파악해 보자. 거북하지 않다면, 자신의 강점을 그룹 구성원들과 함께 토의해 보라.

6. 네 가지 기질에 해당하는 성경 인물들의 이야기를 되새겨보자. 하나님은 그들의 강점을 어떻게 쓰셔서 영광을 받으셨는가?

7. 마태복음 25:14-30에 나오는 달란트 비유를 읽자. 이 비유는 각 사람이 기질의 강점을 활용할 책임이 있다는 걸 어떻게 보여주는가?

8. 로마서 6:11-13과 12:1-2을 읽고 토론해 보자. 혼자, 그 다음엔 그룹으로 모여 각자의 강점과 재능을 하나님께 올려 드리자.

CHAPTER 6

기질상의 약점

기질의 강점도 중요하지만 우리의 목적상 기질의 약점이 훨씬 더 중요하다. 이번 장에서는 각 기질의 약점을 살펴볼 것이다. 왜? 그래야 자신의 약점을 진단하고 그것을 극복하기 위한 체계적인 계획을 세울 수 있기 때문이다. 자신을 객관적으로 바라보길 두려워 말고 자신의 약점을 직면하라.

다혈질

진득하지 못하다

주의 깊게 살펴보면 다혈질의 부단한 활동은 들뜬 움직임에 지나지 않는다. 다혈질은 대체로 비현실적이고 어수선하다. 한시라도 차분한 상태로 있지 못한다. 전체 상황을 제대로 분석하기도 전에 "설익은 채" 엉뚱한 방향으로 뛰쳐나간다. 마음이 그렇게 들떠 있으니 공부를 잘할 리가 없다. 그의 어수선함은 영적 생활로까지 이어져 하나님의 말씀을 집중해서 읽기 힘들어진다.

들뜬 활동을 반복하다 보니 장기적으로 볼 때 일다운 일을 하지 못한다. 대학에서는 "성공 가능성 1순위"로 꼽히지만 실생활에선 실패하는 경우가 많다. 그는 많은 재능들을 한데 모으는 데 어려움을 겪는다. 또, 여러 가지 일을 전전하느라 세월을 허비하곤 한다. 자제력을 배우지 못하면 잠재력을 충분히 발휘하지 못하고 지지부진하고 만다.

의지가 약하다

다혈질은 흔히 활발한 성격의 힘으로 살아간다. 그러나 그 활발한 성격은 나약한 인격을 가리는 가면일 때가 많다. 그의 가장 큰 문제는 의지가 약하고 자제력이 부족하다는 점이다. 사랑과 인정을 받고 싶은 욕구가 너무 크기 때문에 인정을 받기 위해서라면 타협도 마다하지 않을 것이다.

다혈질은 새로운 일을 잘 벌이지만 마무리를 할 줄 모른다. 주일학교 교사를 맡아 달라거나 교회의 어떤 자리를 부탁받으면 냉큼 허락한다. 시간이 얼마나 들지, 자신이 할 수 있는 일일지, 기존에 맡은 일에 무리가 가지는 않는지 따져보지도 않고 말이다. 다혈질은 다른 사람의 호감을 얻고 싶어한다. 자신의 한계를 잘 모르고, "간판"이나 "얼굴마담" 역할은 잘하지만, 주위에서 자극해 주지 않으면 꼭 필요한 준비작업을 꼼꼼히 하기 어렵다. 결국 사람들 앞에서 일을 "육감으로 처리하거나" 급한 상황을 모면하는 데만 시간을 허비하고 만다.

일부러 그러는 건 아니지만 자신의 결심과 약속과 의무를 쉽사리 잊어버린다. 시간 약속을 어기거나 마감 시한을 넘기는 일이 비일비재하다.

의지가 약하다 보니 위험하게도 도덕적 원칙까지 주위환경과 또래집단에 맞추곤 한다. 또, 결심을 지키거나 충성을 다하지 못한다.

다혈질은 가장 음욕에 넘어지기 쉬운 기질이다. 잦은 "신체 접촉"으로 카리스마와 매력을 발산하는 다혈질은 성적 유혹에 직면하는 경우가 많은데, 불행히도 그런 유혹을 물리칠 만한 의지력은 없다. 현재에 몰두할 수 있는 능력이 여기서는 위험 요소가 된다. 집에 있는 가족이 아니라 당장의 유혹을 생각하기가 더 쉽기 때문이다.

다혈질은 "청년의 정욕을 피하고"딤후 2:22 "정욕을 위하여 육신의 일을 도모하지 말라"롬 13:14는 성경의 권고를 주의 깊게 들어야 한다.

자기 중심

가장 매력적인 성격의 소유자, 다혈질은 젊을 때는 또래보다 성숙해 보인다. 그러다 보니 남들보다 빨리 높은 자리에 오르게 되고, 그로 인해 타고난 자부심이 더 커지게 된다. 자기 얘기에 열중한 나머지 남의 말을 끊고 대화를 독차지하는 등 밉살스럽게 굴기도 한다. 나이가 들수록 자신에 대해 더 많이 이야기하고, 자신의 관심사에 빠져들고, 다른 사람들도 거기에 똑같이 관심을 가질 거라 생각한다.

정서적으로 불안하다

할레스비 박사는 기질과 기독교 신앙에서 다혈질에겐 "눈물이 귀하지

않다."고 썼다. 다혈질은 "즐기는 기질"이면서도 눈물이 흔하다. 자신의 이야기에 눈물을 흘리는 것으로 이름난 한 다혈질 목사의 말을 들어보자. "난 감정이 너무 풍부해서 세탁물 확인증이나 전화번호를 보고도 웁니다." 다혈질은 쉽게 낙심하고 걸핏하면 자신의 약점을 내세워 핑계를 대거나 자기 연민에 빠진다.

따뜻한 성품 때문에 오히려 쉽게 분통을 터뜨리거나 "냉정을 잃을" 수 있다. "분노로 얼굴이 흙빛이 된다"는 말은 다혈질에게 자주 적용되는 표현이다. 그러나 분통을 터뜨리고 나면 다 잊어버린다. 상대방은 잊지 못하지만 본인은 잊어버린다. "혼자만 속 편하고 다른 사람 모두를 속 쓰리게 만든다."는 말에 딱 들어맞는 사람이다. 또, 분통을 터뜨린 후에는 금방 불안해져서 정말 미안해하며 기꺼이 사과한다. 영적인 문제에서 다혈질은 같은 문제를 거듭 회개하곤 한다.

다른 기질과 마찬가지로 다혈질에게 가장 필요한 것은 성령 충만이다. 자제력을 갖추기 위해서는 힘 있고 활기찬 신앙생활이 반드시 필요하다. 갈라디아서 5장에 나열된 성령의 아홉 가지 열매 중 자제와 오래 참음과 충성과 화평과 양선, 이 다섯 가지를 우선적으로 갖추어야 한다.

담즙질

담즙질의 흠모할 만한 특성 속에는 몇 가지 심각한 약점도 섞여 있다. 대부분은 엄하고, 성마르고, 즉흥적인 독불장군의 특성이다. 담즙질은 심각한 정서적 결함을 타고났다. 담즙질 남성은 십대 초반이 지나면 절대 울지 않고, 그나마 담즙질 여성은 가장 절박한 상황에 처했을 때만 눈물을 흘린다.

성미가 급하다

목표 달성을 향한 담즙질의 추진력 중 상당 부분은 성마른 성품에서 나온다. 그는 순식간에 격분한다. 분통을 터뜨린 후에도 응어리를 풀지 않는 경우가 잦다. 당하고는 못 참는 다혈질은 보복을 위해 물불을 가리지 않는다.

주위 사람들은 그 성마른 성품 때문에 담즙질을 불편하게 여기고 웬만하면 근처에 있고 싶어하지 않는다. 그러나 심은 대로 거둔다는 것이 성경의 가르침이다. 담즙질은 툭하면 "아무도 날 사랑하지 않는다."고 불평하지만, 사랑받기 위해선 사랑해야 한다는 사실을 깨닫지 못한다. 담즙질은 자신과 남 모두를 속상하게 만든다. 마흔도 되기 전에 궤양에 걸리는 일이 흔하고, 앙심과 노여움과 분노로 성령을 근심하게 만든다. 전형적인 "A형 행동 양식"(경쟁심이 강하고 성마르며 자주 긴장하는 사람. 관상동맥계 병을 일으키기 쉬움—역주)을 보이며 종종 젊은 나이에 목숨을 잃는데, 스스로 만든 긴장에 몸이 배겨내질 못한 탓이다.

잔인하다

다른 사람들의 꿈과 성취와 필요에 무심한 담즙질에게는 기독교에서 말하는 긍휼이란 단어가 낯설다.

일부 담즙질은 이상할 정도로 잔인해서 자신의 목표를 위해 다른 사람들의 감정이나 권리를 마구 짓밟는다. 어릴 때부터 도덕 원칙을 철저하게 배우지 않으면, 성공을 위해 법을 어기거나 비열한 방법도 마다않는 사람으로 성장하게 된다. 담즙질은 목적이 수단을 정당화한다는 사고방식으로 악명 높다. 세계의 가장 악랄한 범죄자와 독재자와 통치자들이 담즙질이었다.

담즙질은 사과하거나 상대를 인정할 줄 모르기 때문에 배우자에게 큰 상처를 준다. 일부 담즙질 남성은 아내를 때려서 복종시킨다. 아내를 무시함으로 더 큰 상처를 주는 사람도 있다. 담즙질 여성들은 홧김에 덩치나 힘이 두 배나 되는 남편을 때린다. 잔인한 비아냥거림으로 남편을 의기소침하게 만들기도 한다. 성령 충만하지 못한 담즙질과 결혼해 10년을 살고 난 후 건강한 자아상을 갖는 사람은 거의 없다.

즉흥적이다

담즙질은 특유의 과단성에 기인한 즉흥성 때문에 곤경에 처하기도 한다. 즉흥적으로 벌인 일 때문에 후회하기도 하지만, 단호하고 자존심이 강하다 보니 완고하고 집요하게 그 일을 끝까지 밀어붙인다.

담즙질은 이러한 성향을 다스리지 못하고 잔인하고 무뚝뚝하며 빈정거리는 말로 사람들에게 큰 상처를 주기도 한다.

자부심이 강하다

자신감 넘치는 담즙질은 자립적이고 자부심이 강하다. 몇 번의 성공으로 인해 밉살스런 독불장군이라 할 만큼 오만하고 도도하고 고압적이 되기도 한다. 따라서 자연히 사람들은 담즙질을 피하게 된다. 할 수 없이 담즙질과 함께 일하거나 같이 살아야 하는 사람들은 도무지 만족할 줄 모르는 그 때문에 매번 좌절한다.

그의 자부심은 영적 영역에도 그대로 드러나 하나님의 필요를 느끼지 못하는 이유가 된다. 그는 최후의 심판 날, 자신의 선행으로 구원받을 수 있다고 생각한다. 그리스도께 회심한 후—이것도 유년기 후에는 어려운 일이지만—에도 계속 주님을 의지해야 한다는 사실을 잘 깨닫지 못한다. "이는 [담즙질의] 힘으로 되지 아니하며……오직 나의 신神으로 되느니라"슥 4:6는 말씀의 진리를 빨리 배워야 한다.

담즙질은 성경 읽기와 기도로 경건생활을 잘해 나가려고 애쓰다가도 예의 활동적인 사고방식 때문에 그 시간이 하루의 일정을 계획하는 시간으로 되어 버린다. 그러다 보면 영적 축복을 놓치고 만다. 또, 주의하지 않으면 성경공부 시간에 다른 사람들의 필요만 보게 된다. 규칙적인 경건생활을 시간 낭비로 보는 이들도 많다.

담즙질은 특히 사랑, 희락, 화평, 온유, 오래 참음, 자비와 양선의 일곱 가지 성령의 열매가 필요하다.

우울질

자기 중심적

우울질의 자기 중심성은 할레스비 박사의 책 기질과 기독교 신앙에 잘 소개되어 있다.

우울질은 가장 자기 중심적인 기질이다. 의지와 기력

이 마비될 정도로 지나치게 자기 성찰과 자기 진단에 빠지는 성향이 있다. 늘 자기 자신을 분석하고 자신의 정신 상태를 해부하며 양파껍질을 벗기듯 하나하나 벗겨낸다. 결국 남는 거라곤 끝없는 자기 진단뿐이다. 그것은 단지 불행한 선에서 그치는 것이 아니라 해를 끼친다. 우울질은 흔히 병적이라 할 수 있는 정신상태로 빠져든다. 자신의 영적 상태뿐 아니라, 몸의 상태에 대해서도 지나치게 걱정한다. 그에겐 주위에서 일어나는 모든 일이 매우 중요하기 때문에 다른 어떤 기질보다 쉽사리 심기증(**心氣症**, 근거 없이 자신이 큰 병에 걸린 것처럼 생각하는 정신병적 증상—역주)에 시달린다.

우울질의 이런 자기 중심성은 삶을 망가뜨릴 수 있다. 자기 중심성에다 예민한 감수성까지 더해지면 쉽사리 마음이 상하거나 모욕감을 느끼게 된다. 그는 "속으로 꿍꿍이셈을 친다." 그리고 쉽사리 남을 의심한다. 낮은 목소리로 이야기하는 두 사람을 보면 자기 얘기를 하는 거라고 결론을 내린다. 심한 경우, 피해망상으로까지 이어질 수 있다.

비관적

완벽주의자에다 분석적인 우울질은 흔히 비관적인 성향을 보인다. 사업의 목표뿐 아니라 목표 달성을 위해 넘어야 할 온갖 문제들까지 잘 보이는 탓이다. 그의 눈에는 이 예상 문제들(때론 과장된)이 노력을 쏟아 부어 얻게 되는 유익보다 훨씬 크게 보인다. 그뿐 아니라 사업의 최종 결과가 늘 기대했던 것만 못하게 느껴진다. "과거에 너무도 많이 실망했기" 때문에 다시 실망하게 될 거라고 생각한다. 그는 감사하며 찬양하는 대신 자기 연민에 빠져 허덕인다.

우울질은 이러한 비관적인 인생관 때문에 겁 많고 우유부단한 사람이 된다. 자신이 틀리거나, 스스로 세운 높은 기준에 이르지 못하거나, 다른 사람들의 비판을 자초하길 원치 않기 때문이다.

우울질은 누구보다 비판적이다. 다른 사람에 대한 비현실적인 기대 때문에 말 그대로 최고가 아니면 받아들이지 못한다. 많은 완벽주의자들이 배우자가 자신의 기대치보다 10% 부족하다는 이유로 부부관계를 망쳐 버린다. 온갖 좋은 면은 보지 못하고 안 좋은 면만 바라보고 부풀린다. 이러한 비판정신은 굳이 말로 안 해도 자기보다 수준이 낮은 사람을 얕보는 오만불손한 태도로 나타난다. 우울질은 다른 사람에게 그렇듯 자신에게도 비판적이다. 그러니 자신의 모습에 만족할 수가 없다.

우울질은 결혼에 이르기 위한 "과감한 모험"을 좀처럼 하지 못한다. 멀리서 마음에 드는 상대를 "이상화"하는 경향도 있지만, 어느 정도 사귄 후에는 상대 또한 약점투성이 "인간에 불과함"을 발견한다. 그럼에도 불구하고 그 사람을 사랑하면서도 여전히 그 약점 때문에 결혼을 주저하는 경우가 허다하다.

할레스비 박사의 말을 들어보자. "수많은 남자들이 단지 우울기질 때문에 결혼을 못하고 있다. 그들은 자신이 미혼이라서 우울기질이 있는 거라 생각할지 모른다." 그러나 필시 그들은 우울질이기 때문에 여태 미혼인 것이다. 많은 우울질 미혼여성들은 자신의 결혼이 늦어진 이유에 대해 이렇게 대답할 것이다. "아직 이상형이 나타나지 않았어요."

감정의 기복이 심하다

우울질만큼 감정 기복이 심한 기질은 없다. 어떤 때는 열의가 넘쳐서 거의 다혈질처럼 행동한다. 그러나 별다른 이유도 없이 "울적하거나" "우울할" 때가 더 많다. 흥미롭게도 가장 유능하고 재능 있는 사람들이 자신을 가장 못살게 군다. 이러한 우울증은 너무 흔해서 히포크라테스는 우울질의 몸에 "검은" 체액이 흐른다고 생각했다.

감정의 기복은 대개 악순환으로 이어진다. 친구들은 특별한 이유도 없이 오랫동안 우울해하는 우울질에게 짜증 내지 넌더리가 난다. 예민한 우울질은 친구들이 자신을 피하는 걸 눈치채고 더욱 극심한 우울증에 빠져든다. 그러한 우울증은 우울질의 강한 자기 중심적 사고방식의 결과이다.

우울질은 우울한 기분에서 벗어나 보려고 공상에 잠기기 시작한다. 불완전한 현재에 불만을 느끼고 과거의 기억에 몰두하는 것이다. 과거로 거슬러갈수록 점점 더 유쾌함을 느낀다. 과거를 추억하다 싫증이 나면 미래를 꿈꾼다. 이런 식의 위험한 생각이 꼬리를 물면 의지와 힘이 마비될 뿐 아니라 정신분열증으로까지 이어질 수 있다.

앙심이 깊다

우울질은 겉보기엔 차분하고 조용해 보이지만 다른 사람들이 대수롭지 않게 여기는 일로 성을 내거나 분개하는 일이 많다. 담즙질이나 다혈질처럼 분노와 증오, 원한을 행동으로 옮기지는 않지만 여러 해 동안 복수심을 품고 살 수 있다. 분한 마음이 쌓이다 못해 분기가 치밀어 폭발하거나 아주 이상한 행동, 본인과 어울리지 않는 행동을 하기도 한다.

용서할 줄 모르는 복수심은 때로 우울질의 총명한 판단력을 무너뜨려 편견에 치우친 결정을 내리게 만든다. 어떤 사람이 과거에 자신의 기분을 상하게 했다는 이유로 그 사람이 주도하는 훌륭한 사업계획을 망쳐놓는 사람도 있다.

우울질의 강점과 약점을 다 살펴봤으니 한 가지 흥미로운 사실을 생각해 보자. 가장 큰 강점과 잠재력을 갖춘 기질이 또한 가장 큰 잠재적인 약점을 가진 듯하다. 그런 걸 보면 "평범한" 우울질이 왜 그렇게 드문지 알 것 같다. 우울질은 기질상의 강점을 잘 살려 다른 사람들 위에 우뚝 서거나, 약점에 사로잡혀 능력을 제대로 발휘하지 못하고 허덕이기 때문이다. 게다가 신경과민에다 서글픔과 심기증까지 겹쳐 더 이상 세상살이나 인간관계의 낙도 없고 자기 증오에서 시달린다.

성경의 뛰어난 인물들 상당수가 두드러진 우울질이었다. 기독교 신앙은 타고난 기질에 매이지 않고 "예수 그리스도 안에서 새로운 삶"을 살게 해준다.

우울하고 변덕스런 우울질이 하나님의 은혜로 변화되어 위대한 사명을 부여받고, 새롭고 고상한 목표를 갖게 되어 자신이 아닌 다른 사람을 생각하는 삶을 살게 되는 것은 복음의 능력을 분명히 보여주는 사례이다.

우울질에게 주로 필요한 영적 열매는 성령의 열매 중 사랑, 희락, 화평, 양선, 충성, 절제, 여섯 가지다. 또, 우울질은 "범사에 감사하라"는 데살로니가전서 5:18 말씀을 주의 깊게 받아들여야 한다.

점액질

느리고 게으르다

누구나 좋아할 법한 점액질에게도 심각한 약점이 있다. 대표적인 것이 느리고 게으른 성향이다. 그는 "일부러 꾸물거린다"는 비난을 자주 받는다. 왜 그럴까? 그는 마음에도 없는 일을 떠밀리듯 맡아 하는 것을 매우 싫어하기 때문에 최대한 느릿느릿 움직인다.

아쉬운 게 없다 보니 그저 삶의 구경꾼이 되는 것으로 만족한다. 가능하면 일을 적게 하고 싶어한다. 좋은 아이디어를 많이 생각해내고 추진력 또한 충분하면서도 막상 행동으로 옮기지 않는다. 단지 "품이 너무 많이 들 것 같다"는 이유로 말이다. 성질 급한 다혈질과 활동적인 담즙질은 점액질에게 짜증스러울 때가 많다.

약을 올린다

예리한 유머감각과 초연한 관찰자 기질 때문에 점액질은 자신을 귀찮게 하거나 억지로 동기 부여를 유도하는 다른 사람들을 손쉽게 약 올린다.

이런 측면에 대해 할레스비 박사는 이렇게 말했다.

다혈질이 흥분해서 열정적이 되면, 점액질은 얼음처럼 차가워진다. 우울질이 세상의 불행을 비관적으로 한탄하면, 점액질은 평소보다 더 낙관적으로 바뀌어 우울질을 참기 어려울 정도로 약 올린다. 담즙질이 사업 구상과 계획을 가득 안고 방안으로 들어서면 점액질은 찬물을 끼얹고 거기에서 더없는 쾌감을 맛본다. 그는 탁월한 분별력과 예리한 통찰로 담즙질이 내놓은 제안의 약점들을 손쉽게 집어낸다.

점액질은 특유의 유머와 재치로 다른 사람들의 속을 뒤집어 놓고 화를 돋우면서도 정작 자신은 평정을 잃거나 흥분하지 않는다.

이기적이고 완고하다

점액질은 돈과 노력과 심지어 감정에 대해서도 상당히 이기적이다. 사랑하는 사람이 있어도 상대에게 거의 드러내지 않는다. 이러한 특성은 시간이 지남에 따라 더욱 분명해진다. "과도하게 몰입"하지 않도록 스스로를 지키는 법을 배우기 때문이다.

점액질은 대체로 완고한 편이어서 일체의 변화에 반대한다. (변화에는 보통 노력이 따르는 법이다.) 안 그래도 보수적인 천성은 자신의 기력을 아끼는 데서 더욱 두드러진다.

점액질은 나이가 들수록 더욱 완고해지면서도 겉으로는 여유로운 유머로 자신의 완고함을 위장한다. 고집을 부리면서도 절대 품위를 잃지 않는다. 발을 구르면서 "난 그거 절대 안 해!"라고 말하지 않는다. 미소를 지으며 우아하고 능숙하게 자기 생각을 내세운다.

극단적인 경우 점액질은 은근한 반항자가 될 수 있다. 다른 사람들의 중계로 마지못해 참여한 사업이나 활동의 결과가 시원치 않을 때마다 다음번 제안에 대해 점점 더 거부감을 드러낸다. 타고난 이기심에 이러한 완고

함까지 더해지면 그야말로 인색해지기 쉽다. '이 일엔 얼마나 많은 시간과 비용이 들까?' 점액질은 혼자서 따져본다. '이 일로 얼마나 많은 것을 잃게 될까?' 앞으로 살펴보겠지만 이기심은 네 가지 기질 모두의 기본적인 약점이다. 그러나 점액질에게 가장 큰 문제가 될 수 있다.

우유부단하다

세월이 흐름에 따라 점액질이 더욱 우유부단해지는 데는 몇 가지 이유가 있다. 우선 그는 특유의 실용성과 분석력으로 "좀더 나은 방법"을 찾아낼 수 있지만 계획안을 내놓는 속도가 느리다. 나름대로 제안을 내놓을 준비가 되었을 때는, 벌써 다른 사람의 계획에 따라 움직이고 있다. 그러나 그는 자신의 "때늦은" 제안이 앞서 나온 계획보다 낫다는 걸 알기 때문에 의욕을 잃고 기획회의에도 마지못해 참석하며 최소한의 성의만 보이게 된다.

점액질이 우유부단한 또 다른 이유는 사람들에게 호감을 주고 싶어하기 때문이다. 어떤 일을 할 최선의 방법을 알면서도 그는 이런 생각을 한다. '내가 그렇게 해 버리면 그 사람의 기분이 상할 거야.'

셋째, 점액질은 상황 분석과 목표 달성에 필요한 실제적인 계획을 내놓을 수 있지만, 자신이 정말 그 일에 "개입하고" 싶은지를 놓고 계획을 저울질한다. 뭔가 해내고 싶긴 한데 시간과 노력을 들이긴 싫어한다. 그 두 마음 사이에서 그는 갈등한다. 이런 우유부단한 태도가 뿌리 깊은 습관이 되면 어느새 타고난 실용적 사고방식을 눌러 버리게 된다.

점액질에게는 영적으로 사랑, 양선, 온유, 충성이 필요하고 절제(동기 부여를 위한 자제력) 또한 갖추어야 한다.

요약

이렇게 해서 기질의 기본 약점들을 모두 살펴보았다. 그렇다고 너무 낙담하지 않기를 바란다. 할레스비 박사는 네 가지 기질을 다음과 같이 요약했다. "다혈질은 사람들을 좋아하지만 금세 그들을 잊어버린다. 우울질은 변변찮은 사람들에게 화를 내지만 특별한 간섭은 하지 않는다. 담즙질은 자기 목적을 위해 사람들을 이용하고는 곧 무시해 버린다. 점액질은 오만하고 냉담한 태도로 사람들을 연구한다." 여기까지 읽으면 모든 기질이 가망 없어 보이지만, 성령의 사역이 포함되면 상황은 전혀 달라진다.

내 아내는 기질 간의 대조를 생생하게 목격한 적이 있다. 아내는 샌디에이고 행 급행버스의 뒤쪽에 앉아 있었다. 버스는 승객 한 명을 태우느라 유난히 오랫동안 정차해 있었다. 안달이 난 승객 몇몇이 출발을 지연시킨 장본인을 보려고 목을 길게 내밀었다. 마침내 성마른 승객들 몇이 폭발하기 직전, 몸이 불편한 한 노파가 나타나 차표를 내고는 천천히 힘겹게 몸을 움직여 자리에 앉았다. 그 다음 몸을 돌려 더없이 친근한 다혈질 미소를 머금고 크고 유쾌한 목소리로 말했다. "기다려 주셔서 너무 고마워요. 출발을 지연시켜서 미안합니다."

아내는 승객들의 태도가 돌변한 것에 깜짝 놀랐다. 언짢아하던 승객 대부분은 '다혈질 여사'의 유쾌한 인사에 미소로 답했다. 이 여성은 불쾌한 과거를 쉬 잊어버리고 불쾌한 미래라도 겁내지 않는 다혈질다운 유쾌함을 갖추고 있었다. 그녀는 현재의 아름다운 햇빛을 누릴 줄 알았고 다른 사람들에게도 그 유쾌한 기분을 전염시켰다.

버스는 3km도 채 못 가서 다시 멈췄다. 믿거나 말거나, 또 다른 장애인 여성이 버스에 올라타더니 '다혈질 여사' 맞은편에 앉았다. 아내가 앉은 자리에서는 두 번째 여성이 담즙질인지 우울질인지 알아볼 수 없었지만 그 여성의 얼굴에는 광채도, 미소도, 기쁨도 없었다. 다만 앙심과 분개와 참담함만이 깊이 새겨져 있었다.

이 여성이 자리에 앉자마자 '다혈질 부인'은 작업에 들어갔다! 환한 미소로 인사를 대신하고는 심각한 표정의 맞은편 승객에게 웃으며 농담을 늘어놓았다. 몇 분 만에, 전혀 웃지 않을 것 같던 그 승객이 환한 미소를 짓고 있었다.

이 사건이 시사하는 바는 많지만 나는 이 사건을 빌어 처한 상황에 우리의 반응이 좌우될 필요는 없다는 점을 말하고 싶다. 기질상의 강점과 약점 중 어느 쪽이 두드러지는가는 우리의 선택에 달려있다. 물론 다혈질 장애자라고 해서 모두 쾌활한 것은 아니며 우울질 장애자라고 모두 침울한 것도 아니다. 그리스도인은 성령의 초자연적인 은혜를 입을 때 타고난 약점을 극복하고 강점을 강화시킬 수 있다.

다음 장에서는 우리 내부에 숨어있는 엄청난 변화의 가능성을 살펴볼 것이다. 그러나 그에 앞서, 타고난 기질은 우리의 거의 모든 행동에 영향을 끼친다는 사실을 알아야 한다. 우리의 행동과 반응의 대부분은 기질에서 나온다.

그렇기 때문에 자신과 가족에게 가장 적합한 생활방식에 맞춰 기질을 꾸준히 다스려 가야 한다. 그렇지 않으면 무의식적으로 기질에 휘둘려 살게 될 것이다. 그러나 우리는 성령의 내주하시는 능력을 통해서만 각자의 강점을 극대화하고 약점을 최소화할 수 있다.

토의를 위한 질문

1. 각 기질의 강점을 간략히 정리해 보자. (5장에서 만든 목록을 다시 읽거나 새로운 목록을 만들어 보자.)

2. 각 기질의 약점을 나열하고 그에 대해 의견을 나눠보자.

3. 각 기질에 대한 영적 걸림돌을 하나 이상씩 제시하고 그에 대해 의견을 나눠보자.

4. 각 기질이 꾸준하고 풍성한 경건생활을 누리지 못하는 근본 원인은 무엇일까?

5. 각 기질이 타고난 약점을 극복하도록 도와줄 영적 장치는 어떤 것이 있을까?

6. 기질상의 강점과 약점과 관련해 그리스도인에게 선택의 자유는 어떤 의미가 있을까?

7. 고린도후서 12:9은 우리의 약점에 대해 뭐라고 말하고 있는가?

8. 혼자만의 시간을 내어 자신의 주된 기질유형의 약점 한 가지를 적어 보자. 그 약점을 앞으로 극복해야 할 문제로 받아들이고 성령께서 이끌어 주시길 간구하자.

CHAPTER 7

성령으로 충만한 기질

성령의 열매는 사랑과 희락과 화평과 오래 참음과 자비와 양선과 충성과 온유와 절제니……. 갈 5:22-23

이제 자신의 강점과 약점을 좀더 분명하고 객관적으로 보게 되었으니 하나님이 원하시는 사람이 되기 위해 성령을 바라보고 성령 충만을 기대해야 한다.

성령 충만한 기질 속엔 약점이 없고 모든 것을 포괄하는 아홉 가지 강점만이 존재한다. 그것은 에덴동산에서의 타락으로 생겨난 인간의 약점을 보완할 하나님의 방책이다.

성령 충만한 사람은 본래의 기질과 상관없이 갈라디아서 5:22에서 "성령의 열매"로 제시한 아홉 가지 영적 특성을 드러낸다. 성령 충만한 그리

Temperament

스도인은 천성적인 강점과 개성은 그대로 간직하되 기질상의 약점에 휘둘리지 않는다. 성령의 아홉 가지 특성은 약점까지 변화시킬 수 있다.

이 모든 특성—사랑과 희락과 화평과 오래 참음과 자비와 양선과 충성과 온유와 절제—은 예수 그리스도의 생애에 잘 드러나 있다. 그분은 성령 충만한 사람의 탁월한 본이시다. 복음서를 뒤져 그리스도의 생애를 꼼꼼히 살펴보면 이 아홉 가지 특성을 분명하게 찾아낼 수 있다.

하나님이 모든 자녀에게 원하시는 이러한 특성은 인간적인 노력이 아니라 삶의 모든 부분을 다스리시는 성령의 초자연적인 은혜의 결과이다. 이러한 특성을 갖춘 사람은 분명 행복하고 균형 잡힌 성숙한 사람일 것이다. 하나님께서는 모든 자녀들이 이러한 삶을 살기 원하신다.

사랑

성령 충만한 사람의 첫 번째 특성은 사랑, 하나님과 이웃에 대한 사랑이다. 주 예수께서는 "네 마음을 다하고 목숨을 다하고 뜻을 다하여 주 너의 하나님을 사랑하라" 마 22:37 하셨고, "네 이웃을 네 몸과 같이 사랑하라" 마 19:19고 하셨다.

이런 사랑은 초자연적인 것이다! 하나님을 사랑한다 해도 우리는 여전히 탐욕스럽고 이기적인 피조물이다. 우리가 살아가는 물질세계보다 하나님 나라에 더 관심을 갖게 하는 사랑은 그야말로 초자연적인 사랑이다.

강한 인도주의적 성향을 타고나 이웃 사랑의 귀감이 되는 사람들도 있지만 여기서 말하는 사랑은 존경스럽거나 가엾은 사람들에게만 해당되는 것이 아니다. 주 예수께서 말씀하셨다. "너희 원수를 사랑하며 너희를 핍박하는 자를 위하여 기도하라." 마 5:44 이런 종류의 사랑은 인간이 만들어낼 수 없다. 하나님이 주셔야만 가능하다. 사실 그리스도인이 체험하는 기적의 감격적인 증거는 "성격차로 갈등"(기질 차이로 인한 갈등)하던 두 사람이 어렵지 않게 진심으로 서로를 사랑하게 되는 것이다.

열두 사도 중에는 앞서 살펴본 네 가지 기질유형이 다 있었다. 예수님은 그들에게 말씀하셨다. "너희가 서로 사랑하면 이로써 모든 사람이 너희가 내 제자인 줄 알리라." 요 13:35 성령의 첫 번째 열매를 얻고자 성령 충만을 간구했다면 지금 많은 교회들이 겪고 있는 아픔을 미연에 막을 수 있었을 것이다.

이 초자연적인 사랑은 기질의 제한을 받지 않는다. 물론 담즙질 그리스도인은 사랑을 얻기 위해 다혈질보다 더 자주 성령께 나아가야겠지만, 성령의 다스림을 받는 사람이라면 누구든 자비롭고 다정하고 사랑 많은 사람이 될 것이다.

하나님을 향한 자신의 사랑을 확인해보고 싶다면, 주 예수께서 가르쳐주신 간단한 방법이 있다. "너희가 나를 사랑하면 나의 계명을 지키리라." 요 14:15 이렇게 자문해 보자. '나는 성경에 계시된 그분의 계명에 순종하고 있는가?' 그렇지 않다면 아직 성령으로 충만하지 않은 것이다.

희락

성령 충만한 사람의 두 번째 특성은 희락이다. 탁월한 루터파 신학자 렌스키 R. C. H. Lenski는 갈라디아서 주석에서 희락이라는 아름다운 감정에 대해 이렇게 썼다.

그렇다. 희락은 기독교의 주요 미덕으로 사랑 다음에 올 만한 자격이 있다. 비관주의는 큰 죄악이다. 희락은 세상 사람들의 얼빠진 기쁨이 아니다. 그것은 하나님의 모든 은혜와, 어려움 속에서도 끊임없이 부어지는 그분의 축복 가운데 솟아나는 기쁨이다.

성령께서 주시는 희락은 상황에 매이지 않는다. 많은 사람들이 상황이 나아지면 행복해질 수 있을 거라는 그릇된 생각에 빠져 있다. 그러나 그들은 행복과 희락을 혼동한 것이다. 같은 맥락에서 내 영국인 친구 존 헌터는 이렇게 말했다. "행복은 적절한 상황으로 인해 생겨난다. 그러나 희락은 어떤 상황에도 변함이 없다."

희락을 맛보는 성령 충만한 사람의 특징은 상황을 보지 않고 "믿음의 주요 또 온전케 하시는 이인 예수를 바라보는" 히 12:2 것이다. 그분을 바라볼 때 "하나님을 사랑하는 자 곧 그 뜻대로 부르심을 입은 자들에게는 모든 것이 합력하여 선을 이룬다" 롬 8:28는 사실을 알 수 있다.

성경은 여러 차례 "희락"과 "기뻐함"을 그리스도인의 합당한 태도라고 말한다. 그것은 노력의 결과가 아니라 성령의 역사이다. 그리스도를 바라볼 때, 성령의 인도에 따라 "너의 길을 여호와께 맡기라 저를 의지하면 저가 이루시고" 시 37:5라는 약속을 체험하게 될 것이다. 시편 기자의 기도는 영적인 사람의 체험을 들려준다. "주께서 내 마음에 두신 기쁨은 저희의 곡식과 새 포도주의 풍성할 때보다 더하니이다." 시 4:7

사도 바울은 지하 감옥에서 쓴 편지에서 이렇게 말했다. "주 안에서 항상 기뻐하라 내가 다시 말하노니 기뻐하라." 빌 4:4 그는 어떻게 그런 말을 할 수 있었을까? 성령 충만한 삶을 체험했기 때문이다. 그는 같은 감옥에서 이런 말도 했다. "어떠한 형편에든지 내가 자족하기를 배웠노니."빌 4:11 감옥에서 기뻐하고 자족할 줄 아는 사람이라면 초자연적인 능력의 원천을 소유했음이 분명하다!

빌립보 감옥의 간수는 복음을 전하다 투옥된 바울과 실라에게서 초자연적이고 순전한 기쁨을 보았다. 그는 분명 두 사람의 찬양 소리를 듣고 깊은 감명을 받았을 것이다.

안타깝게도 많은 그리스도인들이 성령의 희락을 누리지 못하고 있고, 그 때문에 사람들을 그리스도께 인도하지 못한다. 세상 사람들이 그리스도께 매력을 느끼려면 그분이 신자의 삶에 어떤 은혜를 베푸실 수 있는지 명확한 증거를 봐야 한다.

모든 그리스도인은 타고난 기질과 상관없이 이러한 초자연적 희락을 누릴 수 있다. 예수께서 말씀하셨다. "내가 이것을 너희에게 이름은 내 기쁨이 너희 안에 있어 너희 기쁨을 충만하게 하려 함이니라."요 15:11 또, 요한복음 10:10에서도 말씀하셨다. "내가 온 것은 양으로 생명을 얻게 하고 더 풍성히 얻게 하려는 것이라." 풍성한 생명은 역경 속에서도 기뻐할 줄 아는 그리스도인의 삶에서 드러난다. 그러나 그것은 성령으로 충만해질 때만 가능하다.

마르틴 루터는 다음과 같이 말했다.

하나님은 의심과 낙담을 좋아하지 않으신다. 따분한 교리와 우울하고 비관적인 생각을 싫어하신다. 하나님은 우리 마음에 기쁨을 주시기 위해 그 아들을 보내셨다. 그리스도께서 말씀하신다. "너희 이름이 하늘에 기록된 것으로 기뻐하라."

화평

성령 충만한 삶의 세 번째 특징은 화평이다. 성경은 언제나 문맥에 따라 해석해야 하므로 갈라디아서 5장에서 성령의 열매가 어떤 맥락으로 등장하는지 살펴보자. 성령의 아홉 가지 열매가 등장하기 전, 바울은 성령이 없는 사람의 자연적인 행실과 미움, 다툼, 질투, 격노, 이기적인 야심, 불화, 이단, 시기 등의 자연적인 감정을 설명한다.20-21절 하나님으로부터 멀어질수록 화평이 줄어드는 것을 알 수 있다.

성령 충만한 삶의 특성인 화평은 이중적인 성격을 갖는다. 어떤 사람은 그것을 "하나님과의 화평"과 "하나님의 화평"으로 설명했다. 주 예수께서 말씀하셨다. "평안을 너희에게 끼치노니 곧 나의 평안을 너희에게 주노라."요 14:27 예수께서 우리에게 "끼치신" 평안은 "하나님과 누리는 평안"이라 할 수 있다. 하나님과 누리는 평안은 믿음으로 받는 구원의 선물이다. 예수 그리스도를 모르는 사람은 하나님과의 화평에 대해 알지 못한다. 그의 죄가 언제나 그 앞에 버티고 있고, 심판 날에 자신이 하나님 앞에서 그간의 모든 죄에 대해 책임을 져야 하는 줄 알고 있기 때문이다. 이 괴로운 두려움이 하나님과의 화평을 빼앗아 버린다.

그러나 그가 예수 그리스도의 말씀을 믿고 그분을 삶의 주와 구세주로 영접하면, 예수 그리스도께서 약속대로 찾아오실 뿐 아니라계 3:20, 즉시 모든 죄를 깨끗하게 하신다.요일 1:7, 9 마음으로 하나님의 용서를 온전히 깨달으면 하나님과 화평을 누리게 된다. 로마서 5:1이 바로 그런 의미이다. "그러므로 우리가 믿음으로 의롭다 하심을 얻었은즉 우리 주 예수 그리스도로 말미암아 하나님으로 더불어 화평을 누리자."

성령 충만한 사람에게는 두 번째 화평이 있다. 그리스도께서 "주시는" 평안, "하나님의 평안", 마음의 평안이다. 예수님은 이렇게 말씀하셨다. "평안을 너희에게 끼치노니 곧 나의 평안을 너희에게 주노라 내가 너희에게 주는 것은 세상이 주는 것 같지 아니하니라 너희는 마음에 근심도 말고 두려워하지도 말라"요 14:27. 앞 절에서 예수님은 성령을 '위로자'로 소개하셨다. 성령께서 "하나님의 평안"을 주신다는 의미이다.

염려의 해독제, 하나님의 평안은 하나님과 누리는 평안과 달리 그리스도인에게 자동적으로 주어지지 않는다. 주 예수께서 친히 역경에도 흔들리지 않는 "하나님의 평안"을 보여 주셨다. 그분은 열두 제자들이 두려움 때문에 정신을 차리지 못하는 와중에도 배 아래에서 곤히 주무셨다.

12대 1의 비율은 오늘날 그리스도인들 사이에서도 마찬가지다. 인생의 바다가 거칠어질 때 안달하고 씩씩거리며 염려하는 그리스도인이 열두 명이라면, 내적 평안을 누리며 상황을 돌보실 하나님을 신뢰하는 그리스도인은 한 명에 불과하다. 염려로 밤을 지새우다 몸과 마음과 영혼까지 상하는 사람이 열둘이라면, "하나님을 믿고" 속 편히 눈을 붙인 후 아침에 가뿐하게 깨어나 하나님께 쓰임받을 준비를 하고 있는 그리스도인은 하나에 불과하다.

상황은 변하기 마련이다. 그것을 평안의 근거로 삼아서는 안 된다. (그리스도인이 된다고 어려운 상황을 피해 가지는 않는다.) 한결같고 진정한 평안은 하나님을 바라보고 성령께서 베푸시는 가장 위대한 은혜, "하나님의 평안"을 누릴 때 맛볼 수 있다. 사도 바울은 이 평안을 이렇게 묘사했다. "아무것도 염려하지 말고 모든 일에 기도와 간구로 여러분이 필요로 하는 것을 감사하는 마음으로 하나님께 말씀드리십시오. 그러면 도저히 상상도 할 수 없는 하나님의 놀라운 평안이 그리스도 예수님 안에서 여러분의 마음과 생각을 지켜줄 것입니다." 빌 4:6-7, 현대인의성경

역경 속에서도 낙심하거나 염려하지 않는 사람은 "도저히 상상도 할 수 없는" 평안을 소유한 사람이다. 이것이 바로 성령께서 모든 신자에게 주시는 "하나님의 평안"이다.

사랑과 희락과 화평, 이 세 가지 특성만 있으면 기질상의 가장 흔한 약점들, 즉 잔인함과 분노와 무관심과 비관주의와 우울증과 비판 등을 이겨낼 수 있다. 이 세 가지만으로도 성령 충만한 삶을 살아야 할 합당한 이유가 된다. 그러나 아직까지는 시작에 불과하다.

오래 참음

성령 충만한 사람의 네 번째 특성은 오래 참음이다. 오래 참음에는 상처를 입거나 비난과 고통을 겪되 보복하지 않는 것도 포함된다. 사도 베드로가 예수님에 대해 한 말을 생각해 보자. "욕을 받으시되 대신 욕하지 아니하시고 고난을 받으시되 위협하지 아니하시고." 벧전 2:23 이것이 오래 참음이다.

오래 참는 사람은 천하고 쉬 잊혀지는 힘든 일을 불평이나 동요 없이 주님께 하듯 품위 있게 할 수 있다. 이 사람은 일을 마무리하면서, 심지어 모욕을 당하면서도 성령의 사랑을 드러낸다. 오래 참음에 대해 생각할 때 밥 존스 박사의 말이 떠오른다. "가장 위대한 능력은 신뢰할 수 있는 능력이다."

자비

성령 충만한 기질의 다섯 번째 특성은 자비이다. 어떤 현대번역본에서

는 이것을 '친절'로 번역하여 성령의 여섯 번째 열매와 구별이 어렵게 만들었다. 그런 식으로 단어를 바꿔놓으면 사려 깊고, 공손하고, 우아하고, 인정 많은 행동 배후에 놓인 부드러운 마음씨의 중요성이 감소된다. 세상은 그런 부드러운 마음씨를 알지 못한다. 그것은 잃어버린 영혼, 죽어가는 인간을 불쌍히 여기시는 성령님의 가슴 속에서 생겨난다.

바쁘고 부산스럽고 긴장에 시달리는 삶을 살다 보니 아주 훌륭한 그리스도인들조차 "하찮은 사람들"의 방해를 귀찮게 여기곤 한다. 축복을 바라고 부모 손에 이끌려온 어린이들을 향한 예수님의 자비심은 제자들의 무정한 태도와 사뭇 대조를 이룬다. 제자들은 아이들을 데려온 어른들을 꾸짖었지만, 예수님은 "어린아이들의 내게 오는 것을 용납하고 금하지 말라"막 10:13-14고 말씀하셨다.

자비로운 성령께서는 절대 이런 질문을 하지 않으신다. "형제가 죄를 지으면 몇 번이나 용서해야 하는가?" "용서를 구하지 않는 형제를 용서해야 하는가?" "사람이 참는 데는 한계가 있지 않은가?" 성령께서는 어떠한 상황에서도 자비를 베푸실 수 있다.

성령을 "한량없이" 받으셨던 예수님은 다치기 쉬운 양떼를 상냥하게 보살피는 목자로 자신을 묘사하셨고, 지금도 제자들을 통해 돌보신다.

양선

성령 충만한 삶의 여섯 번째 특성은 양선良善으로, "자신과 소유에 대해 관대한" 태도이다. 순수한 의미의 박애를 말한다. 받는 것보다 주고 싶어하는 이타적인 마음에서 흘러나오는 환대와 온갖 선행을 포괄한다. 바울은 젊은 설교자 디도에게 "하나님을 믿는 자들로 하여금 조심하여 선한 일을 힘쓰게"딛 3:8 하도록 가르치라고 말했다.

이기적인 현대인들은 하나님의 말씀과 내주하시는 성령의 역사로 변화 받아 선한 일에 몸과 마음을 다해야 한다. 양선은 자신보다는 다른 사람들을 위한 일에 더 많은 관심을 보이는 모습을 나타낸다.

자연적인 네 가지 기질 모두 자칫하면 이기적이고 몰인정해지기 쉽다. 그렇기 때문에 양선의 특성이 필요하다. 그 중에서도 특별히 자기 중심적인 사고방식에 몰두하다 우울증과 울적함에 빠져드는 우울질을 치료하는 데 더욱 필요하다. 다른 사람들을 위해 일하다 보면 자기 생각에서 벗어나는 치료 효과가 있다. 예수님도 "주는 것이 받는 것보다 복이 있다"행 20:35고 말씀하셨다.

성령께서는 다른 사람을 위해 선하고 친절한 행동을 하고자 하는 마음을 주신다. 그러나 많은 그리스도인들이 그 마음에 순종하지 않음으로 스스로를 기만하고 축복을 발로 차 버린다. 자기만 아는 사람은 친절한 행동으로 다른 사람에게 기쁨을 주기보다는 오히려 그런 마음을 억누르고 의존과 우울의 구렁텅이로 점점 깊이 빠져든다. 아무리 선한 생각이라도 행동으로 옮기지 않으면 아무런 가치가 없다. 무디D. L. Moody는 성령께 자신을 내어드리고 그분의 인도를 간구한 다음 떠오르는 생각이 있으면, 그것이 성경의 진리에 위배되지 않는 한 그대로 실천에 옮긴다고 말했다. 우리가 본받을 만한 좋은 규칙이다. 다른 사람에게 뭔가를 주는 일이 정신 건강에 아주 좋기 때문이다.

충성

성령 충만한 삶의 일곱 번째 특성은 충성이다. 충성은 하나님께 자신을 온전히 내맡기고 그분만을 절대적으로 의지하는 것이다. 또, 충성은 염려와 불안과 비관주의를 낳는 두려움에 대한 완벽한 해독제이다.

몇몇 주석가들은 갈라디아서 5:22의 "충성"이 하나님에 대한 믿음뿐 아니라 그분을 향한 충실함과 신뢰까지 포괄한다고 말한다. 그러나 성령 충만한 믿음의 소유자는 충실하고 믿음직하다. 베블리와 나의 결혼 주례를 맡았던 목사님은 늘 이렇게 말씀하시곤 했다. "성령께서 다스리시는 사람은 하나님의 힘과 능력을 온전히 확신하고 앞으로 나아간다."

충성은 그리스도인에게 주어지는 여러 가지 은혜들을 여는 열쇠이다. 하나님이 우리의 모든 필요를 채우시는 분임을 믿으면, 그 믿음이 우리의 평안과 기쁨을 북돋우어 의심과 두려움, 갈등, 그 외 여러 가지 육체의 행실을 몰아낼 것이다.

많은 신도들이 하나님을 믿지 않음으로 이스라엘 민족처럼 인생의 사막에서 "사십 년"을 허비한다. 너무도 많은 그리스도인이 "메뚜기 시각"을 갖고 있다. 그 옛날, 약속의 땅을 정찰했던 열 명의 정탐꾼과 같다. 그들은 그곳에서 거인들을 보고 돌아와 이렇게 보고했다. "우리는 스스로 보기에도 메뚜기 같으니 그들의 보기에도 그와 같았을 것이니라." 민 13:33 그들은 거인들의 생각을 도대체 어떻게 알았을까? 물론 직접 물어볼 만큼 가까이 다가가지도 못했다! 그저 늘 하던 대로 냅다 믿음 없는 결론을 내렸던 것이다. 불신앙은 두려움을 낳고, 하나님의 쓰임을 받지 못하게 방해한다.

성경은 믿음에 두 가지 원천이 있다고 가르친다. 첫째는 신자의 삶에서 역사하시는 하나님의 말씀이다. "믿음은 들음에서 나며 들음은 그리스도의 말씀으로 말미암았느니라." 롬 10:17 두 번째 원천은 갈라디아서 5:22의 본문에 분명히 드러나 있듯이 바로 성령이시다. 의심과 우유부단함과 두려움에 빠지기 쉬운 기질을 가졌다면, 인간적 본성으로 인한 감정과 행동을 몰아낼 믿음을 주시도록 성령께 간구할 수 있다. 그러나 그런 일은 하룻밤 사이에 벌어지지 않는다. 못된 습관은 영혼을 얽어매는 쇠사슬과도 같다. 하지만 하나님께서는 그리스도 예수 안에서 우리에게 승리를 주신다. "너는 여호와를 바랄지어다 강하고 담대하며 여호와를 바랄지어다." 시 27:14

온유

성령 충만한 기질의 여덟 번째 특성은 온유이다. 인간의 본성은 오만하고, 도도하고, 건방지고, 이기적이고, 자기 중심적이지만, 성령으로 충만해지면 겸손하고, 부드럽고, 온순하고, 남의 말에 귀를 기울이게 된다.

예수님은 온유한 사람의 가장 위대한 본이시다. 인류를 창조하신 그분이 피조물에게 농락과 조롱과 학대와 침 뱉음을 당하셨다. 우주를 창조하신 그분이 자신을 낮추어 종의 형체를 입고 사람들의 횡포에 스스로를 내맡기셨고 죽음을 당하셨다. 그분의 피로 우리의 죗값을 치르고 우리의 영혼을 구원하기 위해서였다. 그분은 "나는 마음이 온유하고 겸손하니" 마 11:29라고 말씀하셨다.

예수님의 온유함은 수난 가운데 더욱 분명히 드러났다. 그분의 수중에 있는 병력을 생각해 보자. "내가 아버지께 청하기만 하면 12개 여단의 군대보다 더 많은 천사들을 당장 보내주실 수 있다는 것을 너는 모르느냐?

만일 그렇게 한다면 이런 일이 반드시 일어날 것이라고 한 성경 말씀이 어떻게 이루어지겠느냐?" 마 26:53-54, 현대인의성경.

예수님의 온유는 이 세상에서 자연스러운 것이 아니다! 성령의 초자연적인 내주하심이 있을 때만 우리는 신체적, 정서적 학대에 대해 온유하게 반응할 수 있다. 이 땅에선 자아를 주장하는 것이 자연적인 모습이지만, 아무리 성마른 기질이라도 성령 충만으로 다스려지면 놀랍게도 그 안에서 온유가 배어나오게 된다.

절제

성령 충만한 신자의 마지막 특성은 절제이다. 쉬운 길로만 가려는 것이 인간의 본성이다. 네 가지 기질 중 다혈질이 유난히 절제하는 데 약한 건 사실이지만, 그런 유혹에 넘어가 본 적이 없는 사람이 누가 있겠는가? 절제는 격분과 분노와 두려움과 질투 같은 격한 감정을 다스리게 해준다. 그리스도인도 얼마든지 그런 감정들에 휘둘릴 수 있다. 그러나 성령으로 충만해진 기질은 늘 한결같고, 신뢰할 수 있고, 질서정연하다.

네 가지 기질유형 모두가 어려워하는 일이 있는데, 이것은 성령 충만과 그에 따른 절제로 이겨낼 수 있다. 그것은 띄엄띄엄, 그나마 하는 둥 마는 둥 하는 경건생활이다. 그러나 꾸준히 하나님의 말씀을 섭취하지 않고는 어떤 사람도 그리스도 안에서 성숙하거나 성령 충만을 받거나 하나님께 온전히 쓰임받을 수 없다. 기질마다 어떤 장애물을 만나는가?

다혈질은 천성적으로 진득하지 못하고 의지가 약해서 무슨 일이건 꾸준하지 못하다. 그나마 몇 분 일찍 일어나 규칙적인 성경 읽기와 기도 시간을 갖는 건 더더욱 어려운 일이다.

담즙질은 마음만 먹으면 무슨 일이건 꾸준히 할 수 있는 강한 의지력을 갖고 있지만 경건생활의 필요성을 잘 깨닫지 못한다. 천성적으로 자신감이 강한 탓에 회심한 후에도 "나를 떠나서는 너희가 아무것도 할 수 없음이라"요 15:5는 예수님의 말씀을 자기 것으로 만들려면 어느 정도 시간이 필요하다. 일정한 경건 시간을 떼놓은 경우에도 실용적이고 활동적인 머리가 자꾸만 이런저런 생각으로 빠져들거나 하루 일과를 계획하는 까닭에 끊임없이 그 유혹과 싸워야 한다.

우울질은 경건생활을 꾸준히 계속할 가능성이 가장 높다. 그러나 타고난 분석력 때문에 추상적이고, 신학적이고, 지엽적인 진리를 추구하느라 하나님께서 진리의 거울을 통해 하시는 말씀을 듣지 못한다. 우울질에게 기도 시간은 자신이 처한 불행을 놓고 하나님께 불평하고 한탄하는 시간이 될 수 있다. 경건생활이 오히려 더 큰 절망으로 이끄는 도구가 될 수 있는 것이다. 그러나 성령의 다스림을 받을 때는 기도 가운데 감사살전 5:18와 기쁨이 넘치게 된다.

점액질은 신앙생활의 필수 요소로 규칙적인 경건의 시간이 있어야 함을 안다. 그러나 특유의 느리고 나태한, 때로 될 대로 되라는 성향 때문에, 성령의 다스림 없이는 하나님의 말씀을 규칙적으로 접하지 못한다.

모든 약점을 이길 힘

나는 샌디에이고에서 목회하는 동안 기독교 대학을 하나 설립했다. 그곳에서 기질심리학 수업을 진행하면서 이 책에 담긴 내용을 실험할 기회가 있었다. 어느 해, 크리스천 카운슬러를 희망하는 기독교심리학과 3, 4

학년생 65명이 내 수업을 수강했다. 참으로 창의적인 수업이었다! 우리는 막 새 건물로 강의실을 옮겼고, 나는 강의를 맡은 후 처음으로 커다란 칠판이 세 개나 있는 강의실에서 수업을 하게 되었다.

나는 수강생들에게 상담실에서 대하게 될 법한 인간의 약점들을 모두 적어 보자고 말했다. 수업을 마치기 전에 84개의 약점을 적을 수 있었다! 인류의 모든 약점을 다 적었던 것 같다. 그리고 나는 문득 그 옆에다 성령의 아홉 가지 열매를 적어 넣고 말했다. "이것이 사람들을 도울 수 있도록 우리 크리스천 카운슬러에게 주어진 자원입니다. 이 열매들은 모든 약점을 이길 힘을 줄 것입니다. 각 약점에 어떤 열매가 대응할 수 있는지 봅시다." 솔직히 그 전까지 그런 작업은 해본 적이 없었기 때문에 어떤 결과가 나올지 나 자신도 몰랐다. 그러나 모든 약점은 최소한 두 가지, 많게는 다섯 가지 성령의 열매로 보완될 수 있었다.

그때 우리는 하나님께서 성령 충만한 삶을 통해 우리에게 기질상의 약점을 이길 힘을 한 가지 이상 주셨음을 증명했다.

성령 충만한 사람의 아홉 가지 특성에서 하나님이 우리에게 원하시는 이상적인 모습을 알 수 있다. 또, 우리의 타고난 기질에도 불구하고 우리를 어떤 사람으로 만들고자 하시는지 알 수 있다. 그러나 성령의 능력 없이는 어떠한 자기 수양과 노력으로도 이러한 특성들을 불러일으킬 수 없다. 그렇다면 이제 가장 중요한 질문은 분명해졌다. 어떻게 하면 성령으로 충만해질 수 있는가? 8장에서 답을 찾아보자.

토의를 위한 질문

1. 갈라디아서 5:22-23에 나와 있는 성령 충만한 삶의 아홉 가지 특성을 하나씩 살펴보고 그에 대해 토의해 보자.

2. 아홉 가지 특성은 왜 성령의 능력을 통해서만 가능한 것일까?

3. 갈라디아서 5:22-23에 나열된 성령의 열매와 마태복음 5:3-12에 제시된 "팔복"을 비교해서 토의해 보자. 두 구절 사이에는 어떤 유사성이 있는가? (갈라디아서 5장과 마태복음 5장에 나오는 특성을 각각 써놓고 유사한 특성끼리 이어 보면 쉽게 알 수 있다.)

4. 복음서의 이야기 중 성령 충만한 사람의 아홉 가지 특성의 모범이 되시는 예수님을 잘 보여주는 대목은 각각 무엇인가?

5. 6장에서는 각 기질의 약점 말미에 그 기질에게 특히 필요한 성령의 열매를 나열해 놓았다. 네 가지 기질을 하나씩 살피면서 성령의 열매가 각 기질의 약점을 어떻게 변화시킬지 토의해 보자.

CHAPTER 8

성령 충만을 받는 법

술 취하지 말라 이는 방탕한 것이니 오직 성령의 충만을 받으라. 엡 5:18

그리스도인의 삶에서 가장 중요한 일은 성령 충만을 받는 것이다. 예수님께서는 "나를 떠나서는 너희가 아무것도 할 수 없음이라" 요 15:5고 말씀하셨다. 그리스도께서는 성령을 통해 신자 안에 거하신다. 우리가 성령으로 충만해지면 그리스도께서 우리를 통해 일하시고 열매를 맺게 하신다. 성령 충만을 받지 못하면 열매도 맺지 못한다.

성령께서는 우리가 구원받기 전에도, 또 신자가 된 후에도 우리의 죄를 깨우쳐 주시고, 복음을 깨닫게 하시고, 하나님 나라로 이끄시고, 복음 전할 힘을 주시고, 기도 가운데 우리를 인도하신다. 사실 우리는 성령이 없이는 아무 일도 못한다. 악령들이 성령의 활동을 흉내내고 어지럽히는 것도 어찌 보면 당연한 일이다.

오늘날, 성령 충만보다 더 혼란스러운 성경의 주제는 없다. 많은 훌륭한 그리스도인들이 성령 충만을 방언이나 황홀감의 체험과 동일시한다. 반대로 극단적인 사례를 보고 들은 바람에 성령 충만에 대한 가르침을 아예 배제해 버린 사람들도 있다. 두 가지 경우 모두 우리 삶에 성령께서 차지하는 중요성을 인식하지 못하기 때문에 나타나는 현상이다.

사탄은 인류 앞에 두 가지 장애물을 둔다. 첫째, 사람들이 그리스도를 구세주로 영접하지 못하도록 막는 일이다. 둘째는 그리스도인들이 성령의 중요성과 그분의 사역을 알지 못하도록 막는 일이다. 사탄은 회심한 사람에게 두 가지 방식으로 접근한다. 성령 충만을 감정의 과다로 오인하게 하거나, 반대로 성령을 아예 무시하게 만드는 것이다.

사람들은 성령 충만을 받을 때 특별한 "감정"이 생겨나는 것처럼 행동한다. 그러나 그것은 하나님의 말씀이 가르치는 바가 아니다. 성령 충만을 받는 법을 검토하기에 앞서, 성령 충만을 받을 때 어떤 일이 생기는지 성경의 가르침을 살펴보자.

성령 충만을 받을 때 어떤 일이 생기는가?

성경은 성령의 충만을 받을 때 네 가지 현상이 생긴다고 가르친다.

성령 충만한 삶의 아홉 가지 특성

성령으로 충만한 사람에게는 자연스럽게 이러한 특성이 드러나게 된다. 이러한 특성을 만들어내려고 애쓰거나 연기하거나 꾸밀 필요가 없다.

성령께서 본성을 다스리시면 원래의 자연적인 기질과 사뭇 달라지기 때문이다.

"성령 충만"이나 "기름 부음"을 받았다고 주장하면서도 사랑과 희락, 화평, 오래 참음, 자비, 양선, 충성, 온유, 절제를 전혀 알지 못하는 사람들이 많다. 그러나 그것들은 분명 성령 충만한 사람의 특징이다.

기뻐하고 감사하는 마음과 순종

에베소서 5:18-21은 성령께서 신자의 삶을 채우시면 그 사람에게 찬양과 감사하는 마음과 순종이 일어난다고 가르친다.

> 술 취하지 말라 이는 방탕한 것이니 오직 성령의 충만을 받으라 시와 찬미와 신령한 노래들로 서로 화답하며 너희의 마음으로 주께 노래하며 찬송하며 범사에 우리 주 예수 그리스도의 이름으로 항상 아버지 하나님께 감사하며 그리스도를 경외함으로 피차 복종하라

상황에 좌우되지 않는 찬양과 감사의 마음, 그리고 순종은 우리로선 너무나 부자연스러운 것이기에 성령 충만을 통해서만 우리 것이 될 수 있다. 성령께서는 우울하고 불만스러웠던 마음을 찬양과 감사가 넘치는 마음으로 바꾸실 수 있다. 또한 우리에게 믿음을 더해 주심으로 타고난 우리의 반항심을 녹이신다. 그리고 하나님의 뜻에 따라 사는 것이 최선의 삶임을 진정으로 믿도록 해주신다.

성령 충만한 삶의 이러한 특징들은 말씀 충만한 삶의 특징과 일치한다. 골로새서 3:16-18을 보자.

그리스도의 말씀이 너희 속에 풍성히 거하여 모든 지혜로 피차 가르치며 권면하고 시와 찬미와 신령한 노래를 부르며 마음에 감사함으로 하나님을 찬양하고 또 무엇을 하든지 말에나 일에나 다 주 예수의 이름으로 하고 그를 힘입어 하나님 아버지께 감사하라 아내들아 남편에게 복종하라 이는 주 안에서 마땅하니라

성령 충만한 삶의 모습엡 5:18-21과 말씀 충만한 삶의 모습이 결국 동일하다는 것은 우연이 아니다. 예수님께서는 성령을 "진리의 영"요 16:13이라 부르셨다. 또한 "아버지의 말씀은 진리니이다"요 17:17라고 말씀하셨다. 말씀 충만한 삶이 왜 성령 충만한 삶과 같은 특징을 보일까? 그것은 성령께서 하나님 말씀의 저자이시기 때문이다.

성령 충만한 삶을 하나님과의 친밀한 관계—예수께서 "내 안에 거함"요 15장 참조이라 부르신—로 보지 않고 일회적인 체험으로 성령을 받으려 하는 자들의 오류가 여기서 분명하게 드러난다. 하나님과의 친밀한 관계는 하나님께서 그리스도인과 대화를 나누시고, "진리의 말씀"으로 신자의 삶을 채우시고, 신자가 "진리의 영"으로 인도를 받아 하나님께 기도드릴 때 비로소 가능해진다. 성령 충만한 그리스도인은 이어 말씀으로 충만해질 것이고, 성령께 순종하여 말씀 충만해진 그리스도인 역시 성령 충만을 받은 것이다.

복음 증거의 능력

예수님은 하늘에 오르시기 전에 제자들에게 이 말씀을 하셨다. "오직 성령이 너희에게 임하시면 너희가 권능을 받고 예루살렘과 온 유대와 사

마리아와 땅 끝까지 이르러 내 증인이 되리라."행 1:8

예수님은 십자가에 못박히시기 전, 제자들에게 말씀하셨다. "그러하나 내가 너희에게 실상을 말하노니 내가 떠나가는 것이 너희에게 유익이라 내가 떠나가지 아니하면 보혜사(성령)가 너희에게로 오시지 아니할 것이요 가면 내가 그를 너희에게로 보내리니."요 16:7

제자들은 예수님과 3년 동안 함께 지냈고, 그분의 말씀을 많이 들었고, 가장 잘 훈련된 증인들이었지만 예수님은 그들에게 "예루살렘을 떠나지 말고 내게 들은 바 아버지의 약속하신 것(성령)을 기다리라"(행 1:4)고 분부하셨다. 그 모든 훈련에도 불구하고 그들 혼자만의 힘으론 열매를 맺을 수 없었음이 분명하다. 오순절에 성령께서 오셨을 때, 제자들은 그분의 능력으로 복음을 전했고 3천 명이 구원받았다.

우리 역시 성령 충만을 받으면 복음 증거의 능력도 함께 기대할 수 있다. 하나님의 백성들이 성령으로 인한 황홀경이나 감정적 체험보다 복음 증거의 능력을 더 받고 싶어한다면 하나님이 얼마나 좋아하실까?

성령으로 복음을 전하는 능력이 언제나 분명하게 식별되는 건 아니다. 그때는 믿음으로 받아들여야 한다. 성령 충만에 필요한 조건을 갖춘 후 밖으로 나가 그리스도를 전한다면, 눈에 보이는 결과가 있건 없건 자신이 성령의 능력으로 전한다고 믿어야 한다. 성령께서 오순절에 그분의 임재를 너무도 극적으로 보여주셨고 때때로 우리 삶에서 성령의 명확한 증거를 보기 때문에, 우리는 성령의 역사가 언제나 그렇게 자명해야 한다고 생각한다. 그러나 그렇지 않다. 하나님은 주권적인 계획하심에 따라 사람의 자유선택권을 침해하지 않기로 하셨다. 그것은 우리가 성령의 능력으로 복음을 전한다 해도 상대방은 여전히 예수님을 구세주로 영접하길 거부할 수 있다는 뜻이다. 복음 증거의 성공과 복음 증거의 능력을 언제나 동일시 할 수는 없다!

어느 날 나는 여든 살의 노인에게 복음을 전했다. 연세도 많으신 데다 그분의 특별한 문제들도 있고 해서 나는 그 집을 방문하기 전에 성령으로 충만하고자 특별히 노력을 기울였다. "사영리"로 복음을 전하자 그는 주의 깊게 들었다. 복음에 대한 소개를 마치고 그 자리에서 그리스도를 구주로 영접하겠느냐고 묻자 그는 "아직 준비가 안 되었소." 라고 대답했다. 나는 노인이 그 나이에 "아직 준비가 안 되었다."고 말한 것에 그만 아연해지고 말았다. 나는 성령의 능력으로 전하지 못했다는 결론을 내렸다.

얼마 후 다시 노인을 찾아가 다시 한번 복음을 전하려 하자 노인은 이미 예수님을 구주로 영접했다고 말했다. 그는 내가 주고 간 사영리를 다시 살펴보고 방에서 혼자 무릎을 꿇고 예수님을 자신의 삶의 구주로 모셔 들였다는 것이다. 나는 미처 알지 못했지만 그때 성령께서 일하고 계셨다.

물론 그리스도인의 삶은 성령으로 충만할 때 열매를 맺는다. 다시 한번 성경을 살펴보자. 예수님의 "내 안에 거하라"는 말씀과 "성령의 충만"엡 5:18은 하나요, 같은 의미이다. 예수님은 말씀하셨다. "내 안에 거하라 나도 너희 안에 거하리라 가지가 포도나무에 붙어 있지 아니하면 절로 과실을 맺을 수 없음같이 너희도 내 안에 있지 아니하면 그러하리라." 요 15:4 이것은 예수님 안에 거하는 삶이나 성령 충만한 삶 모두 열매를 맺게 됨을 보여준다. 성령 충만의 조건을 갖췄다면, 눈에 보이는 결과나 느낌이 없더라도 하나님이 당신을 통해 일하심을 믿어야 한다.

이 특성들은 예수 그리스도를 영화롭게 할 것이다

그러하나 진리의 성령이 오시면 그가 너희를 모든 진리 가운데로 인도하시리니 그가 자의로 말하지 않고 오직 듣는 것을 말하시며 장래 일을 너희에게 알리시리라 그가 내 영광을 나타내리니 내 것을 가지고 너희에게 알리겠음이니라. 요 16:13-14

성령의 사역에 대해 언제나 명심해야 할 근본원칙이 있다. '성령께서는 자신을 영화롭게 하지 않으시고 주 예수 그리스도에게 영광을 돌리신다'는 것이다. 언제 어떤 일로든 주 예수님 외의 다른 사람이 영광을 받는다면, 그 일은 성령의 능력이나 지시에 따라 이루어진 게 아니라고 확신할 수 있다. 성령의 사역은 분명 예수님을 영화롭게 하기 위함인 까닭이다. 이것을 기준으로 모든 일을 살펴야 한다.

고故 마이어F. B. Meyer 박사는 '성령의 충만을 받는 법'을 주제로 강연한 직후 그에게 찾아온 한 여선교사의 이야기를 들려주었다. 그녀는 성령으로 충만해진 느낌을 받아본 적이 없다며 이제 기도실로 가서 성령의 충만을 받을 수 있는지 자신의 영혼을 살펴보겠다고 말했다.

그날 저녁 마이어가 강당을 떠나려던 찰나 여선교사가 돌아왔다. 그는 "어땠습니까, 자매님?"이라고 물었고 그녀는 "잘 모르겠어요."라고 대답했다. 마이어는 그녀에게 그날 어떤 일을 했느냐고 물었다. 그녀는 말씀을 읽고 기도했고 자신의 죄를 회개했고 성령의 충만을 간구했다고 답한 후 이렇게 덧붙였다. "하지만 성령 충만을 받은 느낌이 들지 않아요." 마이어가 물었다. "그러면 예수님과의 교제는 어땠습니까?" 그녀의 얼굴이 환해지더니 이렇게 대답했다. "마이어 박사님, 제 평생 그분과 이렇게 복된 시간을 가져본 적이 없었어요." 마이어가 말했다. "자매님, 그것이 바로 성령님의 역사입니다!" 성령께서는 언제나 신자가 성령이 아닌 주 예수님을 더욱 의식하도록 만드신다.

요약

복습 삼아 성령 충만을 받을 때 어떤 일이 생기는지 요약해 보자. 성령의 아홉 가지 열매, 순종하는 태도를 이끌어내는 찬양과 감사의 마음, 그리고 복음 증거의 능력이다. 이러한 특성들은 주 예수 그리스도를 영화롭게 할 것이다. "느낌"이나 "황홀한 체험"은 어떤가? 성경은 우리가 성령의 충만을 받을 때 그런 느낌이 일어날 거라고 가르치지 않는다. 성경이 약속하지 않은 것을 억지로 기대해서는 안 된다.

변화는 어떤가?

나는 스스로 "성령의 충만을 받았다"고 말하면서도 여전히 까다롭고, 정서적으로 불안하고, 함께 지내기 힘든 사람들을 상담해 보았다. 그들은 자신을 속여 왔다. 그들이 보이는 행동은 성령께서 주시는 것이 아니기 때문이다.

신비한 "체험"을 했다고 주장하면서도 분노와 질투와 염려 같은 육체의 일을 드러냄으로 자신의 주장을 스스로 부정하는 이들도 있다. 그들은 성령께서 우리의 감정을 변화시키기 원하신다는 걸 알지 못한다.

참으로 성령 충만한 사람들은 행동으로 드러난다. 성령 충만이라는 용어의 뜻을 명확히 하는 최선의 방법은 그 일차적 의미가 "지배"임을 밝히는 것이다. 에베소서 5:18은 성령 충만을 알코올의 지배를 받는 것과 대비시킨다. "술 취하지 말라 이는 방탕한 것이니 오직 성령의 충만을 받으라." 이 구절의 중요성은 아무리 강조해도 지나침이 없다. 성령으로 "충만함" 내지 지배를 받으라는 성경의 가장 강한 명령이다. 이번에는 해당 구절의 문맥을 살펴보자. 술(또는 약물에) 취한 사람은 술로 "충만해진" 것이다. 그 사람의 몸이 말 그대로 술이나 마약으로 가득 채워진 것은 아니지만, 약물이나 술이 그를 "지배"하게 되면서 정신적, 감정적, 육체적인 행동들을 모두 바꿔놓는다.

하나님이 이 본문을 통해 우리에게 하시는 말씀이 바로 이것이다. 생각 없는 물질로 자신을 채워 행동의 지배를 받지 말고, 성령으로 충만하여 그분의 지배를 받아야 한다. 즉, 성령께서 우리의 행동을 다스리셔야 한다는 뜻이다. 우리의 약점이 성령의 다스림을 받고 우리가 "새로운 피조물"처럼 행동하게 될 때 이 말씀을 분명히 깨닫게 된다.

성마르고 이기적이고 빈정대는 담즙질이 친절하고 자비로운 사람이 된다면, 그것은 성령의 역사이다. 변덕스럽고 의지가 약한 다혈질이 강한 의지의 인물이 된다면, 그것은 성령께서 그를 사로잡으셨기 때문이다. 천성적으로 비판적이고 고마움을 모르는 우울질이 감사의 마음을 가지고 남을 칭찬할 줄 알며 다른 사람을 섬기게 된다면, 그것은 성령의 역사이다. 이기적이고 인색하고 의욕 없는 점액질이 자기 시간과 소유를 바쳐 하나님과 다른 사람들을 섬긴다면, 그것이 바로 성령의 역사이다.

하나님의 능력이 우리 삶을 이끄시면 타고난 기질의 지배를 받던 옛날처럼 행동할 수 없게 된다. 키가 커지고 더 똑똑해지고 재능이 많아지고 외모가 근사해질까? 미안하지만 그렇게는 안 된다! 그러나 성령께서 우리의 감정을 다스리시는 까닭에 행동이 변하게 될 것이다.

우리의 감정적인 모습, 그것이 바로 우리의 본모습이다! 감정을 추스르지 못하면 자신을 추스르지 못한다. 성령께서 우리의 삶을 다스리시면 우리는 분노와 이기심, 두려움과 우울증 등의 타고난 감정에 휘둘리지 않고 사랑과 희락과 오래 참음과 자비와 양선과 충성과 온유와 절제로 행할 수 있다. 한마디로 그 사람의 행동을 보면 그가 성령으로 충만한 사람인지 아닌지 알 수 있다. 자신이 성령으로 충만한 사람인지 확인하고 싶다면 스트레스를 받을 때 어떻게 행동하는지 보면 확실하다.

바울과 실라는 복음을 전하다가 투옥되자 기뻐하고 찬양함으로 성령 충만함을 드러내 보였다. 그것은 인간에게 부자연스러운 행동이다! 그리고 성령 충만한 삶의 증거이기도 하다. 우리가 삶의 시련과 고달픔을 사랑과 희락과 화평과 감사와 기쁨으로 맞게 된다면, 그것은 성령이 하신 일이 분명하다.

이 사실은 특별히 가정에 적용된다. 가정에서의 모습이 우리의 진정한 모습이기 때문이다. 방언이나 치유나 여러 가지 "하나님을 위한 일"들을 성령 충만의 증거로 유달리 강조하는 사람들이 있다. 그러나 배우자나 자녀들이나 이웃 사람에게 그 사람이 집에서 어떻게 처신하는지 물어 보는 것이 더 확실한 방법이다.

성령 충만한 삶의 진정한 시금석을 가정에 두는 이유는 뭘까? 성경이 그렇게 가르치기 때문이다. 에베소서 5:18 말씀을 도입으로 해서 이어지는 본문에는, 가정생활에 대한 긴 가르침이 등장한다. 성경은 아내가 남편을 어떻게 대해야 하는지, 남편이 아내와 자녀들을 어떻게 대해야 하는지,

그리고 자녀들은 부모에게 어떻게 순종하고 존경해야 하는지 가르친다.

여기서 우리는 가정에서 성령의 다스림을 받지 않으면 다른 곳에서도 성령의 다스림을 받을 수 없다는 결론을 내릴 수 있다. 교회나 직장 등 다른 곳에서도 물론 성령 충만한 삶을 살아야 하지만, 성령 충만한 삶은 무엇보다 가정에서 시작해야 한다는 뜻이다. 가정에서 성령 충만한 삶을 살 수 있다면 어디서든 그런 삶을 살 수 있다.

이제 가장 중요한 주제, 성령 충만을 받는 법에 대해 살펴보자.

성령 충만을 받는 법

성령 충만은 그리스도인에게 있어 선택사항이 아니라 하나님의 명령이다! 에베소서 5:18은 "술 취하지 말라……오직 성령의 충만을 받으라"고 분명히 명령하고 있다.

하나님은 결코 불가능한 명령을 하지 않으시므로 성령 충만을 받는 일은 분명 가능하다. 여기 성령 충만을 위한 간단한 다섯 단계를 제시한다.

자신의 죄를 살핀다

성령 충만을 원하는 그리스도인은 정기적으로 자신을 "삼가"행 20:28거나 "자기를 살펴야"고전 11:28 한다. 이러한 자기 점검은 자신이 다른 사람들의 기준이나 전통, 교회의 규정에 맞게 행동하는가를 살피는 게 아니라, 성령 충만에 따르는 특성들에 부합하고 있는가를 보는 것이다.

나는 예수님을 영화롭게 하고 있는가? 복음을 전할 능력이 있는가? 기쁨과 순종하는 마음, 성령의 아홉 가지 열매가 있는가? 이러한 자기 점검을 통해 우리에게 부족한 영역과 그 원인이 되는 죄가 드러날 것이다.

우리는 죄와 성령으로 동시에 충만해질 수 없다. 죄는 성령의 충만을 방해하고, 우리가 짓는 죄의 패턴은 보통 자연 상태의 기질을 따른다. 예를 들어보자. 다혈질은 화를 내거나 성적인 죄에 빠지기 쉽다. 담즙질 역시 화를 내거나 자기 고집대로 하기 쉽다. 우울질은 비판적인 성향이나 두려움에 빠지기 쉽고, 점액질은 염려에 사로잡히거나 이기적이 되거나 완고해지기 쉽다. 그러나 이것들은 성령 충만을 받지 못하도록 막는 여러 죄들 가운데 일부일 뿐이다.

모든 죄를 고백한다

"만일 우리가 우리 죄를 자백하면 저는 미쁘시고 의로우사 우리 죄를 사하시며 모든 불의에서 우리를 깨끗케 하실 것이요." 요일1:9

성경은 죄의 경중을 구별하지 않고 모든 죄를 똑같이 정죄하는 듯 보인다. 우리는 하나님 말씀에 비추어 자신을 살핀 후, 성령께서 떠올려 주시는 모든 죄를 자백해야 한다. 성령 충만한 삶의 특성 가운데 아직 우리에게 나타나지 않은 것에 대해서도 회개해야 한다.

자신의 약점—무정함과 무절제, 오만함과 분노, 앙심과 불신—을 죄로 인정하기 전까지는 결코 성령 충만을 받지 못할 것이다. 그러나 그런 결점들을 죄로 인정하고 하나님께 자백하는 순간, 그분은 "모든 불의에서 우리를 깨끗하게" 하실 것이다. 그전까지는 성령 충만을 받을 수 없다. 성령께서는 깨끗한 그릇만 채우시기 때문이다. 딤후 2:21 참조

자신을 온전히 하나님께 드린다

이와 같이 너희도 너희 자신을 죄에 대하여는 죽은 자요 그리스도 예수 안에서 하나님을 대하여는 산 자로 여길찌어다 그러므로 너희는 죄로 너희 죽을 몸에 왕노릇하지 못하게 하여 몸의 사욕을 순종치 말고 또한 너희 지체를 불의의 병기로 죄에게 드리지 말고 오직 너희 자신을 죽은 자 가운데서 다시 산 자같이 하나님께 드리며 너희 지체를 의의 병기로 하나님께 드리라. 롬 6:11-13

성령 충만을 받기 위해서 우리는 성령의 지시에 온전히 순종하기로 결단하여 자신을 하나님께 내어드려야 한다. 우리가 하고 싶지 않은 일이나 역할이 있다면 그것은 우리가 하나님께 저항하고 있음을 의미하며 하나님의 영을 제한하게 된다. 자신을 하나님께 드리기를 겁내지 말자.

로마서 8:32 말씀을 들어보자. "자기 아들까지도 아끼지 않으시고 우리 모든 사람을 위해 내어주신 하나님이 어찌 그 아들과 함께 다른 모든 것도 우리에게 아낌없이 주시지 않겠습니까?" 현대인의성경 하나님이 그분의 아들을 죽음에 내어주실 만큼 우리를 사랑하신다면, 그분은 오직 우리의 유익에만 관심을 갖고 계심이 분명하다. 그분은 우리의 평생을 걸고 신뢰할 수 있는 분이다. 하나님의 뜻대로 살면서 비참한 심정으로 살아가는 그리스도인은 없다. 하나님이 어떤 지시를 내리실 때면 그 뜻을 행하고 싶은 마음과 갈망도 함께 주신다.

우리가 반항심으로 주님을 거역할 때, 성령 충만은 가로막히고 만다. 이스라엘은 불신앙에다 더 나아가 "완고하고 패역하여 그 마음이 정직하지 못하며 그 심령은 하나님께 충성치 아니한 세대"시 78:8가 되어 스스로 주님을 제한했다. 주님의 뜻을 거스르는 모든 일은 성령 충만을 가로막는다. 성령 충만을 받기 위해서는 술에 자신을 내맡기고 취하듯 성령께 자신을 내어드려야 한다.

헌신된 그리스도인이라도 주님께 주도권을 드리기란 참으로 어려운 일이다. 우리는 삶을 위해 뭔가 가치 있는 목표를 찾으면서도 성령이 아닌 우리 자신에 도취된 채 선을 행할 수 있다.

고등학생과 대학생들의 연합캠프에서 성령 충만 받는 일의 의미를 깨달았다는 어떤 신학생의 감동적인 간증을 들었다. 그는 육적 그리스도인이 저지르는 보통의 죄는 짓지 않았다. 그가 하나님께 저항하고 있는 영역은 단 하나뿐이었다. 그는 설교를 좋아했고 목사나 부흥사가 되고 싶었지만, 해외 선교사로 부름받고 싶은 마음은 없었다.

그 주에 성령께서는 그 젊은이에게 해외 선교사로서의 소명에 대해 말씀하셨다. 모든 것을 주께 내려놓고 "예, 땅끝까지 가겠습니다."라고 말했을 때 그는 난생 처음으로 진정한 성령 충만을 체험했다고 한다. 그리고 이렇게 말했다. "주님께서 제가 선교사가 되길 원하신다고 생각하진 않습니다. 주님은 제가 선교사의 일도 마다하지 않기를 원하셨던 겁니다."

자신의 삶을 하나님께 드릴 때, 어떤 조건이나 단서도 달지 말자. 우리를 지극히 사랑하시는 하나님이 우리 삶에 두신 계획과 뜻은 분명 우리 자신의 계획보다 훨씬 좋을 테니 안심하고 그분께 주저 없이 맡기자. 성령 충만을 받기 위해선 순복의 태도가 절대적으로 필요하다. 우리의 의지는 육의 의지요 성경은 "육은 무익하니라"요 6:63고 말한다.

일단 인생의 6대 문제를 해결하고 나면 성령께 순복하기로 결심하기가 쉽지 않다. (1) 고등학교를 졸업하고 어디로 가야 할까? (2) 어떤 직업을 택해야 할까? (3) 누구와 결혼해야 할까? (4) 어디서 살아야 할까? (5) 어디서 일해야 할까? (6) 어느 교회를 다녀야 할까? 이 질문들에 대한 답변에 따라 삶의 상당 부분이 결정될 것이다. 성령 충만한 그리스도인은 이런 큰 문제들뿐 아니라 작은 문제들을 가지고도 성령의 인도에 민감하게 반응할 것이다. 그러나 나는 인생의 6대 문제에서 올바른 결정을 내리고도 하나님의 영을 온전히 따르지 않아 성령 충만을 받지 못하는 그리스도인들을 많이 보았다.

누군가 말하기를, 성령에 순복한다는 것은 그분이 쓰실 수 있도록 대기한다는 의미라고 했다. 사도행전 3장의 베드로와 요한이 좋은 예가 된다. 그들은 기도하러 성전으로 가던 중 구걸하는 앉은뱅이를 보았다. 그들은 성령에 민감했기 때문에 "나사렛 예수 그리스도의 이름으로" 그를 고쳐 주었다. 그 사람이 펄쩍펄쩍 뛰며 하나님을 찬양하자 사람들이 몰려들었다. 베드로는 성령의 인도를 받아 복음을 전했고 "말씀을 들은 사람 중에 믿는 자가 많으니 남자의 수가 약 오천이나 되었다"(행 4:4).

나는 그리스도인들이 너무나 좋은 활동들에 몰두한 나머지 정작 성령께서 이끄실 때 그분께 순종할 "여유가" 없지 않을까 두렵다. 많은 신자들이 주일학교에서 가르칠 기회를 주시는 성령의 제의를 거부한다. 요청하는 사람은 주일학교 부장이겠지만, 그 또한 성령의 인도를 구했을 것이다. 많은 그리스도인들이 "주여, 내가 여기 있사오니 나를 써 주소서!"라고 말하지만 막상 전도나 간증을 요청받으면 그림 그리느라, 볼링 치느라, 이런저런 활동을 하느라 바빠서 움직이질 못한다. 무엇이 문제일까? 성령께 "짬을 낼 수" 없는 것이다. "죽은 자 가운데서 다시 산 자답게" 롬 6:13, 표준새번역

하나님께 순복한 그리스도인은 시간을 내어 성령의 지시를 따른다.

성령 충만한 삶에 관심이 많은 그리스도인들이라 해도 성령께 완전히 순종하지 못하는 부분이 있을 수 있음을 경고한다. 대부분의 그리스도인들은 기본적으로 그리스도께 헌신한 상태지만, 어떤 부분만큼은 자기 영역으로 확보해두고 싶은 유혹을 느낀다. 취미나 습관, 자기 취향의 사람이나 좋아하는 죄 등이 있을 수 있는데 그런 영역이 있으면 성령 충만을 받을 수 없다. 우리는 스스로 합리화하며 이렇게 말하기도 한다. "난 거의 전적으로 하나님께 순복했는데, 하나님은 왜 그 정도도 못 봐주시나?"

그러나 하나님은 질투하시는 하나님이다. 그분은 우리의 애정을 독차지하고 싶어하신다. 그런 이유로 십계명의 첫 계명은 "나 외에는 다른 신들을 네게 있게 말지니라"출 20:3이다. 주님은 신약성경에서 같은 취지의 말씀을 하셨다. "네 마음을 다하며 목숨을 다하며 힘을 다하며 뜻을 다하여 주 너의 하나님을 사랑하라."눅 10:27 하나님에 대한 전적이고 무조건적인 순복, 그것이 바로 성령 충만을 받기 위한 중요한 열쇠이다. 99.4%도 안 된다. 100%라야 한다!

완전한 순종 뒤에 후회는 없다. 나는 이제껏 하나님께 온전히 순복한 사람이 나중에 후회하는 걸 본 적이 없다. 하나님은 우리 편이시다. 그분은 우리에게 복 주시기 원하지만 그러기 위해선 먼저 우리의 모든 것을 그분께 내어드려야 한다. 내게 있어 최고의 거래는 나 자신을 온전히, 무조건적으로 하나님께 바쳐 그분이 합당히 여기시는 대로 행한 것이다. 그것이 40년 전의 일이고 그 결정으로 인해 나는 매일매일 유익을 얻고 있다. 하나님께 드리지 않고 손에 쥐고 있는 무언가 때문에 자신을 속이고 하나님의 무한한 축복을 놓치는 일은 없어야겠다.

몇 년 전, 로스앤젤레스의 한 대형병원 외과 과장인 랠프라는 의사가 성령 충만한 삶을 체험한 이야기를 들은 적이 있다. 의학부를 마칠 때가 되었을 때 그에게 문제가 생겼다. 그는 수술과 연구, 강의, 세 가지를 모두 전공하고 싶었다. 상담 교수들은 그가 세 분야 모두에 재능이 있지만 의학에서는 한 분야만 선택해야 한다고 말했다. 그래서 그는 주님께 세 가지 분야 중 의과대학원 입학 허가가 나오는 곳을 하나님의 인도로 알고 택하겠다고 기도했다.

그러나 세 분야의 의과대학원에서 모두 입학 허가가 났기 때문에 문제는 해결되지 않았다. 그래서 그는 해병대에 입대했다! 물론 3년 동안 시간을 번 것뿐이었다. 해병대 복무 기간을 마친 날 밤, 그는 남태평양을 눈앞에 둔 채 동일한 선택에 직면했다. 다음날이면 미국으로 돌아가 의사가 될 준비를 계속 해야 했다. 어떤 길을 택해야 할까? 그는 야자수 아래 모래사장에 무릎을 꿇고 하나님께 부르짖었다. "하나님 아버지, 저를 위해 특별한 계획을 갖고 계심을 압니다. 그것이 무엇이건 따르기 원합니다. 저는 주님의 자녀입니다!"

이야기를 하는 마흔여덟의 랠프 박사의 눈에는 뜨거운 눈물이 고여 있었지만 입은 미소 짓고 있었다. "목사님, 제가 어떤 일을 하는지 아십니까? 제 시간의 3분의 1은 수술을 하고, 3분의 1은 연구를 하고, 나머지 3분의 1은 학생들을 가르칩니다. 교수님들이 안 된다고 했던 일을 하고 있는 겁니다."

어떻게 그럴 수 있을까? 머리가 비상했기 때문일까? 천만의 말씀. 자신의 삶을 하나님께 내어드렸기 때문이다. 그의 말을 들어보자. "그것은 이제껏 제가 한 일 중 제일 잘한 일입니다."

자신을 하나님께 전적으로 내어드린다면 당신도 그와 같은 고백을 할 수 있게 될 것이다.

성령 충만을 구한다

"너희가 악할찌라도 좋은 것을 자식에게 줄 줄 알거든 하물며 너희 천부께서 구하는 자에게 성령을 주시지 않겠느냐." 눅 11:13

그리스도인이 자기를 살피고, 아는 죄를 모두 자백하고, 자신을 하나님께 전폭적으로 내어드렸으면, 성령을 받을 준비가 된 것이다. 그럼 어떻게 성령을 받게 될까? 성령 충만 받기를 기도하면 된다. 오늘날의 신자들이 주로 듣는 충고들, 기다리거나 늦추라거나 노력이나 고행이 뒤따라야 한다는 말 등은 모두 인간적인 충고이다. 오직 제자들만이 기다리라는 말을 들었고, 그것도 성령께서 오순절이 되서야 임하셨기 때문이었다. 그날부터 하나님의 모든 자녀들은 구하기만 하면 성령 충만을 체험할 수 있다.

예수님께서는 우리의 간구에 대한 하나님의 응답을, 자녀들을 대하는 아버지의 방식과 비교하신다. 좋은 아버지라면 자녀에게 어떤 물건을 가지라고 해놓고는 새삼 간청하게 만들지 않을 것이다. 그렇다면 성령 충만을 받으라고 명하신 하나님이 우리로 하여금 다시 성령 충만을 간청하게 하실까? 아주 간단한 논리이다. 우리가 성령으로 충만해지는 일에는 우리 자신보다 하나님이 더 많은 관심을 보이신다는 것을 명심하자.

그러나 잊어서는 안 될 다섯 번째 단계가 있다.

성령 충만을 받은 줄로 믿고 하나님께 감사한다

"의심하고 먹는 자는 정죄되었나니 이는 믿음으로 좇아 하지 아니한 연

고라 믿음으로 좇아 하지 아니하는 모든 것이 죄니라."롬 14:23

"범사에 감사하라 이는 그리스도 예수 안에서 너희를 향하신 하나님의 뜻이니라."살전 5:18

바로 이 단계에서 많은 그리스도인들의 승패가 판가름 난다. 자신을 살피고, 모든 죄를 자백하고, 자신을 하나님께 내어드리고, 성령의 충만을 간구한 후에는 선택의 기로에 서게 된다. 자신이 성령 충만을 받았다고 믿거나, 다시 불신 가운데로 돌아가는 것이다. 후자의 경우라면 죄를 짓는 것이다. "믿음으로 좇아 하지 아니하는 모든 것이 죄"롬 14:23이기 때문이다.

많은 그리스도인들이 초신자들에게 "구원에 관한 하나님의 말씀을 그대로 받아들이라."고 충고한다. 그러나 성령 충만에 대해서는 정작 자신의 충고를 기억하지 못한다. 그 신실한 그리스도인들이 "하물며 너희 천부께서 구하는 자에게 성령을 주시지 않겠느냐"눅 11:13라는 말씀을 믿으면 얼마나 좋을까? 성령 충만을 받기 위한 처음 네 단계를 모두 밟았다면, 성령을 받았다고 믿고 하나님께 감사하자. 느낌이나 신체적 징후를 기다리지 말고, 감정과 관계없는 하나님의 말씀에 대한 믿음의 고삐를 당기자.

성령 충만에 대한 확신은 하나님의 말씀을 그대로 받고 그분이 우리를 충만하게 채우셨음을 믿을 때 따라오지만, 그 확신으로 인해 성령 충만을 받게 되거나 성령 충만을 확인할 수 있는 것은 아니다. 우리가 성령의 충만을 받았다고 믿는 것은 단지 하나님의 말씀을 그대로 받아들이기 때문이고, 하나님의 말씀은 이 세상에서 유일하게 확실한 것이다.마 24:35 참조

성령을 좇아 행하기

"내가 이르노니 너희는 성령을 좇아 행하라 그리하면 육체의 욕심을 이루지 아니하리라." 갈 5:16

"만일 우리가 성령으로 살면 또한 성령으로 행할찌니." 갈 5:25

"성령을 좇아 행함"과 성령 충만은 서로 긴밀한 관련이 있긴 하지만 같은 것은 아니다. 성령 충만을 받기 위한 다섯 단계를 밟은 후에 우리는 성령을 소멸하거나 근심시키지 않도록 (여기에 대해서는 다음 두 장에서 다룬다) 조심하며, 또한 죄가 우리의 삶에 들어왔음을 깨달을 때마다 앞의 다섯 단계를 되밟음으로써 성령 안에서 행할 수 있다.

성령 충만은 한순간에 받을 수 있지만, 한번의 경험으로 일평생 이어지는 건 아니다. 성령 충만은 계속 되풀이되어야 한다. 처음에는 하루에도 여러 번씩 반복되어야 한다. 경건의 시간에 무릎을 꿇고서, 아침 식탁에서, 출근길의 차 안에서, 부엌 청소를 하면서, 전화 통화를 하면서—언제 어디서건 할 수 있다. 성령을 좇아 행할 때, 실제로 하나님과 끊임없는 교제를 나눌 수 있으며, 그것이 바로 그리스도 안에 거하는 삶이다. 그리고 성령을 좇아 행하기 위해서는 매일 하나님의 말씀을 섭취해야 한다.

"성령을 좇아 행하는" 것은 우리의 약점에서 벗어나는 일이다. 그렇다. 어떠한 약점도 성령의 도우심으로 극복할 수 있다. 우리는 약점에 휘둘리는 인생에서 벗어나 성령의 다스림을 받을 수 있다. 그것이 바로 모든 그리스도인을 향한 하나님의 뜻이다!

성령을 좇아 행함에 대해서는 13장에서 보다 자세히 다룰 것이다. 그러나 먼저 성령을 근심케 하지 말라는 바울의 경고에 주의를 기울여야 한다.

토의를 위한 질문

1. 마귀는 성령에 대해 어떤 거짓말을 늘어놓는가?

2. 성령 충만을 받을 때 나타나는 네 가지 현상을 정리해 보라.

3. 에베소서 5:18-21에 나오는 성령 충만한 삶의 결과와 골로새서 3:16-17의 말씀 충만한 삶의 결과를 비교해 보자. 둘 사이의 유사성이 왜 중요할까?

4. 우리가 성령으로 충만해져서 성령의 능력으로 복음을 전한다면, 그 능력을 "느끼거나" 즉각적인 결과를 보지 못하는 이유는 뭘까?

5. 왜 성령의 충만을 받아야 하는가?

6. 성령의 충만을 받는 것은 "지배"라는 관점에서 무엇을 뜻하는가? "변화"의 관점에서는?

7. 성령 충만을 받는 다섯 단계에 대해 자세히 토의해 보자. (관련된 각 성경구절을 찾아보고 그 중요성을 살펴보자.) 각 기질유형은 각 단계에 대해 어떤 반응을 보일까?

8. 성령 충만을 구해야 한다는 말을 들을 때 각 기질유형은 어떤 반응을 보일까?

9. 성령 충만에 대해 왜 하나님께 감사해야 할까?

10. 성령을 좇아 행한다는 것은 무엇일까?

11. 묵상기도로 성령 충만을 받기 위한 다섯 단계를 진행하자. 자기 점검과 그 외 각 단계를 이끌어 주시도록 성령께 간구하자.

CHAPTER 9

분노는 성령을 근심하게 한다

무릇 더러운 말은 너희 입 밖에도 내지 말고 오직 덕을 세우는 데 소용되는 대로 선한 말을 하여 듣는 자들에게 은혜를 끼치게 하라 하나님의 성령을 근심하게 하지 말라 그 안에서 너희가 구속의 날까지 인치심을 받았느니라 너희는 모든 악독과 노함과 분냄과 떠드는 것과 훼방하는 것을 모든 악의와 함께 버리고 서로 인자하게 하며 불쌍히 여기며 서로 용서하기를 하나님이 그리스도 안에서 너희를 용서하심과 같이 하라. 엡 4:29-32

분노는 인류에게 가장 흔하고 가장 파괴적인 감정으로 손꼽힌다. 인류 최초의 가족도 분노로 풍비박산이 났다. 가인이 분노를 못 이겨 동생 아벨을 죽인 것이다. 그 후 분노는 수많은 개인과 부부관계와 우정과 여러 관계들을 파멸시켰다.

에베소서 4:29-32은 우리가 악독과 격정과 분노와 말다툼과 비방과 악의로 성령을 "근심하게" 한다고 말한다. 분노만큼 복음 증거를 확실히 가로막는 죄는 없을 것이다.

무슨 이유에선지 다른 면에서는 훌륭한 그리스도인들도 분노에서 생겨나는 일련의 감정들을 죄로 직시하기 꺼려한다. 그들은 음주, 도박, 더러운 말 같은 외적 습관들은 단호히 물리치면서도 내면에서 요동치는 감정들은 추스르지 못한다. 보이지 않을 뿐이지 분노는 모든 면에서 앞서 말한 외적인 습관과 똑같은 죄이다. 갈라디아서 5:20-21은 원수맺음과 다툼과 분노를 살인과 술취함과 방탕함과 같은 범주에 놓고서 말한다. "전에 너희에게 경계한 것같이 경계하노니 이런 일을 하는 자들은 하나님의 나라를 유업으로 받지 못할 것이요."

분노는 여러 가지 형태를 띤다. 분노가 여러 모양으로 위장한다는 사실을 모르기 때문에 많은 사람들이 화를 내고도 정작 자신이 어떤 상태인지 모른다. 다음 목록에서 분노의 열여섯 가지 변이를 살펴보자.

독설, **격노**, 악의, 증오
소란, **분열**, 시기, 질투
비판, 적개심, **공격**, 편협, **험담**
냉소, 앙갚음, **응어리**

분노와 두려움 - 보편적인 죄

분노는 누구나 저지르는 두 가지 죄 중 하나이다. 수천 명을 상담해 본 후, 나는 모든 정서적 긴장들이 분노와 두려움, 이 둘 중 하나에서 나온다는 결론을 내렸다. 때로 그 둘은 얽혀있다. 헨리 브란트 박사는 그의 저서 **평안을 찾아서** The Struggle for Peace에서 분노는 사람을 두렵게 만들 수 있다고 지적한다. 역시 크리스천 심리학자인 레이몬드 크레머 박사는 그의 저서 예수님의 심리학과 정신 건강에서 이렇게 말한다. "때로는 불안[두려움]이 분노로 표출된다. 사람이 긴장하고 불안해지면 성마르고 화를 더 잘 내게 된다." 이 두 심리학자의 말을 근거로, 성난 사람은 두려움에 빠지기 쉽고 두려움에 빠진 사람은 성내기 쉽다는 결론을 내릴 수 있다.

이 두 감정이 특히 중요한 이유는 분노가 성령을 근심하게 하고, 두려움이 성령을 소멸시키기 때문이다.

기질에 대해 연구하면서 외향적인 다혈질과 담즙질은 분노하기 쉽고, 우울질과 점액질은 두려움에 빠지기 쉽다는 걸 알게 되었다. 인간 안에는 여러 기질이 섞여 있기 때문에 두려움과 분노 모두에 취약한 사람들도 많다. 그렇다면 외향형이 터뜨리는 분노는 두려움을 낳고, 내향형 기질의 두려움은 분노와 적의를 낳는다고 할 수 있다.

분노와 두려움의 연관성은 복잡한 양상을 띠기도 한다. 예를 들면, 쉬 겁먹는 우울질은 생각의 악순환에 빠져 화를 내게 된다. 모욕과 무례와 상처를 가슴에 오랫동안 품고 거듭 되씹다가 어느 순간 자신을 추스르지 못하고 기괴한 행동으로 분통을 터뜨린다.

분노와 두려움은 다른 어떤 감정이나 욕망보다 그리스도인들을 죄의 법 안에 가둔다.

그리스도를 모르는 사람

다음은 갈라디아서 5장과 에베소서 4장에 묘사된 육체의 일을 정리한 것이다.

죄의 길

의지 (선택 중추)	분노나 두려움, 악한 욕구가 정신에 뿌리를 내리도록 방치하기로 선택한다
	↓
지성 (생각 중추)	분노와 두려움 안에서 자라난 악한 태도를 부추겨 감정에 영향을 미치게 한다
	↓
마음 (감정 중추)	하나님을 노엽게 만드는 행동을 촉발한다
	↓
힘 (몸)	의지에서 시작된 죄를 실제로 저지른다

잠언 4:23은 말한다. "무릇 지킬 만한 것보다 더욱 네 마음을 지키라 생명의 근원이 이에서 남이니라."

그리스도를 모르는 사람에 대한 이 죄의 도식은 우리 존재의 가장 중요한 네 부분, 의지와 정신과 마음(감정 중추), 그리고 누가복음 10:27에 등장하는 "힘"(또는 몸)을 보여준다. 사람은 그의 정신이 허용하는 것에 의해 감정적으로 영향을 받는다. 우리 정신 안에 무엇을 담을지는 의지가 정한다. 그런즉, 하나님께 불순종하기로 선택하고 지성 안에 악한 생각들을 차곡차곡 담으면, 그분의 뜻을 거스르는 감정이 일어나 결국 하나님이 노여워하시는 행동을 하게 된다.

모든 죄는 머리에서 시작된다! 사람은 우연히 죄를 짓지 않는다. 살인을 저지르기 오래 전부터 증오와 분노와 악독을 머리 속에 품는다. 간음을 범하기 전에 이미 머리에 음욕이 들어 있다. 더러운 음란서적은 악을 저지르도록 마음을 충동질하는 반면, 하나님의 말씀은 우리의 감정을 가라앉히고 의로운 길로 이끈다. "읽은 대로 된다."는 말이 있다. 음란물과 성경, 어느 쪽을 읽을지는 의지가 선택한다. 지성은 의지가 선택한 내용을 받아들인다. 그러나 가장 중요한 사실은 감정이 지성에 입력된 내용에 영향을 받는다는 점이다. 그러므로 예수님은 우리에게 "네 마음을 다하며 목숨을 다하며 힘을 다하며 뜻을 다하여 주 너의 하나님을 사랑하라"눅 10:27고 명하셨다.

분노의 값비싼 대가

울분이나 악독과 분노로 인해 얼마나 값비싼 대가를 치러야 하는지 제대로 안다면 해결책을 모색하지 않을 수 없을 것이다. 분노로 인해 정서와 인간관계와 신체, 그리고 영혼이 겪어야 할 값비싼 대가를 살펴보자.

감정적인 대가

분노와 앙심을 억누르다 보면 언젠가는 도저히 감정을 주체하지 못하는 "혼미한" 상태에 이르게 된다. 어느 날 밤, 아내와 나는 7년 동안 선교지에 있었다는 한 집사님이 모는 캐딜락 뒷좌석에서 마음을 졸이며 앉아 있었다. 그는 도로에서 끼어들기를 한 다른 운전자에게 "교훈을 가르쳐" 준다며 시속 110km의 속도로 따라붙어 그 차의 범퍼를 받아버렸다. 그는 내게도 교훈을 주었다. 다시는 그의 차를 타면 안 된다는 교훈이었다. 평소엔 이성적이고 합리적이던 사람이 왜 사람들 앞에서 그런 무모한 짓을 했을까? 분노에 사로잡힌 나머지 판단력을 상실하고 어리석은 결정을 내렸기 때문이다.

많은 사람들은 분노가 "사내다운" 감정이라고 생각한다. 화낼 줄 모르면 "진짜" 남자가 아니라고 생각하는 이들도 있다. 그것은 성경의 가르침전 7:9과 정반대되는 발상이다. 분노는 해롭고, 파괴적이고, 당혹스러운 결정을 내리게 하기 때문이다.

또한 분노에 사로잡히면 인간의 귀한 감정인 사랑이 막혀 버린다. 성경에는 "아내를 사랑하라"는 명령이 네 번 등장하는데, 그 중 하나인 골로새서 3:19에는 흥미롭게도 "(아내를) 괴롭게 하지 말라"는 말씀이 이어진다. 분노라는 맥락에서 생각해 볼 때 이 말씀은 아내에게 앙심을 품지 말라는 의미이다. 누군가를 사랑하면서 동시에 그에게 앙심을 품을 수는 없다. 사랑이 증오에 오염되기 때문이다.

어떤 상황이나 사람에 대한 분노가 애꿎은 가족에게 옮겨지면서 풍파를 일으킨다. 많은 남성들이 직장에서 생긴 불만과 짜증을 안고 귀가하는 바람에 아내와 자녀들과 함께 나눠야 할 애정이 타격을 입는다. 그날 일어난 성가신 일들을 되씹느라 가족을 돌아볼 여유가 없다. 분노에 그런 비싼 값을 치르기에는 인생이 너무 짧고, 집에서 보내는 시간 또한 너무나 부족하다.

크리스천 의사였던 고(故) 맥밀런S. I. McMillen 박사는 만병의 근원, 우울증None of These Diseases이라는 책을 저술했는데, 그 책은 내 삶에 가장 큰 영향을 끼친 10대 서적 중 한 권이다. 증오와 분노 때문에 우리의 정서가 어떤 대가를 치르게 되는지 그의 말을 들어보자.

누군가를 미워하는 순간, 나는 그의 노예가 된다. 생각이 온통 그에게 사로잡혀 있기 때문에 하는 일도 더 이상 재미가 없어진다. 적개심 때문에 스트레스 호르몬이 과다 분비되어 두세 시간만 일해도 녹초가 된다. 전에는 즐겁게 하던 일들이 이제는 따분하게 느껴질 뿐이다. 휴가도 더 이상 즐거움을 주지 못 한다…….

내가 미워하는 사람이 나를 항상 따라다닌다. 내 머리를 사로잡은 그를 피할 수가 없다. 웨이터가 큼직한 고급 비프스테이크에다 감자튀김, 신선한 샐러드, 그리고 아이스크림 얹은 딸기케이크를 내 와도 내게는 그것들이 곰팡내 나는 빵이나 물과 다를 바 없다. 음식을 씹고 삼켜도 내가 미워하는 그 사람 때문에 아무 맛도 느낄 수 없다…….

내가 미워하는 사람은 내 침실에서 수십 킬로미터 이상 떨어져 있는 곳에서도 그 어떤 노예감독보다 더 잔인하게 내 생각을 자극하고 격분시킨다. 덕분에 나는 침대가 아니라 고문대에 누워 있는 심정이다.

우리 모두 이런 굴레를 벗어 버릴 수 있다!

인간관계상의 대가

간단히 말해 성난 사람 옆에 있는 건 즐거운 일이 아니다. 성내고, 투덜

대고, 시무룩한 사람은 인간관계에서 점차 배제되고 재미있는 행사에서도 소외된다. 배우자의 분노는 남편이나 아내에게도 같은 대가를 강요한다. 그렇게 되면 부부간의 분노는 더욱 커지고 부부관계도 어그러진다.

분노와 앙심 때문에 대인관계에서 치러야 하는 대가는 나이가 들수록 보다 분명하게, 자세히 드러난다. 이런 말을 들어 봤을 것이다. "할아버지가 나이를 드시면서 얼마나 고집불통에다 변덕쟁이가 되셨는지 몰라요." 겉보기엔 변화로 보일지 몰라도 그건 변화가 아니다. 연세가 들면서 할아버지는 자제력을 잃고, 다른 사람들의 마음에 들고 싶은 의욕도 잃고, 어린 시절의 솔직한 반응만 남은 것뿐이다. 할아버지는 평생 느껴온 방식대로 행동하기 시작하는 것이다. 앙심과 적개심과 자기 연민으로 가득한 사람 곁에 있기란 어려운 일이고, 그러다 보니 노년의 그의 삶은 더욱 힘들어진다. 그 할아버지가 그리스도인이면서도 오래 전 성령의 도움을 받아 "몸의 행실을 죽이지" 롬 8:13 못했다면 그 얼마나 큰 비극인가.

신체적인 대가

분노로 인한 신체적 대가와 경제적 대가를 구별하긴 어렵다. 분노와 앙심은 스트레스를 부르고, 스트레스로 인한 신체 장애를 치료하는 데 많은 돈이 들기 때문이다. 일부 의사들의 판단에 따르면 오늘날 발병하는 질병의 60-80%가 감정적인 요인에서 생긴 것이다. 분노와 두려움이 원흉이다! (지금 그리스도인들이 지출하는 불필요한 의료비로 얼마나 많은 선교사를 후원하고 얼마나 많은 교회를 건축할 수 있을지 생각해 보라.)

의사들의 판단이 옳다면 그것은 돈과 재능의 낭비가 아닐 수 없다. 감정이 어떻게 몸의 질병을 일으킬까? 간단히 말해 보자. 우리 몸 전체는 신경계와 복잡하게 얽혀 있다. 분노나 두려움으로 신경계가 긴장할 때마다 하나 이상의 부위에 악영향을 끼친다. 맥밀런 박사와 브랜트 박사 모두 스펄전 잉글리쉬 박사의 자율신경계 The Automatic Nervous System 라는 저서에서 그려 놓은 도해를 인용하고 있다.

의사나 척추지압사의 진료실에 세워진 해골을 본 적이 있을 것이다. 뇌의 '감정 중추'에서 신체의 모든 주요 장기로 이어지는 신경들이 고스란히 드러난 해골 말이다. 그 신경들은 '마음' 또는 '감정 중추'에서 장기들로 메시지를 보낸다.

몸이 조금이라도 움직이려면 감정 중추에서 해당 부위로 메시지가 전해져야 한다. 이 메시지는 번개 같은 속도로 전해지고, 우리는 그 메시지가 어디서 나오는지 인식하지 못한다. 왼쪽으로 날아드는 공을 잡는 유격수의 몸통과 팔다리는 동시에 조화롭게 움직이는 듯 보인다. 그러나 그건 동시에 이루어지는 동작이 아니다. 근육을 움직이기 전에 감정 중추가 신경계를 통해 신체 각 부위에 자극을 보내 해야 할 일을 정확히 알려준다.

감정 중추가 스트레스를 받지 않으면 신체기능이 정상일 것이다. 그러나 감정 중추가 "뒤집어지면" 비정상적인 반응이 생겨나 신경계를 통해 몸의 거의 모든 부분으로 전달될 것이다.

맥밀런 박사의 말을 들어보자. "감정 중추는 세 가지 방법으로 신체에 변화를 일으킨다. 각 기관으로 가는 혈액의 양을 변화시키고, 특정 선線의 분비에 영향을 끼치고, 근육의 긴장 상태를 변화시킨다." 맥밀런 박사는 분노나 증오로 인해 혈관이 팽창하고 지나치게 많은 피가 공급된다고 지적한다. 두개골은 팽창할 여지가 없는 단단한 구조로 되어 있다. 따라서 분노와 노여움에 사로잡히면 극심한 두통이 생기기 쉽다.

한 의사 친구는 우리의 감정이 심장과 다른 주요 장기로 가는 혈액의 흐름을 제약함으로써 궤양이나 여러 종류의 심장병의 원인이 될 수 있음을 보여주었다. 그는 주먹을 꼭 쥐고 손가락 관절이 하얗게 될 때까지 기다렸다가 말했다. "주먹을 아주 오래 꼭 쥐고 있으면 혈액의 흐름이 제약을 받기 때문에 손가락의 감각이 없어지겠지. 해결책은 간단하네. 힘을 빼면 되지." 그 말과 함께 손을 펴자 손가락은 다시 원래의 색깔로 돌아갔다.

더 나아가 그는 사람의 위에는 감정의 지배를 받는 근육이 있다고 설명했다. 우리가 격분하면 그 근육이 팽팽해져서 심장, 위, 간, 장, 허파와 쓸개 등으로 가는 혈액의 흐름을 제약한다.

오랫동안 분노, 적개심, 증오, 격노나 앙심을 품고 있다 보면 위의 장기들도 심각한 손상을 입을 수 있다. 우리가 젊을 때는 몸도 탄력이 있어서 감정 중추에서 생성되는 긴장의 상당 부분을 흡수할 수 있다. 그러나 나이가 들수록 신체에서 가장 약한 부분이 묵은 분노로 인한 긴장을 이기지 못하고 무너진다. 맥밀런 박사는 감정적인 스트레스로 인해 발병하는 질병들을 50가지도 넘게 제시했다. 그는 또한 가장 흔한 전염병들은 접촉 당시 저항력이 낮은 경우에 옮는데, 감정적 스트레스로 인해 저항력이 약화된 것이 그 원인일 수 있다고 말한다.

그리스도인들이 성령으로 충만하게 되면 얼마나 많은 불필요한 질병들을 피할 수 있을지 생각해 보라.

이 사실을 기억하면 반항적이고 앙심에 찬 그리스도인들에게서 자주 접했던 질문, '하나님이 왜 이 질병을 내게 허락하신 겁니까?'에 답할 수 있을 듯하다. 하나님이 질병을 허용하셨다기보다는 그 사람의 분노—죄—가 질병을 자초했다고 봐야 할 때가 더 많다.

많은 의사들이 심장병, 고혈압, 대장염, 갑상선종 등 여러 흔한 질병으로 시달리는 환자들에게 이렇게 말한다. "신체 기능상으로는 아무런 이상을 찾을 수 없습니다. 환자분의 문제는 마음에 있습니다."

그런 말을 들으면 환자들은 대개 '그건 다 당신 머리에서 나온 겁니다.'라는 뜻으로 이해하고 화를 낸다. 그러나 의사의 말은 '그건 다 당신의 감정 중추에서 나온 겁니다.' 라는 뜻이다. 한 심리학자는 그가 맡았던 궤양 환자의 97% 가량이 분노가 원인일 거라 추측했다. 그는 궤양 환자를 처음 만난 자리에서 "혹시 누구에게 화를 내고 계십니까?"라고 묻기도 한다. 그 다음 말이 걸작이다. "그러면 그들은 보통 제게 화를 냅니다."

나는 오하이오 주 콜롬비아에서 열린 한 세미나에서 참석자 중에 궤양을 전문적으로 치료하는 젊은 인턴이 있는지 모르고 그 얘기를 했다. 그가 나중에 내게 와서 말했다. "목사님의 친구분 말에 동의할 수 없습니다. 저는 궤양 환자의 100%가 분노 때문에 발병한 거라 생각합니다."

감정적 요인의 질병이 증가함에 따라 의료계에선 진정제나 신경안정제를 쓰게 되었다. 이러한 치료법은 문제의 원인을 건드리지 않기 때문에 지속적인 치료 효과를 기대할 수 없다. 심리학자들은 인간이 의지로 감정을 완전히 통제할 수 없다고 말한다. 나 역시 그 말에 동의한다. 예수 그리스도의 능력이 아니고는 성마르고, 모질고, 불 같은 사람을 사랑 많고 자비로우며 부드럽고 친절한 사람으로 만들 수 없다는 걸 경험했기 때문이다.

영적인 대가

분노와 앙심이 가장 큰 대가를 치르는 부분은 영적 영역이다. 예수님은 우리에게 죽음 이후의 영원한 생명뿐 아니라 현실에서 풍성한 삶 또한 함께 주기 위해 오셨다. 그러한 삶은 예수님 안에 거하거나 성령으로 충만할 때만 체험할 수 있다. 그러나 성령을 근심하게 하는 자는 누구도 예수님 안에 거하거나 성령으로 충만할 수 없고, "악독과 노함과 분냄과 떠드는 것과 훼방"엡 4:31은 성령을 근심하게 한다.

신자가 성령을 근심케 하면 그의 삶에서 하나님의 역사가 제한을 받고, 예수 그리스도 안에서 성숙하지 못하게 되고, 빛을 비추고 하나님을 위해 효과적으로 일하고 열매를 맺는 데 방해를 받는다.

현대의 교회는 이스라엘 백성들과 똑같은 복음주의 그리스도인들로 가득하다. 둘 다 자신들의 것을 온전히 소유하지 못한다는 공통점이 있다. 즉 분노로 인해 성령을 끊임없이 근심하게 한 많은 하나님의 자녀들은 예수 그리스도께서 준비해두신 은혜를 온전히 누리지 못하고 있다. 그 영향은 신자의 이생뿐 아니라 죽음 이후의 삶까지 이어진다. 성령 안에서 행할 때만 하늘에 보화를 쌓을 수 있기 때문이다.

솔직히 나는 여러 해 동안 속으로 분노를 끓이는 죄를 범해 왔다. 나는 규칙적으로 경건의 시간을 갖고 불순한 생각을 하지 않으려 애쓰는 나 자신이 경건한 사람이라고 생각했다. 그러던 어느 날, 에베소서 4장 말씀의 진정한 의미를 알았고 그간 내가 성령으로 충만하지 않았음을 깨달았다. 분노로 성령을 근심케 하고 있었기 때문이다. 나는 "분노를 억제하는 것이 분노를 이기는 것"이라는 엉터리 방어 전략을 개발했었다. 그러나 하나님은 우리의 분노를 치료하기 원하신다.

분노의 기본 원인

지극히 정상적이고 남에게 호감을 주며 진실했던 사람이 갑자기 격정과 분노로 반응하게 되는 이유는 무얼까? 그 질문에 대한 답변을 제대로 깨닫고 받아들일 때 그리스도인은 분노에서 벗어나는 첫 번째 큰 발걸음을 내딛게 될 것이다. 분노를 용인하는 모든 껍데기와 그럴싸한 변명들을 걷어 버리고 "타고난 호남아 기질"이니 "뒤끝이 없다"는 식으로 분노가 미화되어 왔음을 인정하고 나면, 우리는 이기심이라는 추악한 단어와 마주치게 된다. 우리는 자신의 약점을 애써 변명하고, 원한을 품고 분노와 복수심과 앙심에 빠지는 자신을 정당화하고 싶어하지만, 그런 행동들의 동기는 이기심이다. 내가 화가 나는 것은 누군가 내 권리를 침해했기 때문이며, 내 관심은 바로 나 자신이다. 내가 누군가에게 앙심을 품는 까닭은 그 사람이 내게 잘못을 했기 때문이다. 다시 이기심의 문제로 돌아온 셈이다. 복수의 동기는 언제나 이기심이다.

한 크리스천 여성이 내 서재를 방문해서 그녀가 생각하는 가정의 문제를 털어놓았다. 내가 그녀의 분노와 앙심을 지적하자 그녀는 자기방어의 말들을 늘어놓았다. "글쎄요, 목사님이라도 자기를 계속 짓밟고 홀대하는 사람과 함께 살다 보면 화가 나실 걸요."

남편 되는 사람이 그리스도인답게 아내를 대하지 못하는 것은 사실이었지만, 그녀의 반응 역시 관대함과는 거리가 멀었다. 그것은 전형적인 이기심의 문제였다. 그녀가 이기심에 빠져 분노를 쏟아낼수록, 남편은 그녀를 더욱 모질게 대했다.

내가 그녀에게 두 가지 문제가 있다고 말하자 그녀는 다소 놀란 표정으로 물었다. "제가 제대로 들은 게 맞나요? 제 문제는 한 가지, 남편뿐이에요."

"아닙니다. 부인의 문제는 두 가지입니다. 남편 분이 첫 번째 문제이고 남편을 향한 부인의 태도가 두 번째 문제입니다. 상황이야 어쨌건, 부인께서 이기심이라는 죄를 인정하고 하나님께 올바른 태도를 구하기 전까지는 성령께서 계속 부인 때문에 근심하실 겁니다."

거의 한 달여 만에 그 여성에게 믿기 어려울 정도로 변화가 일어났다. 남편을 핑계 삼아 분노에 빠져있던 그녀는 자신의 이기심보다 예수 그리스도와의 관계를 더욱 소중히 여기기 시작했다. 그녀는 "그리스도 예수 안에서 영광 가운데 그 풍성한 대로 너희 모든 쓸 것을 채우시리라"빌 4:19 는 약속을 믿고 예수님께 나아갔고, 앙심과 격분, 분노, 그리고 성령을 근심하게 만들었던 모든 감정과 태도들을 이겨내기 시작했다.

남편의 행동이 달라지길 기다리던 그녀가 자신의 행동을 먼저 바꾸자 마침내 남편의 행동이 달라졌다. 그녀는 하나님의 도우심으로 남편의 야비한 성질에 대한 그간의 반응을 극복하게 되었고, "그녀를 악독하게 이용하던" 남편에게 친절하게 대하기 시작했다. 주님이 가르치신 그대로였다.마 5:44 참조 사랑은 사랑을 낳고 뿌린 대로 거두는 법. 얼마 지나지 않아 남편은 그녀를 다정하게 대하기 시작했다.

꿈 같은 이야기로 들릴지 모르지만, 나는 내면의 분노와 혼란을 이기심의 죄로 인정하고 하나님이 주신 도움의 약속을 믿으며 은혜와 사랑과 자제력을 구한 사람들의 삶에서 똑같은 일들을 목격했다. 당신은 분노와 앙심과 증오의 열매를 거두고 있는가? 조금만 살펴보면 자신이 분노와 앙심과 증오의 씨를 뿌려왔음을 알게 될 것이다. 성경은 "사람이 무엇으로 심든지 그대로 거두리라"갈 6:7고 가르친다. 당신이 사랑의 열매를 거두고 있지 않다면 한 가지 제안을 하겠다. 당신이 뿌리고 있는 씨를 바꾸라. 하나님의 도우심으로 당신은 남은 평생 분노에 사로잡혀 살지 않아도 된다.

토의를 위한 질문

1. 사전과 참고서적을 활용해 에베소서 4:31에 나오는 분노의 여섯 가지 죄를 상세히 구분하고 토의해 보자. 악독, 노함, 분냄, 떠드는 것, 훼방 하는 것, 악의.

2. 성령을 근심하게 한다는 말이 무슨 뜻인가 엡 4:30, 살전 5:19 참조?

3. 인류에게 보편적인 죄 두 가지는 무엇인가? 기질별로 볼 때 각각 어떤 죄와 씨름할 가능성이 높은가?

4. 물론 천성적으로 "분노하지 않는" 기질유형은 없다. 분노의 16가지 형태들을 다시 살펴보자. 그리고 네 가지 기본 기질에 있어 각각 분노의 어떤 형태가 걸림돌이 될 가능성이 높은지 토의해 보자.

5. 부부는 정반대 기질인 경우가 많다고 한다. 부부가 각각 분노를 처리하는 방법에 따라—분통을 터뜨리는 경우와 앙심을 품는 경우— 가정의 분위기가 어떻게 달라질까?

6. 분노로 인해 치러야 하는 네 가지 "대가"를 다시 살펴보자. 그리고 버럭 화를 내거나 앙심을 품는 바람에 대가를 치러야 했던 각자의 경험을 나눠보자.

7. 성령 충만한 삶의 아홉 가지 특성(성령의 열매) 중, 분노의 다양한 표출 방식에 대해 해독제 역할을 하는 특성들은 각각 무엇일까?

CHAPTER 10

두려움은 성령을 소멸한다

항상 기뻐하라 쉬지 말고 기도하라 범사에 감사하라 이는 그리스도 예수 안에서 너희를 향하신 하나님의 뜻이니라 성령을 소멸치 말며. 살전 5:16-19

성령 충만한 삶을 지속하기 위해서는 성령을 소멸하거나 근심하게 하지 않도록 조심해야 한다. 성령을 소멸한다는 것은 우리가 그분을 방해하고 제한한다는 의미이다. 성령을 근심하게 하거나 소멸함으로 그분이 우리 삶에서 완전히 떠나시는 건 아니지만, 우리 몸에 대한 성령의 다스림이 심각한 제약을 받게 된다. 그렇게 되면 하나님이 우리 몸을 강하게 하여 사용하실 수 없게 된다.

데살로니가전서 5:16-19은 성령 충만한 그리스도인이 "항상 기뻐하고"빌 4:4 참조 "범사에 감사"할 수 있어야 한다고 가르친다. 그리스도인이 항상 기뻐하거나 범사에 감사하지 못할 때마다 하나님의 뜻에서 조금씩 어굿나고 있다는 의미이다. "범사에"란 상황이 좋을 때만을 뜻하지 않는다. 우리의 본성적인 "육"도 즐거운 상황에서는 얼마든지 기뻐할 수 있다. 그러나 우리는 상황을 불문하고 늘 기뻐하며 감사해야 한다.

그 말은 곧 믿음으로 살아가야 한다는 뜻이다. 하나님의 사랑과 능력, 그리고 우리의 삶을 향한 그분의 계획을 믿을 때, 그 믿음이 성령과 더불어 어떤 상황 속에서도 늘 기뻐할 수 있게 한다. 하나님의 신실하심에 대한 불신은 불평하며 감사할 줄 모르는 태도를 낳는다. 그런 태도는 성령을 소멸할 뿐 아니라 우리에게 두려움을 안겨준다.

두려움은 보편적인 감정이다

아담과 하와가 불순종의 죄를 저지르고 나서 처음으로 보인 반응은 두려움이었다.

> 그들(아담과 하와)이 날이 서늘할 때에 동산에 거니시는 여호와 하나님의 음성을 듣고 아담과 그 아내가 여호와 하나님의 낯을 피하여 동산 나무 사이에 숨은지라 여호와 하나님이 아담을 부르시며 그에게 이르시되 네가 어디 있느냐 가로되 내가 동산에서 하나님의 소리를 듣고 내가 벗었으므로 두려워하여 숨었나이다. 창 3:8-10

그날부터 지금까지 우리는 하나님께 불순종할수록 더 큰 두려움을 느낀다. 반대의 경우도 마찬가지다. 하나님께 순종하고, 그분에 대해 배우며, 모든 필요를 그분께 의지하여 해결해 가면 두려움은 점점 줄어든다.

예수님이 제자들을 꾸짖으실 때 사용하신 구절에서 우리는 두려움이 보편적인 감정이라는 증거를 쉽게 찾아볼 수 있다. "두려워 말라." "믿음 없는 자가 되지 말고 믿는 자가 되라." "믿음이 적은 자들아." "너희는 마음에 근심도 말고 두려워하지도 말라."

오늘날 세계의 상황은 평안과 믿음을 가지는 데 도움이 되지 않는다. 언론은 세계 곳곳에서 경제 불황, 잔혹행위, 전쟁, 싸움과 폭동, 그리고 온갖 무시무시한 폭력과 학대가 일어나고 있음을 끊임없이 상기시켜 준다.

재난에 대한 두려움과 직면한 상황에서 하나님의 자녀는 예수님의 말씀에 귀를 기울이고 위로를 얻어야 한다. "난리와 난리 소문을 듣겠으나 너희는 삼가 두려워 말라 이런 일이 있어야 하되 끝은 아직 아니니라." 마 24:6 두려움은 모두에게 닥치지만, 하나님의 자녀들은 그 감정의 지배를 받을 필요가 없다.

몇 년 전 리더스 다이제스트 지는 필라델피아의 성야고보교회를 맡았던 조지프 포트 뉴턴 목사의 인기 기사를 다시 실었다. "어느 목회자의 편지"라는 그 기사는 "매일의 삶"이라는 제목으로 신문 연재 칼럼을 쓰던 뉴턴 목사가 독자들로부터 받은 수천 통의 편지 주제를 요약한 내용이었다. 그의 말을 들어보자. "이 편지들에 의하면 삶의 주적主敵은 죄도 슬픔도 아니다. 그것은 두려움, 우리 자신의 두려움이다." 그는 사람들이 "실패, 파산, 가난"을 두려워하고 "맡은 일을 잘 해내지" 못할까봐 두려워한다고 말했다. 또한, 두려움의 한 형태인 염려가 "천천히 효력을 보이는 독처럼 마음에 흘러들어 마침내 우리를 마비시킨다."고 했다.

두려움은 분노와 마찬가지로 여러 형태를 띤다. 다음의 목록은 두려움의 여러 모습을 보여준다.

> 불안, **염려**, 의심, 열등감
> **소심함**, 비겁, 우유부단, **의혹**
> 미신, **주저함**, 위축, 우울증
> 외로움, 거만함, 과(過)공격성, 대인기피증

두려움의 값비싼 대가

어떤 형태의 두려움이라도 네 가지 영역에서 대가를 치르게 된다.

감정적인 대가

매년 수천 수만의 사람들이 두려움 때문에 정신적, 감정적으로 무너진다. 어떤 사람들은 두려움 때문에 자기 껍질 속으로 들어가 하나님이 마련하신 풍요로운 축복을 알지 못한 채 인생을 흘려보내고 만다. 서글프게도, 그들이 두려워하는 일들은 대부분 일어나지 않는다. 한 사업가는 어떤 판매 회사를 대상으로 강의하는 자리에서 사람들이 두려워하는 일들의 92%는 절대 일어나지 않는다고 했다.

나는 남편이 다른 여자를 만나 떠나갈 거라는 두려움에 집착한 나머지 결국 남편을 쫓아내고 만 여성과 상담한 적이 있다. 그녀가 두려움에 사로잡혀 변덕스럽고 비정상적인 행동을 해댔기 때문에 결국 남편은 "다른 여자"가 없었음에도 불구하고 그녀를 떠났다. 이렇게 배우자 한쪽이 두려움 때문에 현실에 제대로 대처하지 못해서 결국 갈라지고 마는 사례들이 수없이 많다.

 수많은 사람들이 사소한 두려움 때문에 자신의 잠재력을 누르거나 창의성을 제대로 발휘하지 못하는 것은 정말 슬픈 일이다. 그들 중 상당수는 대학이나 전문학교에 갈 능력이 부족해서가 아니라 상급학교에 제대로 적응하지 못할까봐 겁먹는 바람에 교육의 기회를 놓치고 만다. 친숙한 환경에서 벗어나 보다 복잡한 세계로 뛰어드는 걸 두려워한 나머지 승진도 거부했다가 때늦은 후회를 하는 사람들도 허다하다. 두려움은 많은 사람들의 잠재력 발휘를 가로막은 일등 훼방꾼이다.

인간관계상의 대가

 두려움이 대인관계에 미치는 영향은 다른 것들에 비해 그나마 견딜 만하지만 결코 만만하진 않다. 두려움에 사로잡힌 사람과 함께 있기란 그다지 유쾌한 일이 아니다. 매사에 비관적인 불평꾼은 다들 멀리하고 피하기 때문에 본인은 더욱 극심한 감정의 동요를 겪게 된다. 사람들의 호감을 얻어 행복했을 많은 사람(과 그 배우자)들이 단지 근거 없는 두려움 때문에 사교계에서 배제당한다.

 겁 많은 사람들, 특히 자의식이 강한 사람들은 긴장을 풀고 자신을 받아들이는 걸 어려워한다. 그런 사람들과 함께 있으면 불편해지기 때문에 그들은 친구가 별로 없다. 결국 몇 안 되는 친구들과 함께 외로운 세월을 보내고 만다. 그런 사람들은 세미나를 틈타 내게 다가와 조용히 묻는다. "저는 뭐가 잘못되었기에 이성 친구를 사귈 수 없는 걸까요? 삶을 함께 나눌 사람이 없는 게 이제 지겹습니다." 이제 그렇게 살지 않아도 된다.

신체적인 대가

두려움은 분노와 마찬가지로 스트레스를 낳고, 앞서 살펴본 것처럼 감정적 스트레스로 인한 수많은 현대병을 만들어낸다.

맥밀런 박사가 그의 책에서 언급한, 두려움으로 인한 질병들 중에는 고혈압, 심장병, 신장병, 갑상선종, 관절염, 두통과 뇌졸중 등이 있는데 그 대부분은 그가 분노로 인해 발병한다고 나열한 50가지 질병과 겹쳤다. 두려움이 사람의 심장에 미치는 영향에 대해 맥밀런 박사는 시카고 마이클리스 병원의 로이 그링커 박사의 말을 인용한다. "그링커 박사는 운동과 피로를 포함한 다른 어떤 자극보다 걱정이 심장에 더 큰 스트레스를 준다고 말한다."

맥밀런 박사는 두려움이 신체에 화학작용을 일으킨다고 지적한다. 강연을 하기 위해 강단에 섰을 때 입 안에 침이 마르는 것을 보면 잘 알 수 있다. 그러한 반응은 순간적인 것이기에 사람에게 해를 끼치지 않지만, 시시각각 다가오는 걱정은 신체에 손상을 줄 수 있다.

한 의사 친구가 그 문제를 이렇게 설명해 주었다. "우리 몸에는 긴급 상황이 닥칠 때마다 울리는 자동경보시스템이 있다." 그것을 "공포경보시스템"이라고 부르는 이들도 있다. 새벽 2시에 초인종이 울리면 아무리 깊이 잠들었다가도 순식간에 잠이 깨어 정신이 말똥말똥해진다. 이것은 하나님이 본능적인 자기 보호를 위해 인간에게 주신 선물이다. 긴급 상황에 놀란 몸은 부신(副腎, 좌우의 콩팥 위에 있는 내분비샘—역주)으로 신호를 주어 아드레날린(척추동물의 부신 수질에서 분비되는 호르몬. 교감 신경을 흥분시키고 혈당량의 증가, 심장 기능 강화에 의한 혈압의 상승, 기관의 확장, 지혈 따위의 작용을 한다—역주)을 혈관으로 보내게 한다. 우리는 순식간에 잠에서 깨어나 평상시보다 더 정신이 번쩍 들게 된다.

내가 사우스캐롤라이나 주 펌킨타운의 한 시골 교회에서 목회할 때의 일이다. 교인 중 한 명이 출산을 앞둔 아내를 차에 태우고 병원으로 질주하고 있었다. 그런데 진흙탕 산길을 달리던 차의 앞바퀴가 진창에 빠져버렸다. 그러자 긴급 상황에 처한 이 사람의 부신이 위력을 발휘했다. 그는 차 앞으로 달려 나가 차를 도로 위로, 말 그대로, 밀어 올렸다!

다음날 병원 주차장에서 그는 믿지 못하는 친구들에게 자신이 차의 앞부분을 들어올렸다는 사실을 증명해 보이려 했지만, 당연히 차는 꿈쩍도 하지 않았다. 그는 긴급 상황에서 발휘했던 초인적인 힘이 어디서 나온 것인지 이해할 수 없었다. 하나님이 주신 경보시스템은 주차장 시연에서는 볼 수 없었다.

내 의사 친구는 그런 일은 신체에 아무 해를 끼치지 않는다고 설명했다. 긴급 상황이 종료되면 부신은 평소 기능으로 돌아가고 혈관은 과도하게 분비된 아드레날린을 아무 부작용 없이 날려 버린다.

그러나 토요일 오후에 지불해야 할 청구서를 정리하다가 통장에 돈이 별로 없다는 사실을 알았을 때는 상황이 다르다. 시시각각 다가오는 두려움에 정신이 아뜩해지고, 걱정에서 벗어나지 못하다 보니 부신이 혈관 속으로 밀어 넣는 아드레날린 양이 마침내 자연 배출 가능한 정도를 벗어나 몸에 해를 끼치게 된다. 그 화학물질은 어디론가 가야 한다. 과다한 아드레날린으로 인해 위산이 과다 분비되는 사람도 있고, 과도한 칼슘 침전물이 생기는 사람이 있는가 하면, 고통에 신음하는 관절염 환자도 생긴다.

내가 아는 한 크리스천 여성은 관절염에 시달리다 결국 휠체어 신세를 지게 되었다. 가능한 치료를 모두 받고 난 후, 마침내 그녀의 세 번째 관절염 전문의가 말했다. "죄송합니다, 부인. 하지만 부인의 몸에는 이상이 없습니다. 부인의 관절염은 감정적인 데 원인이 있습니다." 그의 분석을 듣자 그녀가 아주 건강하던 내 어린 시절이 떠올랐다.

나는 형제들과 어울려 그녀가 구워 주는 맛있는 쿠키를 얻어먹으러 그녀의 집에 자주 갔었다. 우리는 그녀를 "걱정 아줌마"라고 불렀다. 그녀는 모든 일을 염려했다. 남편의 직장 문제로 늘 초조해했는데, 남편은 같은 직장에서 30년 동안 일했고 한번도 월급을 받지 못한 적이 없었다. 그녀는 딸이 결혼을 못하면 어쩌나 우려하며 딸의 장래를 염려했다. 지금 그 딸은 행복한 가정을 꾸렸고 자녀가 여섯이다. 그녀는 나약하고 병치레가 잦은 아들을 걱정했으나 그는 자라서 십대 풋볼 팀에서 활약하는 193cm에 111kg의 풋볼선수가 되었다. 대부분의 두려움이 그렇듯, 그녀의 큰 두려움은 현실로 나타나지 않았다.

예수님이 산상수훈에서 "목숨을 위하여 무엇을 먹을까 무엇을 마실까 몸을 위하여 무엇을 입을까 염려하지 말라"마 6:25고 말씀하신 것도 당연하다. 바울은 "아무것도 염려하지 말라"빌 4:6고 한다. 두려움에서 생겨나는 불안과 염려는 신체에 말할 수 없는 고통과 제약을 주고, 때 이른 죽음까지 불러온다. 불신자들뿐 아니라 "너의 길을 여호와께 맡기라 저를 의지하면 저가 이루시고"시 37:5라는 훈계에 불순종하는 그리스도인들도 해당되는 얘기다.

어느 날 나는 몸져누운 한 여성을 방문했다. 그녀는 상당히 나이가 들어 보였다. 그러나 나는 그녀의 나이가 생각보다 열다섯에서 스물 정도 어린 것을 알고 깜짝 놀랐다. 그녀는 프로 염려꾼이었다. 나는 부드러우면서도 가능한 솔직하게 그녀가 주님을 신뢰하고 만사에 염려하지 않는 법을 배울 수 있음을 알려 주려 했다. 그녀의 반응은 너무나 전형적인 것이었다. 그녀는 눈에 불을 켜고 노기 서린 목소리로 물었다. "글쎄요, 누군가는 뭔가를 염려해야 하는 것 아닌가요?"

"당신을 사랑하시고, 당신 삶의 모든 부분에 관심을 갖고 계신 하늘 아버지가 계시다면 그렇지 않습니다." 내가 대답했다. 그러나 그 귀한 자매는 요점을 파악하지 못했다. 당신은 그렇지 않기를 바란다!

우리를 고아로 내버려두지 않으시는 하나님께 감사한다! 우리가 사는 사회는 인간이 생물학적 우연의 산물이자, 안내자 없는 오랜 과정, 진화의 산물이라는 개념을 받아들인다. 미국의 모든 세속 교육의 근간을 이루는 진화론은 과학적으로 급속히 평판을 잃어가고 있다. 진화론이 주창되고 100년 이상 지난 지금도 그 주장을 확증할 만한 과학적 증거가 없기 때문이다. 그러나 하나님을 배제한 생명 기원 이론들은 감당하기 어려운 상황에 처한 사람의 마음을 매만져줄 대체물을 내놓지 못했다. 진화론은 이론적으로 부정확한데다 두려움으로 인한 고통의 감옥에 인간을 가둬놓는다.

빌립보서 4:6-7을 외우고, 염려가 생기거나 불안해질 때마다 그 말씀을 가지고 기도하자. 우리의 문제들에 관심을 갖고 계신 하늘 아버지께 감사하고 모든 문제들을 하나님께 맡겨드리자. 우리의 작은 어깨는 세상의 무게는커녕 가족 문제를 짊어지기에도 너무 좁다. 그러나 주 예수님은 "우리가 구하는 것이나 생각하는 것보다 더욱 넘치게 주시는" 엡 3:20, 현대인의성경 분이다.

나는 주일학교에 다니던 딸의 말을 듣고 아이들에게 성경을 가르치는 일이 얼마나 중요한지 깨달았다. "오늘 주일학교에서 하나님이 제 문제를 어떻게 해결하기 원하시는지 배웠어요. '너희 염려를 다 주께 맡겨 버리라 이는 저가 너희를 권고하심이니라.' 베드로전서 5장 7절 말씀." 신자들이 하나님의 말씀에 따라 행동한다면 그들의 가정은 모든 물리적 고통과 그로 인한 경제적 어려움, 근심거리들을 상당수 피할 수 있을 것이다.

영적인 대가

두려움의 영적인 대가는 분노의 영적인 대가와 아주 흡사하다. 두려움은 성령을 소멸 또는 질식하게 만들고, 그로 인해 우리는 성령의 아홉 가지 열매로 자신의 약점을 이겨내지 못하게 된다. 성령께 순복하지 않음으로 이생에서 자신을 속이고 내세에서도 상급을 얻지 못하게 된다. 또, 두려움으로 인해 기쁘고 행복하고 밝은 그리스도인이 되지 못하고, 감사할 줄 모르고 불평에 가득 찬 패배주의자가 된다. 그러다 결국 믿음까지 잃어버리는 지경에 이를 수 있다.

뭔가를 두려워하는 사람에게 죄인이 다가와서 "어떻게 해야 구원을 받을 수 있나요?"라고 묻는 법은 없다. 바울과 실라가 두려움에 사로잡혔더라면 빌립보 감옥의 간수는 회심하지 못했을 것이고 위대한 구원의 말씀, 사도행전 16:31은 생겨나지 못했을 것이다.

두려움을 가질 때 그리스도인은 하나님을 기쁘게 해드릴 수 없다. 성경은 "믿음이 없이는 (하나님을) 기쁘시게 못하나니"히 11:6라고 말한다. 성경의 기록을 살펴볼 때, "믿음장"으로 불리는 히브리서 11장에는 네 가지 기본 기질유형이 모두 등장함을 알 수 있다. 하나님이 그들을 기쁘게 받으셨던 이유는 그들이 두려움이나 분노 같은 천성적인 약점에 지지 않고 믿음으로 하나님과 동행했기 때문이다. 하나님은 "사람을 차별하지 않으시므로"행 10:34, 현대인의성경, 성령의 인도를 따를 때 우리도 그들처럼 성령을 통해 약점을 이겨낼 수 있게 하실 것이다.

무엇이 두려움을 낳는가?

두려움은 모두가 겪는 감정이다. 독자들 중에는 자녀들이 두려움에 빠지지 않도록 도와야 할 부모들도 있을 것이므로, 이 질문에 대해 간단하지만 분명하게 대답하겠다. 두려움의 원인은 최소한 여덟 가지가 있다.

기질 특성

내향적인 우울질과 점액질이 우유부단하고 두려움에 빠지기 쉽다는 건 이미 살펴보았다. 큰소리치는 다혈질도 겉으로 보기만큼 자신감이 넘치진 않는다. 그들도 두려워할 수 있다. 또, 담즙질이라 해도 대부분 우울질이나 점액질 성향이 약간씩은 섞여 있다. 그러므로 정도의 차가 있을 뿐, 거의 모든 사람들이 기질상 두려움에 빠질 수 있다.

유아기의 패턴

심리학자들과 정신과 의사들은 사람의 기본적 욕구가 사랑과 이해와 용납이라는 데 동의한다. 부모가 자녀들에게 줄 수 있는 가장 큰 선물—예수 그리스도를 알고 구원에 이르도록 이끄는 것보다는 못하겠지만—은 부모의 따뜻한 사랑과 안정감이다. 그러나 아이에게 세상의 기준이나 원칙을 가르치지 말고 징계하지도 말라는 뜻은 아니다. 아이들의 입장에서는 가혹한 바깥 세상보다 사랑이 넘치는 가정에서 규칙과 기준들을 배우는 게 훨씬 낫다. 그러나 반드시 피해야 할 습관이 두 가지 있다.

자녀에 대한 과보호. 자녀를 과보호하는 부모는 자기만 알고 부모가 걱정하는 "재난"을 함께 두려워하는 아이를 길러낸다. 아이들은 부모의 감정을 금세 읽는다. 아이들의 몸은 추락이나 부상 등을 잘 이겨내지만, 그들의 정서는 부모의 긴장이나 속상함, 신경질적인 반응 등에 오히려 취약하다. 아들이 다칠까봐 걱정하는 엄마가 아들에게 겁을 주어 축구를 못하게 하면, 축구하다가 앞니가 빠지거나 다리가 부러지는 사고보다 아들의 정서발달에 더 큰 손상을 입히게 된다. 대개 다친 다리는 낫고 이빨은 새로 나지만, 감정에 새겨진 두려움의 상처가 없어지려면 하나님의 기적이 있어야 한다.

분노나 비난으로 아이를 윽박지름. 아이의 생활을 너무 틀어쥐거나 잘못할 때마다 닦아세우면 주저하고 불안해하고 겁 많은 아이가 된다. 부모는 올바른 마음가짐으로 아이들을 바로잡아줘야 한다. 자녀의 잘못을 지적할 때는 그들의 능력과 장점도 동시에 말해 주어야 한다. 적어도 부모가 변함없이 사랑한다는 사실을 분명히 알 수 있도록 해야 한다.

많은 사람들을 상담할수록 다른 사람을 무시하는 것만큼 잔인한 처사는 없다는 확신이 더욱 분명해진다. 우리를 사랑하는 사람일수록 우리의 인정을 받고 싶어한다. 키가 190cm에 가까운 남자가 부부관계 상담을 받으러 와서 뿌듯한 표정으로 이렇게 말했다. "목사님, 저는 아무리 화가 나도 아내에게 손끝 하나 댄 적이 없습니다!" 내가 잔뜩 위축된 소심한 아내를 쳐다보자 그녀의 눈에 눈물이 어렸다. 그녀는 남편을 보고 말했다. "당신에게 끊임없이 무시당하기보다는 차라리 얻어맞는 게 낫겠어요!"

여기서 2천 쌍 이상의 부부와 상담한 끝에 발견한 중요한 사실을 덧붙여야겠다. 대부분의 아내는 남편을 통해 자긍심을 얻는다. 아내는 남편의 인정을 받아야 자신을 있는 그대로 받아들일 수 있다. 유아기의 부녀관계에 별 문제가 없는 아내라면 남편의 사랑과 인정을 받는 결혼생활을 통해 자신의 모습에 만족할 것이다. 남편의 사랑과 인정을 받지 못하면 아내의 두려움은 커져 가고 자신감도 없어진다.

폭력 가정에서 자랐거나 아버지의 사랑을 받지 못한 아내라면 남편의 사랑과 인정이 있어도 자신감과 신뢰를 회복하는 데 10-12년이 넘게 걸린다. 성경에서 하나님은 아내에게 남편을 사랑하라고 간접적으로 한 번 명하셨다. 그러나 남편에게는 아내를 사랑하라고 네 번이나 말씀하셨다. 이 사실은 결코 우연의 일치가 아니다.딛 2:4 참조

남성 역시 남편 역할에 대한 자신감을 가지는 것은 아내의 "존경"에 달려있다. 대부분의 여성은 남편과 힘으로 겨룰 수 없다는 걸 알기 때문에, 남편과 경쟁하거나 자신을 방어하기 위한 무기로 반항과 경멸을 선택한다. 그러나 결국 그 방법은 부부관계에 치명적인 해를 입힐 뿐이다. 남편이 의심과 두려움에 사로잡혀 자신감을 잃고 그것을 보상하기 위해 이상한 행동들을 하기 때문이다.

성령 충만한 부모나 배우자는 사랑과 연민의 본성으로 다른 사람들을 세우고, 틈만 나면 상대를 인정해주고 싶은 마음이 들게 된다. 자녀를 나무라거나 배우자와 의견을 달리할 때도 사랑이 전해진다. 사랑 없는 노여움은 자녀의 마음에 끝없는 두려움을 새기고, 부부관계를 깨뜨린다.

충격적인 경험

두려움의 세 번째 원인은 유년기의 충격적인 경험이다. 아동 학대와 성희롱이 정상적인 성인으로 성장하는 데 악영향을 끼친다는 말을 많이 듣

는데, 이것은 주로 두려움 때문이다(분노와 두려움 때문일 때도 있다). 나는 비극적인 어린 시절의 두려움과 분노를 잊지 못해 결혼 후 첫 아이를 낳고서도 남편의 사랑에 반응하지 못하는 불감증을 가진 많은 여성들을 상담했다.

스물일곱의 간호사가 물었다. "왜 남편에게 반응할 수 없을까요? 남편이 키스하려고 하면 숨이 막힐 것 같아요." 그리곤 이렇게 덧붙였다. "남편은 제가 아는 누구보다 멋지고 친절하고 부드러운 사람인데 말이에요."

그건 말이 되지 않았다. 대부분의 아내는 사랑 많고 친절하며 부드러운 매너를 가진 남편의 자극에 쉽사리 반응하는 법이다. 그래서 나는 뻔한 질문을 했다. "어릴 때 나쁜 일을 당하셨나요?"

그녀는 초등학교 4학년 때 겁탈을 당했음을 털어놓았다. 그때의 고통이 어제일처럼 생생한 기억으로 남아있었다. 그러니 남편이 부부관계를 원하고 다가올 때마다 어릴 때의 고통이 떠올라 정상적인 감정을 느낄 수 없었다. 하나님이 허락하신 아름답고 자연스러운 부부간의 반응이 두려움 때문에 손상되었던 것이다. 다행히 그녀는 성령의 도우심을 힘입어 사랑과 믿음으로 두려움을 몰아냈고 지나간 일들을 잊을 수 있었으며 빌 3:13 참조, 정상적인 부부관계도 가능해졌다.

이 책의 초판에서 나는 어릴 때 익사할 뻔했던 아내의 사연을 소개했었다. 결혼할 당시만 해도 나는 아내가 수영을 못한다는 걸 알지 못했다. 고등학생 때 수영선수였던 나는 수영은 누구나 하는 것인 줄 알았다. 아내와 나는 수영이 금지된 기독교 대학에서 만났다. 그래서 7월에 결혼하고 9월이 되어서야 아내가 맥주병이라는 사실을 알았다. 다른 두 쌍의 부부와 함께 수영을 하러 갔는데 아내가 수영복을 갖춰 입고는 물에 들어가지 않으려는 것이었다. 아내의 두려움을 이해하지 못했던 나는 아내의 얼굴에다 물을 끼얹었는데 그녀는 그만 거의 실신하다시피 했다.

나중에 같은 사람들끼리 샌디에이고 만에서 수상스키를 탈 일이 있었는데 아내에게는 보트 운전만 시키고 물에 억지로 집어넣지 않았다.

이 책의 초판이 나올 때만 해도 아내는 여전히 수영을 못했다. 그런데 그 사실에 관심을 가진 독자가 몇몇 있었다. 어느 날 나는 남미의 정글훈련캠프의 선교사 리더로부터 한 통의 편지를 받았다.

친애하는 라헤이 박사님,

우리는 박사님의 책을 좋아합니다. 그래서 선교사 훈련생들을 위한 필독서로 지정했습니다. 대인관계에 도움을 주거든요. 그런데 문제가 하나 생겼습니다. 박사님의 사모님이 어릴 때의 충격으로 지금도 물을 두려워한다고 하셨는데, 이곳의 수영 못하는 여성들이 모두 사모님과 자신들을 동일시하며 이렇게 따집니다. "베블리 라헤이도 수영을 못하는데, 왜 우리는 억지로 배워야 하나요?" 물론 이유는 분명합니다. 정글의 강을 카누로 지나가다 뒤집히면 물에 빠져 죽고 말테니까요.

그의 편지는 이렇게 이어졌다. "박사님은 두려움은 죄라고 하셨습니다. 제가 알고 싶은 건 이겁니다. 사모님이 성령 충만하시다면, 왜 수영을 못 하시는 건가요?"

나는 그 편지를 저녁 식탁에 올려놓고는 이렇게 말했다. "여보, 지금 기분 괜찮아? 여기 당신이 읽어야 할 편지가 있어서 말이야."

나는 아내에게 휴지를 가져다 주었고 그녀는 그걸로 눈물을 닦았다. 그런 민감한 주제를 놓고 아내의 프라이버시를 침해할 마음은 없었기에 나는 더 이상 그 문제를 거론하지 않았다. 그러나 며칠 후 아내가 전화로 "온수 수영장"에 대해 문의하는 걸 언뜻 들었다.

아내는 교회에서 점액질 수영강사를 찾았고 개인교습을 받기로 했다. 그러던 어느 날 아침, 내가 교회에 간 사이에 아내는 차고로 가서 내가 수상스키를 탈 때 체온을 유지하기 위해 겨우내 입었던 고무 옷을 꺼내 입었다. 물에 빠지지 않기 위해서 말이다! 고무 옷을 입고는 물에 빠질 수가 없지 않은가! 그러나 그게 전부가 아니었다. 아내는 보트에서 구명대를 꺼내 고무 옷 위에 걸쳤다.

그리고 첫 번째 교습 시간에 성경책을 가져가 "내가 과연 너희를 버리지 아니하고 과연 너희를 떠나지 아니하리라" 히 13:5는 하나님의 약속을 읽었다. 그리고 하나님은 신실하셨다. 대여섯 번의 교습 후 아내는 수영을 배웠다. 영국해협 횡단까진 아니라도, 아내는 매년 여름이면 우리 아이들과 함께 수영을 하고 손자들에게도 수영을 가르친다.

수영을 할 줄 아는 사람은 뭐 그런 일로 호들갑이냐고 따질지도 모르겠다. 그러나 본인이나 가족 중에 누군가 익사 직전까지 가는 바람에 물을 무서워하게 되었다면, 그것이 무엇보다 극복하기 어려운 두려움이라는 걸 알 것이다. 아내의 성공 비결은 자신의 두려움과 정면으로 부딪쳐야 한다는 걸 인정한 데 있었다. 그녀는 하나님의 말씀을 액면 그대로 믿고 믿음의 발걸음을 내디뎠다. 그리고 성령께서 그녀에게 평생의 약점을 극복할 힘을 주셨다.

우리가 믿음의 발걸음을 내디딜 때, 하나님은 그녀를 위해 일하신 것처럼 우리 또한 돌보실 것이다.

부정적인 사고방식

부정적인 사고나 패배주의에 빠진 사람은 새로운 일을 두려워한다. 스스로에게 "난 못해, 난 못해, 난 못해."라고 말하는 순간, 실패를 거의 확신하게 된다. 영업사원 친구가 영업 세미나에서 배웠을 법한 원칙을 하나 가르쳐 주었다. "세상에는 두 가지 종류의 사람이 있다. '할 수 있다'고 생각하는 사람과 '할 수 없다'고 생각하는 사람인데, 둘 다 옳다."

마음먹기에 따라서 지극히 평범한 일도 아주 어려워질 수 있다. 실패를 거듭하거나 다들 하는 일에도 몸을 사리다 보면 자신감이 없어지고 두려움은 커진다. 그리스도인은 부정적인 사고에 사로잡힐 필요가 전혀 없다.

아내 베블리는 담즙질이 약간(15% 미만) 섞인 점액다혈질이다. 그녀는 절대 외향적이지 않고 분노가 문제가 된 적이 없다. 점액질 여성답게 우아하다. 나는 열여덟 살의 그녀를 처음 만나 그녀의 모습에 매혹되었다. 그녀의 성향은, 칠십만의 회원을 두고 계속 성장하고 있는 미국 최대의 여성단체 미국을 염려하는 여성들 Concerned Women for America을 설립하고 이끌도록 하나님이 그녀를 선택하신 이유인지도 모른다.

베블리가 여성 그리스도인들을 대표해 언론매체에 나갈 때는 언제나 우아한 모습으로 나온다. 그게 바로 그녀의 본모습이다. 수많은 크리스천이 텔레비전에서 그녀를 보았고, 그녀의 책이나 글을 읽었고, 전국으로 중계되는 라디오 방송에서 그녀의 목소리를 들었다. 그러니 결혼 후 12년 동안 그녀가 자기 그림자도 무서워하는 사람이었다고 말하면 아무도 안

민을 것이다. 그녀는 교회의 유년주일학교 부장이었지만 성인들을 대상으로 말하는 건 매우 무서워했다. 초등학생까지는 괜찮지만 그 이상은 안 된다고 스스로 한계를 뒀던 것이다. "어른들을 대상으로 강의하는 건 남편 몫이에요."

8장에서 얘기한 바와 같이, 이제 그녀는 성령으로 충만해진 터라 낙태반대집회에서 무려 4만 명의 청중에게 신나게 연설을 했다. 대통령의 요청으로 대법원 판사의 임명을 위한 상원 법사위원회에 참석하기도 했다. 안 그래도 부담스러운 자리지만, 조 바이든과 테디 케네디 같은 진보적 상원의원들이 의장과 부의장을 맡고 있기에 더욱 두려운 곳이었다.

그러나 아내의 변화는 내가 이 책에서 말해온 내용을 증명해 준다. 성령 충만은 약점을 강점으로 바꿔준다. 그러나 그런 변화가 하룻밤 새 나타나는 건 아니다. 아내는 한 번에 한 걸음씩 나아갔다. 100명의 여성 청중을 대상으로 한 만찬 강연을 마지못해 수락하는 데서 시작해, 애국집회를 위해 롱비치 시민회관에 모인 7천 명 앞에서 강연하기에 이르렀다.

빌립보서 4:13을 가슴에 새기고 성령의 능력을 덧입어 그 말씀을 삶에 적용할 때 모든 그리스도인은 새로운 도전에 적극적으로 대처할 수 있다.

분노

분노는 두려움을 낳을 수 있다. 내가 상담한 사람들 중에는 앙심과 분노에 빠져들다가 결국 그 감정을 주체할 수 없어 이렇게 털어놓는 이들도 있었다. "제가 제 자식에게 무슨 짓을 할지 모르겠습니다."

주일학교 교사 한 명이 어느 날 바로 그 문제로 내게 상담을 요청했다. 딸이 둘인 그녀는 얼마 전 아들을 낳았는데, 그 아이가 울자 목을 졸라 버리고 싶은 이상한 충동을 느꼈다고 했다. 그런 일이 두 번째 벌어지자 그녀는 기겁을 해서 곧바로 나를 찾아왔다. "목사님, 제가 미쳐가나 봐요."

우리는 아들의 우는 표정이 그녀에게 아버지를 떠오르게 했음을 알게 되었다. 이미 고인이 되었는데도 그녀는 아버지를 미워하고 있었다. 그녀 안에서 솟아오른 분노가 모성본능까지 눌러버려 자신의 아이에게 무슨 짓을 저지를지 우려할 지경까지 이르렀던 것이다. 그녀는 아들에 대한 거부감을 극복하기 위해 아버지를 용서해야 했다.

죄

"만일 우리 마음이 우리를 책망할 것이 없으면 하나님 앞에서 담대함을 얻는다"요일 3:21는 원칙을 어길 때, 두려움이 생긴다. 우리가 죄를 지을 때 양심은 하나님과의 관계를 상기시킨다. 정신과 의사들은 이런 현상을 보고 종교가 죄책감의 원인이며 그로 인해 두려움이 생긴다고 오해했다.

몇 년 전, 당시엔 신자가 아니던 우리 집 주치의가 내게 말했다. "제 아버지도 목사였지만, 목사님들이 전하는 복음은 사람들의 마음에 회복할 수 없는 상처를 줍니다."

내가 그 이유를 묻자 이렇게 대답했다. "저는 정신병원에서 인턴으로 있었는데, 수감자들 중 대다수가 종교적인 배경을 갖고 있었고 죄책감으로 인한 두려움이 입원하게 된 주요인이었습니다."

다음날 나는 목회자 모임에 참석했는데, 마침 로스앤젤레스에서 활동하는 크리스천 심리학자 클라이드 내러모어 박사가 목회 상담에 대해 강연을 했다. 질의 시간에 나는 전날의 대화 내용을 이야기하고 어떻게 생각하는지 물었다. 내러모어 박사는 주저없이 대답했다. "그것은 사실이 아닙니다. 사람들이 죄책감을 느끼는 이유는 죄를 지었기 때문입니다!"

죄의 결과는 죄의식이고, 죄책감은 에덴동산의 아담과 하와에게 그랬던 것처럼 오늘날에도 두려움을 불러일으킨다.

불신

그리스도인들도 불신으로 인해 두려움을 가질 수 있다. 나는 상담가로서 흔히 나타나는 두려움의 두 가지 성향을 알게 되었다.

첫째는 과거에 대한 두려움이다. 좀더 구체적으로 말하면 과거의 죄에 대한 두려움이다. 그리스도인이라고 해도 하나님께 자백한 죄에 대해 성경이 어떻게 가르치는지 다 아는 게 아니기 때문에, 많은 사람들이 하나님께서 모든 죄를 깨끗이 씻어 주셨다는 사실요일 1:9 참조을 믿지 않는다. 얼마 전 나는 너무나 오랫동안 두려움에 사로잡혀 결국 심각한 우울증에 빠진 한 여성을 상담했다. 상담을 통해 그녀가 11년 전에 저지른 죄에 아직도 시달리고 있다는 것을 알게 되었다. 그녀는 그리스도인이었지만 오랫동안 과거의 죄에 대한 두려움에 시달리다 정서적으로 완전히 무너지고 말았다.

내가 그 죄를 예수 그리스도의 이름으로 자백했느냐고 물었더니 그녀가 대답했다. "그럼요, 여러 번 했어요." 그래서 나는 그녀에게 죄 용서에 대한 성경구절을 모두 공부하라고 영적 처방을 내렸다. 2주 후 그녀는 전혀 다른 사람이 되어 있었다. 그녀는 난생 처음으로 하나님이 자신의 지난 죄를 더 이상 기억하지 않으신다는 사실을 참으로 깨달았고, 그 사실히 8:12, 10:17 참조을 받아들였다. 그러자 두려움을 극복할 수 있었다.

비슷한 문제로 나와 상담했던 남성은 "그 죄를 그리스도께 자백했습니까?"라는 내 질문에 다소 다르게 대답했다.

"천 번도 더 했습니다." 흥미로운 대답이었다. 나는 그건 너무 많고 한 번만으로도 충분하다고 말했다. 그는 한 번만 죄를 자백하고 그 끔찍한 죄를 용서하신 하나님께 999번 감사했어야 했다. 이 문제에 대한 치료법은 바로 하나님의 말씀이다. "믿음은 들음에서 나며 들음은 그리스도의 말씀으로 말미암기"롬 10:17 때문이다. 실용적으로 생각해도, 죄를 잊는 것보다는 자백하는 것이 더 쉽다. 죄에 대해 고민하는 사람에게 다음 요법을 추천한다.

용서에 대한 성경의 가르침을 철저히 공부하라. 노트와 성경용어색인을 준비하고 용서에 대한 성경 구절을 모두 적으라. 그러고 나서 각 구절들을 읽고 그 목록을 한 쪽 분량으로 요약하라. 하나님이 죄 용서에 대해 우리에게 말씀하시고자 하는 바를 알게 될 것이다. 성경에 기록된 하나님의 약속을 제대로 알면 그분의 말씀을 믿기가 더 쉬워진다.

용서해 주시는 하나님께 감사하라. 이것이 두 번째 요법이다. 이미 자백한 죄가 또다시 떠오를 때마다 그 죄를 용서해 주신 하나님께 진지하게 감사를 드리라. 그것은 믿음의 기도로 그분의 약속을 자기 것으로 삼는 믿음의 행위이다.

두려움에 사로잡힌 한 여성에게 이 절차를 권했더니 그녀는 처음 3일 동안 요한일서 1:9을 펴고 그 구절에다 손가락을 대고 이렇게 기도했다. "주님, 이 말씀을 근거로, 저의 죄를 용서하신 하나님께 감사드립니다." 마침내 죄책감과 두려움은 사라졌다. 포기하지 않고 주님께 매달리면 죄는 더 이상 당신을 괴롭히지 못할 것이다.

불신은 또한 두려움의 두 번째 성향, 곧 미래에 대한 두려움을 불러일으킨다. 우리를 부추겨 과거의 죄를 염려하게 만드는 데 실패하면 마귀는 작전을 바꿔 장래 하나님의 공급하심에 대해 걱정하도록 만든다. 미래에 대해 염려하다가는 오늘 하나님이 주신 풍성한 축복을 온전히 누릴 수 없다. 시편 기자는 말했다. "이 날은 여호와의 정하신 것이라 이 날에 우리가 즐거워하고 기뻐하리로다."시 118:24 삶을 누리는 이들은 미리 "내일을 살거나" 어제 일로 염려하지 않고 오늘을 충실하게 살아간다.

잠재적인 문제들과 어려움들을 생각하고 있으면 당연히 두려워질 것이다. 그러나 우리의 모든 필요를 채우실 하나님의 능력을 믿으면 상황은 달라진다. 내 아내가 어딘가에서 듣고 와 다시 내게 들려준 멋진 말이 있다. "사탄은 우리를 꼬드겨 오늘의 은혜만으로 내일의 문제까지 짊어지게 해서 우리 영혼을 짓눌러 버리려 한다."

내일을 염려하고 있으면 결코 오늘을 누릴 수 없다. 잘 생각해 보라. 우리는 내일을 하나님께 드릴 수 없다. 오직 우리에게 있는 것만을 그분께 드릴 수 있다. 우리가 가진 거라곤 오늘뿐이다. 같은 맥락으로 레이몬드 크레이머는 예수님의 심리학과 정신 건강에서 이렇게 말했다.

"염려가 하는 일이 뭔가? 염려는 내일의 슬픔을 덜어주지 못하고 오늘의 힘만 앗아간다. 염려한다고 악을 피할 수는 없다. 오히려 힘을 빼앗겨 악이 닥쳐왔을 때 그것을 감당하지 못하게 된다."

이제 우리는 두려움의 근본 원인을 마주할 준비가 되었다. 지금까지 소개한 일곱 가지 원인은 모두 부차적인 것들이다. 두려움의 근본적인 원인은 이기심이다.

거북이가 되지 말자

받아들이기 거북하지만, '이기심 때문에 두려움에 떤다'는 말은 사실이다. 우리는 왜 두려워할까? 자아에 관심이 있기 때문이다. 청중 앞에 서면 왜 당황스러울까? 창피를 당하고 싶지 않기 때문이다. 왜 직장을 잃을까봐 두려워할까? 가족이 나를 실패자로 여기거나, 가족과 나를 제대로 부양하지 못할까봐 두렵기 때문이다. 모든 두려움의 근원은 이기심의 죄로 통한다.

한 크리스천 여성이 크리스천 심리학자에게 가서 물었다. "저는 왜 이렇게 겁이 많을까요?"

심리학자는 몇 가지 질문을 했다.

"사람들이 모인 방에 들어갈 때 모두가 당신을 보는 것 같나요?"

"예."

"속옷이 보이는 것 같아서 신경 쓰일 때가 있나요?"

"예."

심리학자는 그녀가 피아노를 연주한다는 사실을 알고 이렇게 물었다.

"교회에서 당신보다 피아노를 잘 치는 사람이 있을까봐 피아노 반주자로 자원하기가 주저되나요?"

"어떻게 아셨어요?"

"사람들을 집에 초대하기가 쑥스러운가요?"

"네. 맞아요."

심리학자는 친절한 목소리로 그녀가 아주 이기적인 여성이라고 말해 주었다. "당신은 거북이 같습니다. 껍질 속에 쏙 들어가서는 필요할 때만

고개를 내밉니다. 누군가 너무 가까이 다가온다 싶으면 자신을 보호하기 위해 껍질 속으로 머리를 쏙 집어넣습니다. 그 껍질은 이기심입니다. 껍질을 벗어버리고 자신보다는 다른 사람에 대해 더 많이 생각해 보십시오."

그 여성은 울면서 집으로 돌아갔다. 한번도 자신이 이기적이라고 생각해 본 적이 없었는데, 끔직한 진실과 대면하자 견딜 수 없었던 것이다. 다행히 그녀는 하나님께 나아갔고 조금씩 그 죄를 치료받았다. 이제 그녀는 정말 "새로운 피조물"이 되었다. 거침없이 사람들을 집으로 초대한다. 묵은 "껍질"을 완전히 벗어 던진 그녀는 풍성한 삶을 누리고 있다.

굴 껍데기 속에서 살고 싶은가?

맥스웰 말츠 박사는 그의 책 정신-인공 두뇌학(Psycho-Cybernetics)에서 위의 크리스천 상담가와 비슷한 말을 했다.

마음의 상처를 미연에 방지하고 씻어내는 데 대한 결론이다. 창의적인 삶을 위해선 어느 정도 상처 입을 것을 각오해야 한다. 사람들의 감정의 피부는 지금보다 더 두껍고 거칠어져야 한다. 그러나 껍질이 필요한 건 아니다. 두터운 감정의 가죽이나 표피만 있으면 된다. 누군가를 믿고, 사랑하고, 다른 사람에게 마음을 여는 일은 모두 상처받을 위험을 무릅써야 하는 일이다. 한번 상처를 받으면 우리는 선택의 기로에 서게 된다. 다시 상처입지 않기 위해 두꺼운 보호 껍질이나 딱지를 만들고 그 속에 들어가 굴처럼 살 수 있다. 아니면 자신을 드러내고 "다른 뺨을 돌려대며" 계속 창의적으로 살아갈 수도 있다.

굴은 결코 "상처입지" 않는다. 모든 해악에서 지켜주는 두꺼운 껍데기가 있기 때문이다. 그러나 굴은 고립되어 있다. 안전하지만 창의적이지는 않다. 원하는 바를 "쫓아가지" 못하고 그것이 자기에게 굴러오기만 기다린다. 굴은 환경과의 교감이 주는 "상처들"을 알지 못하지만 기쁨 역시 모른다.

일단 환자가 두려움을 행동 패턴으로 변명하지 않고 죄로 인정했으면 회복의 도상에 훌쩍 들어선 셈이다. 물론 예수 그리스도를 알고, 성령으로 충만해지고, 성령께 순종하고자 하는 의지가 있어야 한다. 이기심과 두려움에 대한 더 자세한 치료법은 이어지는 장들에서 다시 살펴보기로 하자.

토의를 위한 질문

1. 이번 장 초두에 나열된, 두려움의 열여섯 가지 모습에 대해 토의해 보자. 두려움의 여러 가지 모습은 사람의 행동에서 어떻게 나타날까? 각 기질은 두려움의 어떤 형태에 가장 취약할까?

2. 두려움이 우리의 "주적主敵"이라는 데 동의하는가? 당신이 속한 공동체에서는 어떤 두려움이 가장 크게 나타나는가?

3. 두려움 때문에 대인관계와 정서와 몸이 치러야 하는 대가에 대해 토의해 보자. 두려움을 가진 사람들이 사람들을 사귀는 데 어려움을 겪는 이유는 뭘까?

4. 두려움의 영적 대가는 무엇인가?

5. 부모의 두려움은 자녀의 성향을 어떻게 악화시킬 수 있는가?

6. 부정적인 사고방식은 어떻게 두려움을 불러오는가?

7. 과거에 매어 있으면 현재를 살아가는 데 어떤 문제가 생길까? 과거의 죄에 대한 죄책감과 두려움을 이기는 데 도움이 될 만한 성경구절은 어떤 게 있을까?

8. 그리스도인이 미래에 대한 염려를 떨치는 데 어떤 성경구절들이 도움이 될까?

9. 거북이 껍질이나 굴 껍데기 비유에 대해 토의해 보자.

10. 자신의 기질유형과 성격에 비추어 자신이 어떤 두려움에 가장 취약한지 헤아려 보자. 괜찮다면 그 문제로 함께 토의해 보자. 당신은 두려움이 찾아올 때 어떤 식으로 성령을 소멸하는가? 또, 어떤 기회들을 외면하고 흘려 버리는가?

CHAPTER 11

우울증, 그 원인과 치료법

지난 20년 동안 나는 수백 군데 교회를 다니며 가정생활에 대한 말씀을 전했다. 나는 분노와 두려움, 우울증에 대해 각각 하룻밤씩 할애한다. 우울증에 대해 설교하기 전날 밤, 나는 언제나 청중에게 묻는다. "지금까지 우울증에 시달려본 적이 있으신 분 한번 손들어 보시겠어요?" 그러면 거의 모든 손들이 다 올라가 우울증이 인간의 공통된 경험임을 보여주었다.

레이몬드 크레이머 박사는 예수님의 심리학과 정신 건강에서 이렇게 말했다.

누구나 다 우울증을 겪는다고 할 순 없겠지만 대부분의 사람들이 경험하는 건 사실이다. 에덴동산에서 쫓겨난 아담의 우울증 이후로, 극심한 우울 상태는 인간의 역사에 드러나는 한 가지 특징이 되었다. 우울증은 사회에서 가장 유능하고 많은 일을 해내는 사람들도 걸리는 감정의 질병이다. 우울은 광범위한 전문직 종사자들에게서 나타난다. 아무리 고상하고 지적인 사람도 예외는 아니다!

우울증은 사람을 가리지 않고, 학식의 유무와 상관없이 사람들을 괴롭힌다. 나는 동시에 심리학 박사학위를 취득한 부부와 알고 지냈는데, 두 사람 다 극심한 우울증에 빠져 있었다. 짐작컨대 다른 사람에게 정신분석을 받아야 한다는 사실만으로도 우울증에 빠지기에 충분했을 것이다!

사전에서는 우울증을 "기분이 언짢아 명랑하지 아니한 심리 상태. 흔히 고민, 무능, 비관, 염세, 허무 따위의 관념에 사로잡힌다."라고 정의한다. 하나님은 그렇게 살기를 원하지 않으신다! 하나님의 한결같은 뜻은 우리가 평화롭고 만족스럽고 행복한 삶, 요한복음 10장에서 말하는 "풍성한" 삶을 누리는 것이다.

성령 충만한 그리스도인은 우울증에 걸리지 않는다. 다만 생리적 원인에 의한 우울증은 예외가 되겠는데, 그 경우에는 의사의 치료가 필요하다.

생리적 원인에 의한 경우를 제외한 우울증에는 언제나 (성령을 근심하게 하는) 분노, 혹은 (성령을 소멸하는) 두려움의 요소가 있다. 우울증의 구체적인 원인에 앞서 먼저 우울증의 값비싼 대가를 살펴보자.

우울증의 값비싼 대가

오랫동안 안 좋은 감정에 사로잡혀 있는 사람은 큰 피해를 입게 된다. 우울증은 주로 부정적인 사고방식 때문에 생기는데 이에 대해서는 이번 장

끝부분에서 살펴보겠다. 부정적인 사고방식을 고집하다가는 큰 희생을 치르게 된다. 우울증 때문에 치르게 되는 여섯 가지 대가들을 살펴보자.

침울함과 비관주의

우울증에 빠진 사람은 침울하고 비관적이다. 모든 것이 암울해 보이고 너무나 쉬운 일도 어려워진다. 우울한 사람들은 흔히 "아무것도 아닌 일로 호들갑을 떠는데" 그것은 대인관계에 도움이 되지 않는다. 친구들도 우울증에 빠진 사람과 어울리려 하지 않고, 그러다 보니 더욱 우울해진다. 쾌활한 사람 곁에 있고 싶은 것이 인지상정이다. 우울증에 빠진 사람은 침울하고 비관적인 생각 때문에 외로워지고, 그로 인해 우울증이 더욱 깊어진다.

무관심과 피로

우울증에 빠진 사람은 무관심과 피로라는 또 다른 대가를 치른다. 하루 종일 화를 내고, 뭔가를 염려하느라 뜬눈으로 밤을 지새우면 엄청난 기력이 소모된다. 그러다 보니 분노나 두려움에 사로잡힌 사람은 삶의 축복들을 누릴 여력이 별로 없다. 그러나 우울증은 사람의 자연스러운 의욕마저도 꺾어놓기 때문에 두려움과 분노보다 더 나쁘다고 할 수 있다. 작은 일도 태산처럼 느껴져, "이게 무슨 소용이람?" 하고 말하며 지레 포기한다. 침울함의 의자에 주저앉아 인생을 비관하며 꼼짝도 안 하기 십상이다.

사람에겐 맡은 일을 제대로 마칠 때 얻는 성취감이 필요하다. 우울한 사람일수록 그런 만족감이 무엇보다 절실하지만, 세상에 무관심하다 보니 아무 일도 하지 못한다. 무관심은 "목표"나 "사업", "비전"의 씨앗이 자라날 토양이 아니다. 성경은 이렇게 말한다. "묵시vision가 없으면 백성이 방자히 행하거니와."잠 29:18 그것은 영적 세계뿐 아니라 인간의 정신세계에서도 통하는 사실이다. 추구할 비전이나 목표가 없는 사람은 활기를 잃고 무관심이라는 정신적 진공상태에서 살게 된다.

많은 젊은이들이 되는 대로 행동하는 이유도 상당 부분 그들에게 비전이 없기 때문이다. 오늘날 사회는 젊은이들에게 너무도 혼란스러운 신호를 보내고 있다. 음악가들은 부모에 대한 존경과 순종을 배워가야 할 젊은이들에게 반항심과 고집을 잔뜩 불어넣는다. 일부 학교와 법률가 집단도 가세하여 젊은이들의 "권리"만을 강조한다. 그러다 보니 인생의 중요한 결정들과 마주하게 되는, 정서적으로 폭발하기 쉬운 나이의(열넷에서 스물다섯) 젊은이들이 책임은 외면한 채 "권리"만 요구한다. 텔레비전과 게임에 빠져 당장의 고된 일을 회피하고 교육의 기회를 제 발로 걷어차기도 한다. 그러다 성인이 되어 정작 일하고 싶어질 때가 오면 취직에 필요한 기본적인 조건도 갖추지 않은 자신의 모습을 발견하게 된다. 미래를 생각할 때, 끝이 안 보이는 캄캄하고 기다란 터널만 보일 뿐이다. 십대 청소년의 우울증이 비극적으로 늘어난 것은 그들에게 희망이 없기 때문이다.

15년 전, 나는 우울증을 이기는 법 How to Win over Depression이라는 책에서 내가 파악한 당시 사람들의 정서적 현상을 서술했다. 우울증이 대학가를 휩쓸고 있었고 언론에서는 18세에서 23세 사이의 청소년 자살 급증을 보도하고 있었다. 그래도 당시에는 중학생들의 자살은 거의 없었다. 그러나 오늘날 미국에선 매년 오천 명에 달하는 중학생들이 자살을 하는데, 보통 그 또래에서 세 번에서 다섯 번 자살 기도를 할 때 한 번 성공한다고 한다.

우리 사회는 젊은이들을 가치관과 규율로부터 차단하고 문란한 성, 마약, 알코올, 폭력에는 무차별 노출시켜 고도기술사회에 제대로 대처할 수 없게 만들었다. 대부분의 우울증이 그 결과이다. 많은 젊은이들이 복잡한 미래를 향해 절망적인 눈길을 보내고 의욕을 잃는다. 오늘날 젊은 세대는 그 어느 세대보다 더 큰 동기 부여가 필요하지만 현실은 그렇지 못하다.

앞으로 우울증을 앓는 성인들이 점점 더 늘어날 것이다. 그러나 하나님은 우리 주 예수 그리스도 안에서 우울증을 이기게 하신다. 우울증에 빠지는 사람이 많을수록 치료책을 찾는 가운데 외부의 도움을 구하는 영혼도 늘어날 것이다. 성령 충만한 신자들은 이 사실에 가슴이 뛰어야 한다. 우리 주위에는 무관심하고, 우울하고, 마음이 공허하고, 비전도 없는 영혼들이 널려 있다. 그들에게는 예수님이 절실히 필요하다. 지금은 성령 충만한 삶을 통해 예수 그리스도께서 베푸시는 은혜를 생생히 보여줄 수 있는, 너무도 가슴 벅찬 시대이다. 모든 사람들에겐 본보기가 필요하다. 하나님은 성령 충만한 그리스도인들이 그 역할을 맡기 원하신다.

심기증

우울증으로 인한 또 다른 문제는 심기증心氣症이다. 우울증에 빠진 사람들은 통증, 복통, 그리고 원인을 알 수 없는 온갖 고통을 겪기도 한다. 아픈 척해서 하기 싫은 일을 피하는 법을 배운 것이다. 어떤 사람들은 그 꾀병 "기술"을 이용해 불쾌한 일을 회피한다. 그러나 본인은 그걸 꾀병이라고 생각하지 않는다. 정말 아프기 때문이다. 하지만 대개 불필요한 통증이다.

우울증에 빠진 사람은 불쾌한 일이나 경험을 생각할 때마다 통증과 고통에 사로잡힐 수 있다. 우울증으로 인한 이러한 심기증 때문에 사람들은 말할 수 없는 고통과 수백만 달러의 돈을 대가로 치르고 있다.

건강한 마음가짐은 아무리 강조해도 지나침이 없다. "가사를 싫어하는" 가정주부와 상담한 적이 있다. 그녀는 집과 아이들과 남편을 사랑했지만, 본인의 입을 빌면 "설거지는 딱 질색인데 남편이 식기세척기를 안 사 줘서 너무 짜증이 난다"는 거다. 그녀는 싱크대 앞에 설 때마다 순교자로 자처했다. 문제가 뭐였을까? 설거지를 대하는 잘못된 마음가짐 때문이었다. 그런 마음가짐 때문에 설거지는 불쾌하고 지루하고 힘든 일 정도가 아니라 아예 "태산"처럼 보였고, 그 일에 짜증을 부리느라 다른 많은 축복들을 놓쳐 버리는 것이다. 그녀는 성실한 남편, 건강한 자녀들, 그리고 예쁜 집을 망각한 채, 이기심에 사로잡혀 하기 싫은 설거지만 노려보았다. 이것이 우울증의 전형적인 모습이다.

사실 어려워 보이는 일에 부딪칠 때 생기는 스트레스는 사람에게 좋은 영향을 끼친다. 물론 바른 마음가짐으로 그 일을 대해야 한다는 전제조건이 붙는다. 맥밀런 박사는 만병의 근원, 우울증에서 이렇게 말했다.

나는 몸이 별로 안 좋을 때 왕진을 가야 했던 적이 여러 번 있었다. 왕진에 따르는 스트레스로 내 경미한 통증과 고통이 낫는 경험을 자주 했다. 그러나 불평 불만을 터뜨리며 왕진을 갔다면 내 잘못된 반응 때문에 오히려 한 주 정도 드러누워야 했을 것이다.

스트레스에 대한 반응에 따라 몸이 나을 수도 있고 오히려 병이 들 수도 있다니 놀랍지 않은가? 오래오래 행복하게 살기 위한 중요한 열쇠가 여기 있다. 스트레스가 우리에게 유익을 줄지 해를 끼칠지 결정하는 열쇠는 우리가 쥐고 있다. 우리의 태도에 따라 스트레스는 우리를 "낫게 만들기도 하고 망쳐놓기도 한다."

무기력

우울증이 무관심을 낳게 되면 당연히 무기력해진다. 그 때문에 얼마나 많은 사람들이 뛰어난 잠재력을 묻어 버렸을까? 무관심으로 인한 손실은 이생뿐 아니라 내세에도 이어진다.고전 3:10-15 참조 예수님은 마태복음 25:14-30에서 달란트 비유로 이 사실을 지적하셨다. 예수님은 그분의 재림을 종들을 결산하는 때로 묘사하셨다. 한 종이 주인으로부터 "악하고 게으른 종"이라는 심한 꾸지람을 들었다. 사람을 죽인 것도 아니고 간음한 것도 아니었다. 그저 주어진 달란트로 아무것도 하지 않았을 뿐이다. 주님께 받은 재능으로 아무것도 하지 않는 그리스도인들은 이생과 내세의 상급을 놓칠 것이다.

우울증이 우울증을 낳듯 무관심은 무관심을 유발한다. 신자는 예수님을 위한 삶을 살지 못할 때 우울해지고 무관심해진다. 하나님의 말씀을 받기만 하고 다른 사람에게 전하지 않을 때도 우울증과 무관심에 빠지는 경향이 있다. 오랫동안 우울증에 시달리던 그리스도인이 이런 말을 했다. "지난 금요일은 정말 기분이 좋았습니다! 직장동료에게 복음을 전할 기회가 있었거든요." 다른 사람들에게 복음을 전하는 일은 우울증 치료에 큰 효과가 있다.

짜증

우울증에 빠진 사람은 쉽게 짜증을 낸다. 자신은 시름에 잠겨 침울한데 다른 사람들은 기분 좋고 기운이 넘치니 짜증스러운 것이다. 보통 때는 신경도 쓰지 않을 사소한 일들로도 짜증을 부리곤 한다.

현실 도피

나는 극심한 우울증이 현실 도피로 이어진 환자들과 상담을 해보았다. 현실 도피란 불쾌한 현실에서 도피하려 들고, 즐거운 어린 시절(어쩌면 상상의 산물에 지나지 않는)에 대해 공상에 잠기거나, 미래를 생각하며 공중누각을 쌓는 현상을 말한다. 현재를 생각하면 우울해지니 그러는 것이 당연하다. 그러나 공상은 뭔가를 제대로 생각하는 데 방해가 되고 정신 건강에도 도움이 안 된다. 결국 말 수도 적어지고 외톨이가 되어 다른 사람들과 어울릴 수 없게 된다.

우울증의 원인들

우울증은 인류의 보편적인 경험이므로 그 근본 원인들을 살펴볼 가치가 있다. 흔히 거론되는 우울증의 원인들을 먼저 살펴본 후, 가장 주요한 원인을 알아보자.

기질 성향

모든 기질이 우울증에 빠질 수 있지만, 그 중에서도 우울질이 가장 취약하다. 우울질은 다른 기질보다 더 오랫동안 극심한 우울증에 시달릴 수 있다. 다혈질은 우울해지더라도 그 상태가 그리 오래가지 않는다. 눈앞의 상황에 민감하다 보니 머리 위로 새만 날아가도, 조금 다른 활동만 해도, 유쾌한 친구를 만나기만 해도 우울증에서 벗어나 유쾌해진다.

담즙질은 좀처럼 우울증에 빠지지 않는다. 영원한 낙관론자 담즙질이 우울증을 경멸하는 이유는 우울증의 결과가 쓸모없는 무관심이기 때문이다. 담즙질은 자기 자신에게 지나치게 몰두하지 않는다. 그의 머리 속에는 생산적인 결과를 이끌어내는 장기 목표와 계획들이 가득 담겨 있다.

점액질은 네 가지 기질유형 중 우울증 성향이 두 번째로 강하지만, 그래도 유쾌한 천성과 유머감각을 타고난 덕분에 우울질만큼 심각하거나 오랫동안 우울증에 시달리지는 않는다.

그러나 우리는 여러 기질의 조합체이다. 점액우울질도, 담즙우울질도 우울증을 겪는다. 다시 말하지만 우울증에서 자유로운 사람은 거의 없다. 우울질이 다른 기질보다 우울증에 약한 이유는 다음 세 가지이다.

1. 우울질의 가장 큰 약점은 자기 중심성이다. 그는 자기 성찰에 많은 시간을 보낸다. 의사였다가 목회의 길로 들어서 탁월한 성경교사이자 저자가 된 고(故) 마틴 로이드존스 박사는 영적 침체와 치유 Spiritual Depression: Its Causes and Cure 에서 이렇게 말했다.

이 사람들의 근본적인 문제는 '자기 성찰' 과 '내성內省' 을 구분하지 않는다는 데 있다. 모든 사람은 마땅히 자신을 성찰해야 하지만 내성과 자기 집착은 해롭다. 그렇다면 자기 성찰과 내성적이 되는 것의 차이가 뭘까? 자기 성찰 외에 아무것도 하지 않을 때, 그것이 인생의 주된 목표가 될 때, 자기 성찰의 경계를 넘어 내성으로 발을 딛게 된다.

한마디로 말해, 자기 성찰로 알게 된 내용에 대해 뭔가 실제적인 조치를 취한다면, 그런 식의 자기 성찰은 추천할 만하다. 그러나 자기 성찰을 위한 자기 성찰은 내성이요, 우울증을 유발할 뿐이다.

2. 우울질은 완벽주의자다. 그는 다른 사람뿐 아니라 자신도 쉽사리 비판한다. 또, 자신이 한 일로 엄청난 스트레스를 받는다. 다른 사람이 한 일보다 훨씬 낫다 해도 소용없다. 완벽하지 못하다, 기준에 미치지 못했다는 판단이 들면 스스로 실패했다고 여기고 우울해한다.

심리학자들은 우울질이 맡은 일에 지나칠 만큼 철저하다고 말한다. 레이몬드 크레이머 박사는 그 점을 이렇게 표현했다.

우울증 환자는 너무 심각하게 산다. 관심의 폭이 좁고, 맡은 일을 끝까지 꼼꼼하게 챙기며 작고 사소한 세부사항에 목숨을 건다. 이러한 특성들은 모두 더할 나위없는 성공과 탁월한 성과를 이룰 자극이 된다. 우울증에 빠진 사람은 엄청나게 많은 유용한 일을 해내고 막대한 책임을 짊어질 수 있다. 자신을 가차 없이 몰아침으로 그 일들을 이뤄낸다. 그는 결과를 얻기 위해 다른 사람들을 심하게 몰아대고, 자신의 업적을 뽐낸다. 자신의 일이 누구도 흉내낼 수 없는 것이고, 아무도 자기 자리를 대신할 수 없고, 그의 역할이 필수불가결하다는 데 긍지를 느낀다. 권력과 영향력에 집착하면서 다른 사람들의 감정은 배려할 줄 모르는 그와 잘 지내기란 거의 불가능하다.

우울질은 스스로 생각하기에도 완벽하게 일처리를 했을 때도 까다롭고 밉살스럽게 굴어 제대로 인정받지 못하고, 그 때문에 우울증에 빠진다.

3. 완벽주의자 우울질은 자신과 다른 사람들을 향해 비현실적인 기대를 한다. 우울질은 상황에 따라 생활방식을 바꿔 적응할 줄 모르는 듯하다.

예를 들어보자. 주일학교 교사, 청년모임 리더, 전도활동 등 교회 활동에 적극적인 사람이 상대적으로 집안일은 소홀히 할 수 있다. 어린아이 셋을 키우는 젊은 엄마는 아기가 없는 젊은 부부나 미혼자에 비해 교회 봉사를 적게 할 수밖에 없다. 가사의 부담을 교회를 빼먹는 구실로 삼아선 안 되겠지만, 우울질 부인은 교회 활동이 줄어든다고 해서 자신이 실패한 신자라고 생각해서는 안 된다. 사실, 어머니의 역할을 제대로 감당하기 전까지는 신앙생활을 제대로 하고 있다고 말할 수 없다.

이미 과중한 일을 맡고 있는 사람이 다른 일을 더 맡으려면 가족을 소홀히 하거나 기존의 일을 줄이는(그렇게 되면 완벽주의자는 죄책감에 시달린다) 수밖에 없다. 자신의 한계를 분명히 알고, 현재 맡은 일을 마무리하기 전까지 다른 일을 맡지 않는 사람은 늘 행복하다. 많은 일을 엉망으로 하느니 몇 가지라도 제대로 하는 것이 훨씬 낫다. 완벽주의 성향을 가진 성실한 사람의 경우엔 더욱 그렇다. 그는 최선을 다하지 않으면 만족하지 못한다. 그리고 자신의 일에 대한 불만이 우울증으로 이어지곤 한다.

위선

보통 사람들은 교회에 다니게 되면 이내 그리스도인다운 삶의 기준을 배우게 된다. 내면에서 일하시는 성령의 다스림 없이 제 힘으로 자신의 약점을 공략해서 그 기준에 맞추려 하면 우울증에 빠지게 된다. 지금 누군가에 대한 적개심과 앙심과 증오로 시달리고 있다고 해보자. 우리는 그런 감정들이 그리스도인에게 합당치 않다는 걸 배운다. 이 문제를 하나님과의 인격적인 관계 차원에서 다루지 않으면, 자제력으로 해결하려 들게 된다.

인간의 의지력으로 분노를 해결하려고 하면 성공할 수도 없거니와, 몸

어딘가에서 고혈압, 심장병, 궤양, 대장염, 그 외 무수한 질병의 형태로 문제가 쌓이고, 뒤늦게 감정이 폭발할 수도 있다. 특정 상황에서 분통을 터뜨린 후 좌절감을 느끼고 우울증에 빠지기도 한다.

신체적인 문제들

신체적인 문제들도 우울증을 야기할 수 있다. 몸이 약할 때는 아주 사소한 어려움도 크게 느껴진다. 그러나 그런 때라도 고린도후서 12장 9-10에서 바울이 제시한 원칙-"내가 약할 그때에 곧 강함이니라"을 명심하면 우울증을 피할 수 있다. 바울은 심한 질병을 앓거나 어려운 일을 당하는 그리스도인에게도 하나님의 은혜가 넉넉함을 알았다.

미네랄이나 비타민 결핍으로도 우울증에 빠질 수 있다. 비타민 B는 신경비타민으로 이것이 몸에서 완전히 없어지면 신경이 곤두서고 욕구 불만과 우울증의 원인이 되기도 한다. 일부 여성들은 생활의 변화를 겪을 때 호르몬 결핍에 시달리는데, 그러한 결핍이 종종 우울증으로 이어진다. 갑상선 기능저하증이나 호르몬 부조화, 그리고 노화에 따라 신체의 주요 장기가 닳고 상한 까닭에 우울증이 생기기도 한다.

분명한 이유(가족의 사망, 실직, 큰일을 마친 후의 허탈감 등) 없이 우울증이 일주일 이상 이어지는 경우, 이전에 극심한 우울증을 겪어본 적이 없는 사람이라면 더더욱 의사의 진단을 받아봐야 한다. 신체 기능의 부조화나 특정 성분의 결핍이 원인일 수도 있다. 그럴 때는 약이 도움이 된다.

마귀

대부분의 성경 교사들은 마귀가 신자 안에 거하거나 신자를 사로잡을 수는 없지만 그들을 억압할 수 있음을 상기시킨다. 마귀에 의해 우울증에 빠진 듯 보이는 그리스도인들이 있는 것은 사실이다. 그러나 개인적으로 나는 우울증의 원인으로 마귀를 꼽는 데 많은 점수를 주고 싶지 않다. 요한일서 4:4 말씀 때문이다. "너희 안에 계신 이가 세상에 있는 이보다 크심이라." 그러므로 그리스도인이 마귀 때문에 우울증에 빠졌다면 그건 그 사람이 예수님 안에 거하지 않았거나 성령으로 충만하지 않았기 때문이다. 성령 충만한 그리스도인의 삶에는 마귀가 주는 우울증이 들어설 여지가 없다. 그러나 모든 그리스도인이 다 성령 충만한 것은 아니다. 마귀에 의해 우울증에 빠지지 않으려면 8장에서 제시한 단계를 따라 성령으로 충만해지고 성령을 좇아 행해야 한다.

반항과 불신

시편 78편은 이스라엘 백성의 반항과 불신이 하나님을 심각하게 제한했던 역사를 보여준다. 그로 인해 그들은 하나님의 능력을 맛보지 못하고 주변 환경에 짓눌리고 말았다. 이 경우 '불신'과 '반항'은 같은 의미로 써도 무방하다. 불신은 반항으로, 반항은 불신으로 이어지기 때문이다. 사람들이 하나님을 제대로 안다면 그분을 절대적으로 믿게 될 것이다. 그러나 그들의 믿음이 너무 약하기 때문에 하나님의 시험과 인도하심에 걸핏하면 반항하고, 그러한 반항과 불신의 결과로 우울증에 빠진다.

몇 년 전, 매우 유능한 기독교 사역자가 내게 상담을 받으러 왔다. 그녀는 우울증으로 인한 무기력증세에 시달리고 있었다. 상담을 해 보니 그녀는 많은 사람들에게 앙심과 적대감을 품고 있었고 하나님께 반항하고 있었다. 그녀는 친구의 말만 듣고 자신의 지병이 "치유될" 거라 확신했던 듯

했다. 그리고 한 집회에서 간질이 "치유되었다"는 선언을 받았다. 그녀는 몇 년 동안 먹어왔던 약을 즉시 끊었고 모든 사람에게 "하나님의 기적"을 선포했다.

약을 끊고도 한동안 간질 증상은 나타나지 않았다. 그러던 어느 날 그녀는 운전 도중 갑자기 의식을 잃어 전주를 들이받고 말았다. 담당 의사를 찾아가 약을 다시 복용하자 간질 증상이 그쳤다. 그리고 그녀는 간질 환자의 투약을 의무화한 교통법규를 위반했기 때문에 운전면허가 취소되었다. 하지만 반항의 문제를 치료할 약은 발명되지 않았다(유일한 약은 반항을 몹쓸 죄로 인정하고 하나님께 그것을 없애주시도록 구하는 것뿐이다). 상담 도중, 그녀는 자신의 요청대로 병을 고쳐주지 않으시는 하나님께 화가 났음을 인정했다. 그러나 그녀는 하나님의 뜻대로 기도한 것이 아니었다. 자기 뜻대로 기도하고, 자기가 말한 그대로 응답해 주셔야 한다고 하나님께 요구했다. 하나님이 그 기도에 응답하시지 않았기 때문에 그분을 향해 불신과 반항의 마음을 품었고, 좌절감에 못 이겨 점점 더 우울해졌으며 만사에 흥미를 잃었다.

나는 죄를 회개하고 지병을 안고서도 살아갈 수 있도록 하나님의 은혜를 구하라고후 12:9고 조언했지만 그녀는 고집을 꺾지 않았다. 지금 그녀는 우울증이 너무 심해져 현실감각을 완전히 상실한 탓에 정신병원에 수용되어 있다. 아주 드문 경우이긴 하지만 이 일은 반항이 우울증을 낳을 수 있다는 분명한 예가 된다.

허탈감

큰일이 끝날 때마다 허탈감이 찾아드는 것은 당연하다. 원기왕성하고 창의적인 사람은 장기 목표를 향해 달려가는 동안 행복과 만족감을 맛본다. 그러나 목표를 달성하고 나면 우울증에 시달린다. 지금까지의 일을 대치할 만한 다음 일을 찾지 못하기 때문이다. 많은 목회자들이 교회 건축을 마친 후 반년 이내에 교회를 떠나는 이유도 여기에 있다. 내 목회 경력을 돌아봐도, "좀이 쑤시면서" 교회를 옮길 때가 되었다는 생각이 들 때는 언제나 오랜 교회 건축이 끝난 직후였다. 사실 제대로 된 목회는 그때부터 시작이다. 그러나 그때는 그런 마음이 장기 프로젝트가 끝날 때 오는 자연스러운 반응임을 알지 못했다. 새로운 프로젝트와 더 높은 목표가 세워지면 우울증은 사라진다.

위대한 선지자 엘리야는 하늘에서 불을 내리게 하고 450명의 바알 선지자를 죽인 후 비슷한 경험을 했다. 그는 "로뎀나무 아래 앉아서 죽기를 구하여 가로되 여호와여 넉넉하오니 지금 내 생명을 취하소서 나는 내 열조보다 낫지 못하니이다"왕상 19:4라고 기도했다. 하나님께 특별히 신실했던, 유능한 선지자 엘리야는 다른 대부분의 선지자들처럼 우울질 성향이 강했다. 그러나 하나님은 신실하게 엘리야를 돌보셨고, 그는 주인이신 하나님을 섬기는 일에 분명하게 초점을 맞추었기 때문에 다시금 하나님을 의지하고 그분을 섬길 수 있었다.

자기 연민, 우울증의 근본 원인

앞서 소개한 원인들로 우울증에 빠진 사람들은 전능하신 하나님께 나아가 그분의 놀라운 치료를 구하기보다는 우울증을 합리화하는 핑계거리로 삼는다. 우울증의 일반적인 원인들이 중요하긴 하지만, 감정적 우울증의 주된 원인은 따로 있다.

　일정 기간 지속되다 보면 어느새 사람을 우울증에 허덕이게 만드는 아주 미묘한 죄, 그것은 자기 연민이다. 우울증 환자 수백 명에게 물어봤지만 아직 예외를 찾아보지 못했다. 많은 사람들이 자기 연민이 우울증의 원인이라는 사실을 부인하지만 꼬치꼬치 캐물어 보면 마침내 우울증에 빠지기 전에 했던 생각이 자기 연민이었음을 인정한다. 그들은 내가 그 사실을 지적할 때까지 깨닫지 못했고 스스로 자초한 "연민의 잔치"에 빠져 있었다.

　맥밀런 박사는 많은 신체 질병들이 시기, 질투, 이기심, 야심, 좌절, 분노, 적개심과 증오의 결과라고 지적한 후 이렇게 말한다. "질병을 낳는 이런 감정들은 자아를 부추기고 보호하는데, 모두 이기심이라는 한마디로 요약될 수 있다." 그의 말을 좀더 들어보자. "툭 하면 지나간 슬픔과 모욕에 몰두하는 것은 잘못된 적응방식이다. 그로 인해 불안부터 정신 이상에 이르기까지 온갖 질환이 나타날 수 있다. 잘못된 반응의 대표적인 형태가 바로 자기 연민이다."

　자기 연민의 죄는 아주 미묘해서 실제로 그런 게 있는지 파악조차 못하는 경우가 많다. 몇 년 전 한 교회에서 집회를 열었을 때였다. 칠십대의 아주 품위 있는 여성이 내게 다가와 자신의 "우울증"에 대해 상의했다. 그분은 오랫동안 성인 성경공부모임에서 가르친 경험과 지성을 겸비한, 성숙한 크리스천 여성인 듯했다. 목회자들로부터 "최고의 평신도 성경 교사"라는 평을 받았고, 하나님의 말씀을 아주 잘 알고 있는 것이 분명했다.

　처음에 나는 그녀의 자기 연민을 어떻게 알려줘야 할지 난감해서 그녀의 말을 들으며 속으로 하나님께 지혜를 구했다. 얼마 후 나는 교회생활이 즐거우냐고 물었고, 그녀의 반응으로 내가 "정곡을 찔렀음"을 알 수 있었다. 그녀가 말했다. "교인들은 제가 여기 있건 없건 개의치 않아요! 살갑게 대하는 사람도 없구요. 교인들 대부분이 젊은 부부라 나 같은 과부에겐 신경도 안 쓰지요. 내가 교회에 안 나가도 아쉬워할 사람은 없어요. 주일마다 교회에 와도 아무도 말을 걸지 않을 때가 많아요."

나왔다! 자기 연민에서 생겨난 우울증. 반신반의하던 그녀는 내가 자신의 입에서 나온 말들을 적어 보이자 비로소 자신이 그동안 자기 연민의 죄에 빠져 있었음을 인정했다. 그것이 바로 우울증의 원인이었다. 자기 연민이 자연스러운 현상임을 인정한 사람은 아마도 내가 처음일 것이다. 그러나 성경은 우리가 자연적인 본성에 휘둘릴 필요가 없다고 가르친다. 우리는 "성령을 좇아 행하기" 때문이다. 갈 5:16

어느 날 나는 친구 목사의 집을 찾아갔다. 커피를 마시는 도중에 전화벨이 울렸고 친구 목사는 전화를 받으러 갔다. 남편이 시야에서 사라지자마자 그의 아내가 말했다. "목사님께 여쭤볼 게 있어요. 왜 저는 젊을 때보다 지금 우울증에 더 많이 시달릴까요? 그 이유가 뭘까요? 하나님의 축복으로 교회 일은 잘되고 있고, 생활도 넉넉해요. 그런데도 큰 문제들이 훨씬 많던 옛날보다 지금이 더 우울해요."

나는 좋은 친구를 잃고 싶지 않아서 마지못해 물었다. "그 이유를 정말 알고 싶으세요?"

"예." 그녀가 대답했다.

"썩 고상한 이유는 아닙니다. 추하다고 봐야겠죠."

그녀는 굽히지 않았다. "그게 뭐든 상관없어요. 우울증의 원인을 알고 싶어요."

나는 최대한 부드럽게 그녀가 자기 연민의 죄에 빠져 있다고 알려주었다. 그때 그녀의 얼굴에 나타난 당혹감은 결코 잊혀지지 않을 것 같다. 내가 그녀의 뺨을 때렸더라도 그렇게 반응하진 않았을 것이다. 다행히 나는 그전의 대화에서 자기 연민에 해당하는 예를 제시할 수 있었다.

좀 전에 그녀는 내게 교회 교육위원회 회장이 마음에 들지 않는다고 말한 바 있었다. 그녀는 교회의 청년 사역에 큰 유익을 줄 사업을 추진했었다. 그 사업이 장래 선교사 지원자와 관계된 것이라 선교위원회에 상정했다. 선교위원회에서는 예산이 드는 사업인지라 재정위원회로 그 제안을 넘겼다. 재정위원회에서는 교회의 영성과 관련된 문제라는 이유로 그 제안을 집사회로 넘겼다. 그 다음 그 제안은 각 지회에서 선출된 자문위원들의 토의를 거쳤고 마침내 전교인의 만장일치로 공회에서 통과되었다. 모두가 기뻐했다. 모두가 오랫동안 기도했고 하나님이 그 프로그램을 써 주시길 기대했다.

그런데 바로 그때 문제가 터졌다! 교회 교육위원장이 그녀를 찾아와 따지고 들었던 것이다. "사모님과 목사님이 언제나 교육위원회를 무시하시는 이유를 알고 싶군요! 교육위원회가 필요 없다고 보시는 건가요? 그럼 전 그만두겠습니다." 그녀는 그때 무심코 교육위원회를 건너뛰었음을 알았다고 했다. 그래서 나는 당시 그녀의 생각을 추측해 보았다. "사모님은 이런 생각을 하셨을 겁니다. '이 사람이 뭔데 교인들이 만장일치로 지지한 사업을 가지고 날 비판하는 거야? 일을 제일 많이 할 사람은 바로 나야. 안 그래도 벅찬 일정에 또 다른 부담을 떠안는 건데, 이게 무슨 푸대접이람? 이 사람은 주님의 일보다 자기 위치에 더 연연하는군.' 다음날도 사모님은 비슷한 자기 연민에 빠졌을 테고 이제 그 열매를 수확하고 있는 겁니다. 비온 뒤 햇볕이 나는 것처럼 자기 연민에는 우울증이 따릅니다."

갈라디아서 6:7은 "사람이 무엇으로 심든지 그대로 거두리라"고 가르친다. 자기 연민의 씨를 뿌릴 때마다 우울증이라는 열매가 맺힌다.

이 문제에 대한 가장 적절한 자기 진단 사례가 샌디에이고유니온 스포츠 면에 실렸다. 왕년의 탁월한 쿼터백이자 북아메리카 프로미식축구리그에서 손꼽히는 유명 감독이 돌연 감독직을 사임하면서 스포츠계는 들끓었다. 훌륭한 팀이었고 탁월한 쿼터백이 있었고, 그래서 많은 사람들은 그 팀이 그해 슈퍼볼에 진출할 것이라 예상했었다. 그러나 상황은 안 좋게 돌아갔고, 강팀에게는 승리를 거두었지만 약체 팀과의 몇 경기에서 패하고 말았다. 돌연 감독직을 사임한 그는 종적을 감추었다. 그러나 구단주, 선수들, 그리고 다른 감독들의 간청으로 그는 마침내 생각을 바꾸어 감독으로 복귀했다.

나중에 그는 기자들과의 인터뷰 자리에서 이렇게 말했다. "마지막에 나는 이대로 포기할 수 없다는 생각을 했습니다. 처음부터 그 생각을 했어야 하는데 말입니다. 난 평생 포기할 줄 모르는 삶을 살아왔습니다. 그러나 그때는 포기하려 했습니다. 제정신이 아니었지요." 언제 감독직에 복귀하기로 결정했느냐는 질문에 이렇게 답했다. "자기 연민이 멈추었을 때 제정신이 들었습니다."

이 미식축구 명감독처럼 자신의 나약한 감정을 직시하고 그것을 우울증의 원인으로 진단할 수 있는 사람은 복되다. 그것으로 이미 싸움의 절반은 이긴 셈이다. 일단 자기 연민이 우울증을 부르는 엄연한 죄라는 사실을 이해하면 하나님께 나아가 치료를 받을 수 있다. 자기 연민에 대한 치료법은 두려움과 분노, 그 외 인간의 다른 약점에 대한 치료법과 동일하다.

한 가지만은 분명하다. 모욕을 당하거나, 다치거나, 거절을 당할 때, 자기 연민에 빠져들면 우울증이 따라온다. 사실, 어느 정도의 자기 연민에 얼마나 오래 빠져 있는가에 따라 우울증의 강도가 달라진다. 그러나 자기 연민의 죄를 회개하고, 믿음으로 하나님의 하나님 되심과 그분이 우리 삶에 베푸실 은혜를 감사하기 시작하면[살전 5:18] 우리는 승리를 거두게 된다.

토의를 위한 질문

1. 우울증의 값비싼 대가 여섯 가지를 나열해 보자. 그리고 각각의 "대가"를 놓고 시나리오를 써보자. 각각의 결과는 어떤 요인들로 인해 나타나는 걸까?

2. 두려움과 분노는 각각의 시나리오(1번 문제)에서 어떤 역할을 할까?

3. 어떻게 하면 각 시나리오(1번 문제)에서 우울증과, 이어지는 비생산적인 행동을 피할 수 있을까?

4. 어떤 기질이 가장 우울증에 많이 시달리는가? 그 이유는 무엇인가?

5. 우울증의 원인들을 요약하고, 원인별로 우울증을 피하는 법을 제시해 보자.

6. 자기 연민이 우울증의 근본 원인이라는 주장에 대해 토의해 보자. 우울증이 생기는 과정을 정리해 보자.
   (1) 불쾌한 상황이 벌어짐
   (2) 하나님이 우리에게 유익하도록 그 상황을 다스리심을 믿지 못함
   (3) 자기 연민
   (4) 우울증
   다음 성경 위인들의 기도를 읽어 보자. 모세민 11:10-15, 엘리야왕상 19:1-10, 요나욘 4:1-8. 그들을 우울증에 빠져들게 한 상황은 각각 무엇이었는가?

7. 최근에 겪은 우울증을 생각해 보자. 최초의 불쾌한 감정은 어떻게 생겨났는가? 왜 불신에 빠져들었는가? 어떻게 해서 불신이 자기 연민과 우울증으로 이어졌는가?

8. 성령 충만한 삶의 아홉 가지 특성 가운데 우울증의 해독제는 무엇일까?

CHAPTER 12

이기심, 모든 약점의 근본

나는 생방송 '필 도나휴 쇼'의 이혼 문제 편에 게스트로 출연했다. 진행자 필 도나휴는 시간이 30초 남았다는 피디의 신호를 받고 나서 나에게 물었다. "라헤이 박사님, 오늘날 이혼의 주요 원인을 한 단어로 요약한다면 뭘까요?"

나는 말했다. "이기심입니다!"

도나휴는 기꺼이 동의하더니 이렇게 덧붙였다. "하지만 누구나 어느 정도는 이기적인 것 아닐까요?"

나는 그가 참 예리한 지적을 했다고 생각했다. 분명 모든 사람이 어느 정도는 이기적이다. 이기심은 기질에 따라 생겨나고, 유아기의 훈련, 사랑(혹은 사랑의 결핍), 청소년기의 경험, 교육과 그 밖의 다른 요소들에 따라 늘어나거나 줄어든다. 외동으로 자란 사람들은 그렇지 않은 경우에 비해 더 이기적이고 결혼생활에도 더 문제가 많다고 한다. 형제들과 나누는 법을 배우지 못한 탓이다.

이기심, 관계의 파괴자

에덴동산에서의 타락 이후 지금까지 이기심은 전 인류를 괴롭혀왔다. 그것은 사탄사 14장 참조, 아담과 하와창 3장 참조, 그리고 가인창 4장 참조의 원죄였다. 역사를 살펴보면 이기심이야말로 인간에 대한 잔학행위의 원인이었고, 그 시초부터 20세기에 이르기까지 모든 불행과 번민의 근원이었다. 다른 어떤 죄보다 더 많은 고통을 초래했고, 인간관계를 파괴하고 싸움에 불을 붙인 장본인이다.

이기적인 사람은 처음부터 끝까지, 한결같이 자기 생각만 한다. 그런 태도는 대화와 행동에서 분명히 드러나고 생활의 중심 영역이라 할 수 있는 가정에서 특히 두드러진다.

신랑 신부가 "죽음이 우리 두 사람을 갈라놓을 때까지 서로 사랑하고 존경하고 아끼겠다"고 서약할 때 하객들은 그들이 그 서약을 지켜 "오래오래 행복하게 살기"를 바란다. 과연 그럴 수 있는지의 여부는 그들의 수입이나 사는 곳, 외모나 교육 수준에 달려있지 않다. 그것은 전적으로 그들이 얼마나 이기적인가에 달려있다. 사실 "대화의 문제"부터 "남녀 차이"나 재정적인 어려움, 심지어 분노와 두려움 같은 감정적 갈등에 이르기까지, 부부관계를 해치는 모든 요인들의 근저에는 이기심이 자리 잡고 있다.

이기심은 부부관계를 해치는 원흉이다. "내 식대로 해야겠어요!" "내 말에 꼬리 달지 마!" "난 우리 돈 내가 쓰고 싶은 대로 쓸 거예요!" "난 이번 여름에 산에서 휴가를 보내고 싶어!" "나"에 빠져 있는 배우자는 오직 자신밖에 보지 못한다. 이기적인 사람들은 다른 사람의 욕구에 완고하고 편협한 시각을 가지며 그들의 필요나 감정에 무관심하다.

이기심에 사로잡힌 사람을 사랑하기란 인간으로서 거의 불가능하다. 나는 서너 번씩 이혼한 사람들을 만나면서 그들이 아주 이기적이라는 것을 알게 되었다. 비참한 경험은 꼬리에 꼬리를 물고 이어지고 그들은 언제나 상대방만 탓한다. 자신이 모든 문제를 만든 이기적인 주범임을 알지 못한다.

결혼을 계획하는 사람은 배우자감이 다른 사람, 특히 가족들을 어떻게 대하는지 꼼꼼히 살펴야 한다. 그러면 향후 부부관계가 어떻게 될지 상당 부분 짐작할 수 있다.

이기심 때문에 모든 인간관계가 깨질 수 있다. 두 사람이 동업자로 사업을 시작한 경우, 이기심이 끼어들면 아무리 친한 친구사이라도 철천지원수가 되고 만다. 그들은 서로간의 갈등을 "성격 차이"나 "생각의 차이"로 돌리겠지만, 근본 문제는 이기심이다.

모든 인간관계, 특히 부부관계의 성공과 행복은 각자가 이기심을 얼마나 극복하는가에 달려있다.

이기심은 또 다른 약점들을 낳는다

다음의 도표는 각 기질이 타고난 약점을 간결하게 보여준다.

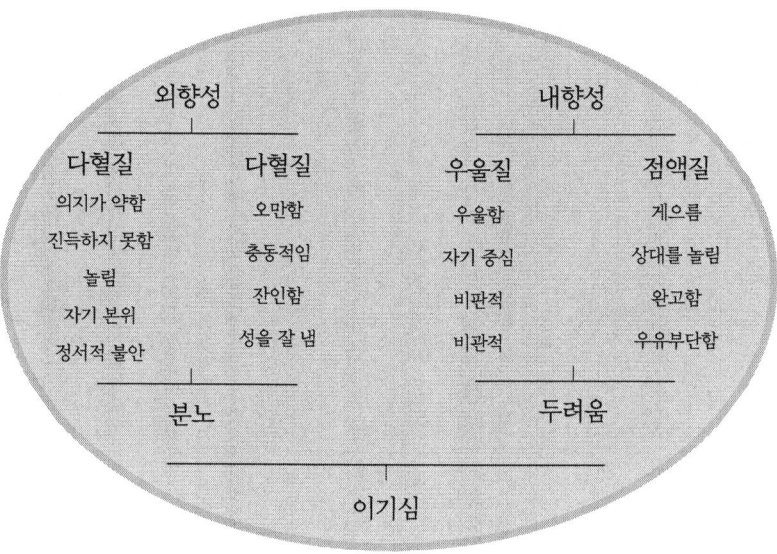

　다혈질과 담즙질은 외향성이다 주로 분노의 문제가 있지만, 우울질과 점액질은 내향성이고 두려움에 사로잡히기 쉽다. 위의 도표는 분노와 두려움, 그리고 인간의 모든 기본 약점이 이기심에서 나온다는 걸 보여준다. 사람들은 사욕 때문에 불안해지고, 의지가 약해지고, 걸핏하면 화를 내고, 충동적이고, 자기 중심적이고, 게으르고, 비판적이고, 겁내고, 우울해지며 온갖 부정적인 행동을 하게 된다.

　자기 본위, 자기 중심성, 자기 몰두, 자의식, 그 외 여러 가지 다른 단어들이 쓰이기도 하지만 결국 인간의 기본 약점이 이기심이라는 사실에는 변함이 없다.

　십계명을 가지고 얘기해 보자. 이타적인 사람은 십계명을 지키지만, 이기적인 사람은 계명을 어긴다. 하나님 중심으로 사는 그리스도인은 하나님께 겸손히 순종하고 그분만 섬길 것이다. 그분의 이름을 함부로 들먹이거나 우상을 만들어 섬기지 않을 것이다. 주일을 이기적인 목적으로 더럽히지 않고 거룩하게 지킬 것이다. 이타적인 사람들은 부모를 존경하고, 남의 소유를 훔치지 않을 것이다. 이웃에게 거짓 증거를 하거나 그들의 소유를 탐내지 않을 것이다.

오늘날 극성을 부리는 문제, 간통에 대해 생각해 보자. 여성들도 활발하게 사회활동을 하면서, 기혼자들도 이성의 유혹에 무방비로 노출되어 있다. 마음이 맞는 이성 직장동료와 성적 유혹에 빠지는 것은 사실 시간 문제다. 이기적인 사람들은 혼인서약 따윈 진작에 잊고 자신의 욕구를 충족하는 데만 급급하다. 이타적인 사람들은 유혹을 느낄 때도 자신의 행동이 배우자에게 어떤 영향을 끼칠지 생각한다. 이타심은 도덕적 파수꾼의 역할을 하고(그래서 죄의 서글픈 결과를 막아주고) 사람의 인격 안에 자제력을 심어준다. 이타심이 있을 때 그 사람의 인생은 풍요로워진다.

이것으로 볼 때 이기적인 마음이 모든 죄의 뿌리임을 알 수 있다. 악은 여러 모양으로 나타날 수 있지만 따져보면 그 근본은 여전히 이기심이다.

기질과 이기심

이기심의 첫 번째 원인은 기질의 형태로 물려받는 유전자 풀에 있다. 그러나 똑같은 기질을 타고난 사람이라도 장성한 후 이기적인 정도가 아주 달라질 수 있다. 부모로부터 얼마만큼의 사랑과 징계를 받았는가에 따라서도 크게 달라진다. 기질, 유아기의 훈련, 사랑, 삶의 경험, 영적 성숙도 등 여러 가지 요소에 따라 행동이 달라진다는 점을 기억하자.

다혈질은 타고난 이기주의자다. 그는 모두가 자신을 좋아하는 건 아니라는 생각을 하지 못한다. 그는 인기를 독차지하고 끝없는 얘기로 다른 사람들을 매혹시키고 싶어한다. 그러나 그의 이야기에 오랫동안 귀를 기울여 보면 그가 제일 좋아하는 사람이 바로 자신임을 알게 될 것이다. 그의 화제는 자신의 관심사와 욕구이다. 다른 사람들의 인정을 받지 않으면 도무지 직성이 풀리지 않는다. 혼인서약을 어길 때도 방종에 빠져 배우자의 고통 따위는 개의치 않는다. 이타적인 다혈질은 드물다. 다혈질이 "타인을 배려"하는 마음을 가질 수 있는 길은 성령 충만한 삶밖에 없다.

담즙질은 자기도 모르게 이기심에 빠지고 만다. 그는 언제나 자신이 옳다고 생각하고, 결코 주저하지 않으며 자신의 뜻을 다른 사람들에게 강요한다. 다른 사람들의 생각에 관심이 없다 보니, 자신이 지독히 고압적이고 이해심이 없는 사람이라는 사실도 전혀 개의치 않는다. 친구와 동료들에게 무심한 그는 자신의 이기심을 숨기려 들지도 않는다. 지극히 자기 중심적이고 누구에게나 터무니없이 고압적으로 구니 오랜 친구가 드문 게 당연하다.

자기에게만 몰두하는 우울질은 자신의 필요를 채워줄 사람을 구하기 위해 결혼할 때가 많다. 그러나 당연히 결혼식 얼마 후 불행해진다. 물론 결혼 전에도 행복하진 않았다.

어떤 의사에게 물어도 환자 중에 우울질이 가장 많다고 말할 것이다. 우울질은 고통을 느끼는 순간 모든 생각이 내면을 향한다. 그 불편함이 누그러질 때까지 모든 걸 때려치우고 싶어하지만, 대개 처음 문제를 해결하는 도중에 다른 어려움을 만난다.

극단적인 경우, 우울질은 어머니가 자신의 모든 필요를 채워 주던, 더없이 편안한 자궁 속으로 돌아가고픈 퇴행적 욕구 때문에 '태아형 자세'를 취하기도 한다. 그가 "타인을 배려하는" 법을 배우지 않으면 다른 사람과 함께 살기 어렵다. 그는 우리의 모든 말을 제멋대로 해석해서 우리가 그를 공격하고 비판한다고 생각한다. 그를 염두에 두고 한 말이 전혀 아닌 경우에도 말이다. 그를 만족시키기란 거의 불가능하다. 그러나 성령께서는 다행히 우울질이 이기심을 이기도록 도우실 수 있다.

점액질 역시 다른 어느 기질 못지않게, 어쩌면 누구보다 더 이기적일 수 있다. 그러나 그는 품위 있고, "부드럽고", 원만하기 때문에 이기심이 잘 드러나지 않을 때도 있다. 하지만 한 집에 같이 사는 사람의 경우에는 다르다. 점액질은 대단히 수동적이라서, 그의 이기적인 특성을 오래 겪어야 하는 몇몇 사람을 제외하면 대인관계에서 그리 큰 문제가 되지 않는다.

점액질은 자신의 이기적인 충동을 거침없이 표출하지 않는다. 내향성을 타고난 그는 이기적 욕구를 말이나 행동으로 표현할 때 나타날 결과를 두려워한다. 그의 이기심은 두 가지 모습에서 쉽사리 포착할 수 있다. 하나는 과도한 자기 보호 장치들이다. 어떤 대가를 치러서라도 자기를 지키는 데 급급한 점액질은 좀처럼 두려움과 망설임을 드러내지 않는다. 그 때문에 그는 대중 앞에서 뭔가를 할 기회를 여간해선 받아들이지 않는다. 조롱과 당혹스러움을 감수하기보다는 재능을 깔고 앉는 편을 택한다. 그렇게 자기 보호에만 집착하면서 가족이나 배우자가 가치 있는 활동이나 사업에 참여하고자 하면 반대하고 나선다.

점액질의 이기적인 특성은 씀씀이에서도 분명히 드러난다. 그는 적극적이거나 제 것을 남에게 주는 사람이 아니다. 많은 경우, 이기심 때문에 지독한 구두쇠가 된다. 팁도 제일 적게 주고 제일 값싼 선물을 산다. 근검

절약하려다가 도대체 "버릴 줄 모르는" 사람으로 소문이 난다. 어릴 때 모은 동전을 그대로 갖고 있고, 어린 시절에 가지고 놀던 기차모형도 아이들의 손이 닿지 않는 다락방에 고이 간직해둔다.

점액질에게는 십일조가 특히 어려운 주문이다. 그러나 수입의 (십일조를 뗀) 90%로 이전 100%를 다 쓸 때보다 더 풍족해지는 놀라운 결과를 체험하면 달라진다. 그런 상황은 귀에 쏙쏙 들어오는 말씀과도 같다.

점액질의 이기심은 결혼생활에 큰 문제가 된다. 꼼짝하길 싫어해 집에만 틀어박혀 있으면서도 배우자를 기쁘게 하기 위한 노력은 하지 않는다. 그러한 수동성에 계속 빠져 있으면 결혼생활은 무미건조해지고 그저 적당하게 살게 된다. 그는 출세보다는 안정에 더 가치를 둔다.

점액질은 성령의 도우심으로 자기 보호의 껍질에서 빠져나와 삶의 한복판으로 뛰어들 수 있다. 다른 기질들과 마찬가지로, 점액질과 그의 배우자가 성령의 인도를 받아 약점을 극복한다면 더욱 행복해질 것이다.

이기심의 요소

크리스천 심리학자 데이비드 필드 박사는 그의 책 **결혼과 기질**Marriage Personalities에서 이기심의 두 가지 주요 원인, 자기 중심과 자괴감自愧感을 소개한다. 그는 그 둘이 "많은 부부들의 심각한 문제"라고 주장한다.

자기 중심

자기 중심적인 사람들은 자기애가 강하고 모든 관심을 독차지하려 애쓴다. 자신을 드러내기 위해 다른 사람들을 깎아내리는 일도 서슴지 않는다. "그들은 자신의 관점이 언제나 옳다고 주장한다."

자기 중심적인 사람은 결혼생활에 어려움을 겪는다. 그들의 관심사는 대개 가정이 아니라 직장이나 취미 같은 바깥 활동이다. 그에게 가정이 소중하지 않은 건 아니지만 가족관계보다는 일에서 더 큰 성취감을 맛본다. 자기 중심의 가장 분명한 사례는 터프가이의 가정이다. 대부분의 부부싸움의 한복판에는 자기 중심의 배우자가 있다. 나는 자기 중심의 배우자들을 믹서 안의 자갈돌 같다고 말하곤 했다. 그들에게 있어 자신의 생각에 들어맞지 않는 사람은 모두 짜증거리일 뿐이다.

자기 중심적인 사람은 몇 가지 두려움 때문에 사람들을 믿지 못한다. 그들은 자신이 스스로 바라는 만큼 중요한 존재가 아닐까봐 두려워하고, 그만큼 독립적인 존재가 아닐까봐 두려워한다. 또, 다른 사람들에게 휘둘리게 될까봐 두려워한다. 그에게는 다른 사람에게 약점을 드러내는 것이 곧 그들에게 휘둘리는 걸 의미한다. 그는 자신의 약한 모습 때문에 꼬투리가 잡힐까봐 두려워한다. 그래서 많은 경우 친밀함을 원하면서도 그런 관계를 거부한다. 다른 사람에게 자신의 미래나 감정, 생각과 목표를 털어놓는 일은 상상도 못한다. 잘못된 두려움이지만 그에게 그런 사실을 납득시키기는 매우 어렵다. 결국 그가 믿을 수 있는 사람은 자신뿐이다.

자괴감

필드 박사는 자괴감의 문제를 부모 탓으로 돌린다. 부모가 자녀에게 너무 많은 것을 기대하는 바람에 자녀가 자신을 무가치하고 바보 같은 존재로 느낀다는 것이다. 어린 시절에 생겨난 그런 생각은 성인이 되어서까지 따라다닐 때가 많다. 부모는 자녀를 징계할 때 그들이 미워서가 아니라 자녀가 저지른 잘못, 마땅히 바로잡아야 할 그 구체적인 행동 때문이라고 분명히 밝혀야 한다. 부모가 아이의 눈을 똑바로 들여다보며 이렇게 말할 때 아이는 회복 불능의 상처를 입는다. "조니, 내가 널 어떻게 해야 하지? 어떻게 한 가지도 제대로 할 줄 모르니?"

부모의 말을 따지고 들 수 있는 아이는 없다. 아버지에게 얼간이 취급을 받은 아이는 결국 얼간이 어른이 된다. 우울질이 특히 그럴 가능성이 높다. 성장기의 아이에 대한 터무니없는 요구는 그들의 자아상에 큰 해를 끼친다. 필드 박사는 경고한다. "어린 시절의 이러한 경험은 어른이 되어서도 결혼생활에 아주 나쁜 영향을 끼친다."

그의 문제가 자괴감일 거라는 생각이 들면 나는 그에게 스스로에 대해 마음에 드는 부분을 말해 보라고 한다. 그러면 대개 그는 아주 불안해한다. 자신에 대해 마음에 들지 않는 부분을 물었다면 답변은 훨씬 간단했을 것이다. 그는 자신의 소중함과 가치를 내면의 인격적 가치가 아닌 외적 성과에 둔다. 사업이나 스포츠 등에서 아주 성공한 사람일 수도 있지만 그는 그걸로 충분하게 여기지 않는다. 내면에서 느껴지는 결점을 보충하기 위해 자신이 완벽해져야 한다고 생각한다.

자신감이 없는 여성은 결혼할 때도 좋아하는 사람이 아니라 거절당하지 않을 것 같은 사람을 택한다. 그녀는 자신의 꿈을 이뤄줄 사람을 만날 수 있다고 믿지 않기 때문에 적당한 선에서 타협한다. 스스로도 자신이 불만스럽기 때문에, 자길 좋아해줄 사람이 있을 거라고 생각하지 못하는 것이다. 그녀의 자괴감이 심각한 수준이라면, 자신은 행복하거나 성공할 자격이 없다고까지 생각하게 된다. 스스로를 사랑하지 못하는 그녀가 다른 사람들의 사랑을 받게 되면 극도의 불편함을 느낄 것이다.

나는 미국의 한 남부 도시에서 그런 여성의 전형적인 예를 보았다. 내 앞에 앉은 사람은 40대 중반의 아름다운 "남부 미인"이었다. 가벼운 잡담 후 그녀는 부드럽게 물었다. "제가 남편을 왜 그렇게 의심하게 되는지 말씀해 주실 수 있나요?" 그녀는 결혼한 지 25년이 되었고 남편을 무척 사랑했다. 그녀는 남편이 언제나 다른 여자들과 이야기하느라 바쁘다며 이렇게 말했다. "남편은 바람피운 적이 없다고 해요. 하지만 그이는 여자들에게 아주 인기가 좋거든요. 다른 여자가 그이를 훔쳐갈까봐 무서워요."

나는 그래서 어떻게 하느냐고 물었다. 그녀는 약간 얼굴을 붉히더니 이렇게 대답했다. "매일 아침 남편이 출근하기 전에 그이를 유혹해요."

나는 최대한 진지한 표정으로 남편의 반응이 어떠냐고 물었다. 그녀는 인상을 찡그리고는 불평했다. "그게 신경 쓰이는 부분이에요. 그이가 절 슬금슬금 피하기 시작하거든요. 그러니 제 두려움이 커질 수밖에요." 나는 남편의 나이가 오십 정도 될 거라고 추측하고 그녀에게 충고했다. "그게 문제가 아닐 겁니다. 물론 그 나이의 남자도 부부관계를 좋아합니다. 그러나 일주일에 예닐곱 번은 가장 왕성한 나이의 남자에게도 좀 무리입니다."

그녀는 한번도 그런 생각을 해본 적이 없었다! 너무나 자기 중심인 그녀에게는 오히려 당연한 일이었다. 한 주에 두세 번 정도라면 대부분의 남편들이 환영할 그녀의 유혹도 결국 남편에 대한 사랑이 아니라 자기애의 산물이었다.

이기심이란 무엇인가?

이기심은 한마디로 사랑의 반대개념이다. 아기들은 이기심의 전형이다. 아기는 병원에서 집으로 돌아온 첫날 밤, 젖 먹는 시간에 대해 어머니와 약속하지 않는다. 대신, 출산으로 녹초가 된 엄마가 깊이 잠들 때까지 기다렸다가 밤의 정적을 뒤흔드는 울부짖음으로 당장 젖 내놓으라고 생떼를 쓴다!

아기일 때는 그런 모습도 이해하고 받아들일 수 있다. 그러나 그 아이가 스물한 살이 되어서도 자기의 필요와 욕구를 당장 채워달라고 떼를 쓴다면 어떨까? 그렇다면 그는 이기적인 사람이다.

앞에서 소개한 "남부의 미인"은 남편을 물론 사랑했지만 그보다 자신을 더 사랑했다. 그녀는 그의 아내로 알려지고, 남편의 준수한 외모를 뽐내고, "완벽한 부인" 대접을 받는 생활을 즐겼다. 불행히도 그녀는 잘못된 방법으로 남편을 사랑했다. 남편은 그녀의 삶을 채워주는 배우자로서만 존재했다. 남편 자신은 순서상 두 번째나 세 번째? 어쩌면 아예 자리가 없을지도 모른다.

성경 말씀을 보자. "아무 일에든지 다툼이나 허영으로 하지 말고 오직 겸손한 마음으로 각각 자기보다 남을 낫게 여기고 각각 자기 일을 돌아볼 뿐더러 또한 각각 다른 사람들의 일을 돌아보아." 빌 2:3-4 진정한 사랑은 자신의 이익이 아니라 상대의 유익을 궁리하고 그를 위해 행동하고, 그에게 좋은 것을 주는 것이다.

내가 크리스마스를 특히 좋아하는 이유는 결혼한 아이들이 내외간에 선물을 고르는 모습을 볼 수 있기 때문이다. 아이들 중 둘은 목회자이고 수입이 넉넉하지 않지만 매년 크리스마스 몇 달 전부터 사랑이 넘치는 선물을 위해 절약하고 저축했다가 사랑을 표현하곤 했다. 사랑하는 사람에게 기쁨을 주는 물건이라면 돈이 얼마라도 아깝지 않은 것이다. 사랑은 상대에게 뭔가를 주지 못해 안달한다.

빌립보서 2:3-4은 사랑이 "타인에 대한 배려"임을 확실히 보여준다. 본성적으로 우리는 "자기 일을 돌아보지만" 바울은 그렇게 하지 말고 다른 사람들의 일을 돌아보라고 명한다. 공동번역은 이를 좀더 실감나게 번역했다. "무슨 일에나 이기적인 야심이나 허영을 버리고 다만 겸손한 마음으로 서로 남을 자기보다 낫게 여기십시오. 저마다 제 실속만 차리지 말고 남의 이익도 돌보십시오." 바울은 바로 앞 절에서 우리가 사랑으로 하나되고 "같은 사랑을 가져야"^{2절} 한다고 말했다. 그러한 사랑이 열쇠이다. 이기심이 사랑을 죽이듯이 사랑은 이기심을 죽인다.

여기서 다시 성령의 첫 번째 열매로 돌아가 보자. 그것은 이기심을 이기는 사랑이다.

이기심과 사랑

19세기 스코틀랜드의 탁월한 정치인 헨리 드러먼드는 성경을 주의 깊게 살핀 사람이었다. 그는 고린도전서 13:4-7에서 사랑의 아홉 가지 특성을 발견했다. 그것이 이기심의 특성들과 어떻게 대비되는지 살펴보자.

이기심의 특성	사랑의 특성
참지 못한다	오래 참는다
불친절하다	온유하다
자랑한다	진실하다
인색하다	관대하다
의심한다	겸손하다
자기의 이익을 구한다	예의바르다
무심하다	믿는다
고압적이다	인자하다
미워한다	이타적이다

요한일서 4:18은 "온전한 사랑이 두려움을 내어 쫓나니"라고 말한다. 온전한 사랑은 우리의 삶을 무너뜨리고 인간관계를 망가뜨리는 이기심의 특성들도 내어 쫓는다.

이기심을 극복하는 법

기쁜 소식이 있다. 우리는 이기심을 극복하고 사랑으로 그것을 대체할 수 있다. 그러나 하나님의 도우심 없이는 안 된다. 이기심을 다스리고 억제하는 일은 너무나 어렵기 때문에 그리스도인이라 해도 저절로 이루어지지 않는다.

사람들이 가장 배우지 못하는 것 중에 하나가 이 원칙이다. "자기 목숨을 얻는 자는 잃을 것이요 나를 위하여 자기 목숨을 잃는 자는 얻으리라." 마 10:39 우리의 믿음과 헌신이 우리 삶을 예수 그리스도께 온전히, 기꺼이 내맡기는 정도에 이르면 성령께서 우리의 이기심을 고쳐 주실 것이다. 이러한 치료는 근본적인 것이지만 우리가 지속적으로 그리스도 안에 거하며 성령으로 행하지 않으면, 습관의 힘에 밀려 다시 옛적 행동으로 빠져들게 된다.

성령으로 행하기 위한 여섯 가지 단계는 우리의 약점을 극복하기 위한 기초가 된다. 그 단계를 따라가다 보면 이기적인 본성의 핵심을 찌르게 될 것이고, 이기적인 사고방식과 행동을 깨뜨리는 데 도움이 될 것이다. 그리고 그런 식으로 좀더 "타인을 배려"함에 따라 인간관계도 나아질 것이다.

인간관계를 개선하자

이기적인 행동을 그치고 다른 사람을 넉넉한 마음으로 섬기자

성령 충만한 삶의 한 가지 증거는 순종하는 마음이다. 이기심은 자기 잇속을 좇지만 순종하는 마음이 있는 사람은 다른 사람들을 섬길 방법을 찾는다. 모든 이기적인 생각과 행동을 버리고 사려 깊고 관대하게 처신하도록 힘쓰며, 자신보다는 다른 사람을 바라보도록 하자.

아낌없이 주는 것을 연습하자

"너는 구제할 때에 오른손의 하는 것을 왼손이 모르게 하여 네 구제함이 은밀하게 하라 은밀한 중에 보시는 너의 아버지가 갚으시리라." 마 6:3-4

이기적인 사람들은 하나님께 바치는 헌금과 사람들을 돕는 구제를 모두 어려워한다.

그렇다면 먼저 하나님께 드리는 헌금에서 출발하자. 교회에 십일조를 내고 가치 있는 선교단체들을 힘껏 돕자. 그렇게 할 때 하나님은 "첫 열매"로 그분께 영광을 돌리는 자들에게 약속하신 대로 우리를 재정적으로 축복하실 뿐 아니라 다른 사람들을 구제하는 일도 점점 더 쉬워지도록 도우실 것이다.

나와 상담한 사람 중에 어린 시절의 기차모형을 지금까지 갖고 있는 사람이 있었다. 하나님의 도우심으로 자신의 이기심을 깨닫게 된 그는 태엽 기차모형을 갖고 싶어하는 가난한 소년을 알게 되었다. 낡은 기차가 아이의 손에 넘어갔을 때 "새 기차"를 갖게 된 아이와 전 주인 중에서 누가 더 기뻐했는지 모르겠다.

얼마 후 그 사람은 내게 전화를 걸어와 차가 필요한 가정이 있느냐고 물었다. 자신의 흠 없는 중고차가 유용하게 쓰일 곳이 있을 거라고 생각했던 것이다. 그가 이기심을 이기기 위한 요점을 파악했음이 분명했다. 얼마 후 그의 아내가 말했다. "목사님이 그이에게 무슨 말씀을 하셨는지 모르겠지만, 남편은 전혀 다른 사람이 되었어요!" 난 그저 그에게 받기보다는 주는 사람이 되라고 권유했을 뿐이다. 그는 나의 권유를 받아들였고, 이제 그 부부는 주님이 약속하신 대로 "주는 것이 받는 것보다 복이 있다" 행 20:35는 사실을 알게 되었다.

배우자와 가족들에게 매일 사랑을 베풀자

"이 모든 것 위에 사랑을 더하라 이는 온전하게 매는 띠니라." 골 3:14

사랑을 표현하는 법을 배우기까지 이기심의 치료는 완전치 못하다. 이기심이 더 많은 이기심을 양산하듯, 사랑은 사랑을 낳는다. 이 사실을 명심하자. 하나님의 도움을 받아 가정에서부터 다른 식구들을 먼저 배려하는 사람이 되기로 다짐해 보자. 우리의 가정을 칭찬과 예의와 선물과 친절로 가득 채우자. 그렇게 할 때 우리의 삶은 풍요로워지고 사랑의 기운이 집안 구석구석 퍼질 것이다.

빌립보서 2:3-4을 외우고 생활 속에서 실천하자

"아무 일에든지 다툼이나 허영으로 하지 말고 오직 겸손한 마음으로 각각 자기보다 남을 낫게 여기고 각각 자기 일을 돌아볼 뿐더러 또한 각각 다른 사람들의 일을 돌아보아."

시편 기자는 하나님께 죄를 범하지 않도록 그분의 말씀을 우리 마음속에 두라고 촉구한다.시 119:11 참조 우리는 자기 중심적인 생각을 버리고 성령께서 빌립보서 2:3-4에서 명하신 바를 가슴에 품을 수 있다. 이 구절을 외워서 날마다 기도할 때 되뇐다면 예전의 이기적인 습관을 버리고 "타인에 대한 배려"를 몸에 익히는 데 도움이 될 것이다.

다른 사람을 도울 수 있도록 자신을 하나님께 내어드리자

"이와 같이 너희도 너희 자신을 죄에 대하여는 죽은 자요 그리스도 예수 안에서 하나님을 대하여는 산 자로 여길찌어다 그러므로 너희는 죄로 너희 죽을 몸에 왕노릇하지 못하게 하여 몸의 사욕을 순종치 말고 또한 너희 지체를 불의의 병기로 죄에게 드리지 말고 오직 너희 자신을 죽은 자 가운데서 다시 산 자같이 하나님께 드리며 너희 지체를 의의 병기로

하나님께 드리라."롬 6:11-13

세상에서 가장 행복한 사람은 다른 사람을 돕는 사람이다. 가장 비참한 사람은 이기주의자이다. 하나님이 가장 사랑하시는 피조물인 인간을 섬기는 데 우리 몸을 바치자.

친절함을 연습하자

"서로 인자하게 하며 불쌍히 여기며 서로 용서하기를 하나님이 그리스도 안에서 너희를 용서하심과 같이 하라."엡 4:32

현대인들은 친절에 굶주려 있다. 그러니 각별히 노력해서 사람들을 배려하도록 하자. 우선 가정에서부터 시작하자. 처음에는 의식적으로 연습해야 하겠지만, 하나님이 도우시면 그것이 우리의 생활방식이 될 수 있다. 호의는 늘 상냥한 미소와 따뜻한 포옹, 그리고 친절한 행동을 낳는다.

토의를 위한 질문

1. 이기심이 어떻게 두려움을 일으키는가?

2. 이기심이 어떻게 분노를 일으키는가?

3. 이기심이 어떻게 우울증을 일으키는가?

4. 네 가지 기질별로 이기심이 어떻게 나타나는지 토의해 보자.

5. 십계명을 읽어 보자. 출 20장 각 계명을 어기는 경우, 이기심이 끼치는 영향은 무엇인가?

6. 자신의 기질조합을 고려할 때, 자신의 이기심이 주로 어떤 형태로 나타나게 될지 말해 보자.

7. 자신의 사욕 때문에 가정에 문제가 있었던 경험을 서로 나눠 보자.

8. 자괴감과 이기심은 어떤 관계가 있을까?

9. 이기심의 특성들과 사랑의 특성들을 비교한 표를 살펴보자. 각 쌍에 대해 가정이나 직장, 성경을 배경으로 시나리오를 만들어 (또는 연기해) 보자. 누군가 이기적으로 행동했을 때 어떤 일이 일어났는가? 누군가 사랑하는 마음으로 행동했다면 어떤 일이 벌어졌을까?

10. 좀더 "타인을 배려"함으로써 인간관계를 개선하려면 어떤 행동들을 취할 수 있을까? 이에 대해 심도 있게 토의해 보자. 각각의 행동은 어떤 성령의 열매를 보여주는가? 갈 5:22-23 참조

CHAPTER 13

약점을 극복하는 법

기질을 유용하게 활용하기

이 책에서 인간의 기질을 살펴보는 근본 목적은 우리의 강점과 약점을 알고 성령께 나아가 그분으로 충만해져서 그분의 힘으로 우리의 약점을 극복하기 위함이다. 헨리 브란트 박사의 정의에 따르면 성숙한 사람은 "자신의 강점과 약점을 살펴 자신을 객관적으로 충분히 파악하고 약점을 극복하기 위한 계획적인 프로그램을 세운다." 우리는 이 기질 연구서의 도움을 받아 자신의 강점과 약점을 살피고, 약점 극복을 위한 계획적인 프로그램을 만들어낼 수 있다.

일단 자신의 기본 기질을 파악했으면, 본인의 강점과 약점에 세심한 주의를 기울이자. 우리의 타고난 특성이 파괴되는 것은 하나님의 뜻이 아니다. 그분은 우리 인격의 틀 안에서, 또 우리 삶의 모든 영역에서 예수님이 영광 받으시길 원하신다. 자신을 세세히 살피다 보면 자신의 천성적인 강점 가운데 그간 소홀히 여긴 부분도 있고 남용된 부분도 있음을 알게 될 것이다. 그 정도가 지나치면 우리의 활동은 성령의 능력이 아니라 자신의 노력에 근거한 "육체의 일"이 된다.

자신의 약점에 대한 정직한 성찰은 성령의 기름 부음이 필요한 영역을 집어내는 데 도움이 될 수 있다. 중요한 사실을 하나 기억하자. 그리스도인은 천성적인 약점의 노예가 될 필요가 없다! "항상 우리를 그리스도 안에서 이기게 하시……는 하나님께 감사하노라."고후 2:14

하나님은 그분의 지혜로운 섭리에 따라 우리 각 사람을 "주의 뜻대로"계 4:11 창조하셨다. 그러므로 우리는 자신의 기질을 멸시해서는 안 되고, 하나님이 우리를 "지으심이 신묘막측하심"시 139:14과 우리의 본성적 기질이 성령으로 충만해질 때 그분이 친히 사용하심을 알아야 한다. 하나님은 구체적인 목적을 두고 우리 각자를 지으셨다. 우리는 하나님의 능력으로 인해 그분이 쓰시기에 합당한 그릇으로 완성될 것이다.

아직도 자신의 기질을 파악하지 못했다면 지금이라도 서두르자. 자신이 타고난 약점을 나열해 보고 그것들을 극복하도록 성령의 충만을 구하자.

성령—기질의 약점에 대한 하나님의 치료법

성령 충만한 삶의 아홉 가지 특성은 우리의 모든 천성적 약점을 이길 수 있는 힘을 준다. 우리가 타고난 약점들에 휘둘리는 것이 아니라 성령으로 충만한 가운데 모든 약점들로부터 해방되는 것이 하나님의 뜻이다.

성령께서는 모든 인간 안에 자동적으로 거하시지 않는다. 그분은 믿음으로 예수 그리스도를 구세주로 영접한 사람들 속에만 거하신다. 로마서 8:9에는 "누구든지 그리스도의 영이 없으면 그리스도의 사람이 아니라"고 했다. 당신이 아직 예수 그리스도를 주와 구세주로 영접하지 않았다면, 지금 당신에게 가장 필요한 것은 무엇보다 자신을 낮추고 그분을 당신의 삶에 초청하는 일이다. 성경은 우리에게 가르친다. "누구든지 주의 이름을 부르는 자는 구원을 얻으리라." 롬 10:13 예수 그리스도를 삶의 주인으로 인정하고자 한다면 그분을 모셔들이라. "주의 이름을 부르라."

구원은 길고 지루한 과정이 아니라 순간의 경험이다. 예수님은 그것을 "거듭 난다" 요 3장 참조고 하셨고 출생에 비유하셨다. 우리 몸이 세상에 태어나는 일이 순식간에 일어났듯이 영적 출생도 그렇다. 성령께서 오랜 시간에 걸쳐 하나님의 말씀을 통해 우리 마음을 두드리시고, 많은 사람들이 그리스도를 구주로 영접하기 전에 미리 검토하는 과정을 거치는 건 사실이다. 그러나 그분을 영접하기 위해서는 분명히 주의 이름을 불러야 한다.

예수 그리스도께서 친히 말씀하셨다. "볼지어다 내가 문 밖에 서서 두드리노니 누구든지 내 음성을 듣고 문을 열면 내가 그에게로 들어가 그로 더불어 먹고 그는 나로 더불어 먹으리라." 계 3:20 '먹다'라는 동사는 "교제를 나누다"라는 뜻이다. 성령으로 예수님과 교제를 나누기 원한다면, 그분을 우리의 삶에 모셔 들여야 한다. 그렇게 할 때 비로소 지난 죄를 용서받고, 영혼이 구원받으며, 성령께서 우리 삶에 내주하신다.

성령은 신자들의 삶 속에서만 역사하신다. 신자란 예수 그리스도를 주와 구세주로 인정하고 마음속에 초청한 자들을 말한다. 당신이 자신의 약점을 극복하거나 하나님과 교제하기 위해 뭔가 다른 방법을 찾고 있다면 부질없는 짓을 하고 있는 것이다. 예수 그리스도께서 말씀하셨다. "내가 곧 길이요 진리요 생명이니 나로 말미암지 않고는 아버지께로 올 자가 없느니라."요 14:6 당신이 아직 예수님의 이름을 부르지 않았다면, 지금 당장 그분께 달려가길 권한다. 그분은 하늘 아버지께로 이어지는 유일한 길이요, 우리의 약점을 극복할 유일한 능력의 원천이시다.

자신의 약점을 극복하려면

그리스도인은 자신의 약점을 극복할 능력을 이미 갖고 있다! 그 능력은 성령이시다. 7장과 8장에서 얘기한 대로 우리가 성령으로 충만하면, 그분이 우리의 약점을 이기실 것이다. 분노나 두려움, 또는 이기심에 관련된 약점들12장 도표 참조에 빠져 성령을 근심케 하거나 소멸했더라도 해결책은 있다.

자신의 약점을 죄로 직시하라!

자신의 약점에 대해 "그게 내 본성이야." 혹은 "난 어쩔 수 없어. 그렇게 생겨먹은 걸."이라는 말로 핑계대지 말자. 많은 그리스도인들이 정신적 도피를 거듭하며 자신의 약점과 결점을 죄로 직시하길 거부한다. 현실 도피가 아무리 흔해빠진 관행이라 해도 그리스도인이 그래서는 안 된다. 현실주의자가 되자. 예수님을 아는 사람이 이기지 못할 일은 없다.

빌립보서 4:13은 이렇게 말한다. "내게 능력 주시는 자 안에서 내가 모든 것을 할 수 있느니라." 이 말은 참이거나 거짓이다. 이 말이 거짓이라면 하나님은 거짓말쟁이요, 성경은 믿을 수 없고, 기독교의 메시지 또한 기억할 가치가 없을 것이다! 그러나 이러한 입장은 생각할 수 없고, 솔직히 말해 그럴 경우 우리에게 남는 해결책이란 없다. 예수 그리스도를 모르는 사람들은 자신들의 약점과 대면하길 거부할 수 있다. 이김을 주시는 성령의 능력을 모르기 때문이다. 그러나 그리스도인들은 다르다.

'알코올 중독자 모임'에서는 알코올 중독에서 벗어나기 위한 첫 번째 단계가 본인이 알코올 중독자라는 사실을 스스로 인정하는 것임을 분명하게 밝히고 있다. 이와 마찬가지로 우리가 성내고 앙심을 품고 분개하거나 두려워하고, 불안에 떨고, 염려하는 그리스도인이라는 사실을 인정하고 직시하지 않으면, 두려움이나 분노에 사로잡힌 채 평생을 살게 될 것이다. 자기 연민에 허덕이다 우울증에 빠진 사람이라면 역시 우울증의 깊은 상처를 안고 평생을 살게 될 것이다. 우리의 약점이 무엇이건 간에 그것을 죄로 인정함으로써 치료를 향한 거보를 내딛고 그분의 기적적인 치료를 기대하며 하나님 앞에 나아가자.

우리 교회 성인 성경공부모임을 이끌었던 한 퇴역 군인은 훌륭한 평신도 성경교사였다. 나 역시 그에게서 성경에 대한 참신한 가르침을 자주 배우곤 했다. 그러던 어느 월요일 아침, 나는 사무실로 출근해서 교육위원장의 보고서를 읽었다. 주일에 그 사람이 성경공부모임의 학생에게 분통을 터뜨려 그와 교회의 가르침에 해를 입혔다는 내용이었다. 누군가 이미 논의가 끝난 어리석은 질문을 던지자 그가 군대의 부하에게 호되게 꾸짖었다는 것이다.

나는 하나님이 분노의 죄에서 건져 주신 사람이었으므로 그런 사람에게 점심식사를 대접하며 소위 "대결 수업"을 하는 일은 대개 내 몫이었다. 성경에 따르면, 우리는 하나님께 받는 위로로 다른 사람들을 위로할 수 있다.고후 1:4 참조 그래서 나는 그를 만나 최대한 친근하게 말했다. 그가 매우 훌륭한 성경교사이긴 하지만 모세가 그랬듯 아직 내면의 증오를 다스리지 못한다고 말해 주었다.

그는 화를 내지 않았다. 오히려 미소를 머금고 이렇게 말했다. "이해를 못하시는군요. 저는 담즙질입니다. 그게 제 모습입니다! 축구로 말하면 스트라이커지요! 그 덕분에 군대에서 원사까지 올라갔습니다. 지금은 퇴역했으니 속이 뒤집힐 때만 화를 냅니다."

내가 어떤 말을 해도 그는 분노가 죄라는 사실을 받아들이지 않았다. 그리고 다른 많은 사람들처럼 "분을 내어도 죄를 짓지 말며"라는 에베소서 4:26 말씀으로 자신을 정당화했다. 나는 그 말씀을 설명하려 애썼다. 나 역시 한때는 목숨을 걸던 말씀이었다. 그러나 그 말씀에는 세 가지 조건이 달려 있었다. 죄를 짓지 말고, 해가 지도록 분을 품지 말며, 마귀에게 틈을 주지 말라.

에베소서 4:26의 '죄 없는 분노'는 '의분'義憤이다. 그것은 자기 바깥에 있는 대상을 향한 객관적인 분노이다. 그 성경교사의 경우처럼 이기심에서 나온 분노가 아니다. 주님이 환전상들을 성전에서 쫓아내신 일을 구실로 삼아 자신의 나쁜 모습을 변명하려 드는 이들은 예수님의 분노가 의분이라는 사실을 유념해야 한다. 그 환전상들은 예수님께 아무 짓도 하지 않았다. 예수님은 그들이 하나님의 집을 "강도의 굴혈"마 21:13로 만들었기 때문에 의로운 분노를 터뜨리셨다.

그러나 후에 그분이 얻어맞고, 침 뱉음을 당하고, 조롱받고, 가시관을 쓰시고 마침내 십자가에 못박히셨을 때는 이기심의 분노를 터뜨리지 않으셨다는 사실에 주목하자. 그분은 다만 이렇게 기도하셨다. "아버지여 저희를 사하여 주옵소서 자기의 하는 것을 알지 못함이니이다."눅 23:34

불행히도 그 교사는 나의 충고를 무시했고 이기심에서 생겨난 분노를 죄로 인정하길 거부했다. 그가 자신의 죄를 인정하지 않았기 때문에 나는 우리 교회 당회에서 그런 행동은 용납할 수 없다고 경고했다. 그러나 몇 달 후 같은 일이 되풀이되었고 그는 성경교사 자리에서 물어나야 했다.

　그 후 나는 그가 교회와 주님과 자신으로부터 다섯 명의 자녀를 밀어내는 모습을 보았다. 결국 "성인군자의 인내심"을 갖고 있던 아내마저 그를 떠났고, 그는 심장파열을 일으켜 앙심에 찌든 성난 사람으로 때 이른 죽음을 맞이했다. 분노를 죄로 인정하지 않은 값비싼 대가였다. 이제 그는 최후의 심판 날에 자신의 분노를 죄로 직시하게 될 것이다. 절대 그럴 필요가 없었다. 고린도전서 11:31은 "우리가 우리를 살폈으면 판단을 받지 아니하려니와"라고 말한다. 그 말은 하나님이 우리를 용서하시고 성령을 통해 우리에게 승리를 주신다는 뜻이다. 우리가 "자신[자신의 이기심]을 살피지" 않으면 하나님이 우리를 판단하실 것이다!

죄를 지을 때마다 회개하라

　"만일 우리가 우리 죄를 자백하면 저는 미쁘시고 의로우사 우리 죄를 사하시며 모든 불의에서 우리를 깨끗케 하실 것이요." 요일 1:9

　이 구절은 구원이 필요한 죄인들에게 주시는 말씀으로 활용되지만 사실은 모든 그리스도인들에게 주어진 말씀이다. 요한은 믿음으로 하나님의 자녀가 된 사람들에게 편지를 썼기에 수신자들을 "자녀들"이라 부른다. 이 구절에 대해 "그리스도인의 비누"라고 말한 사람도 있다. 이 구절은 그리스도인이 죄에 오랫동안 빠져 있지 않게 하려고 주어진 말씀이다.

　성경의 가르침은 분명하다. "내가 내 마음에 죄악을 품으면 주께서 듣지 아니하시리라."시 66:18 죄를 숨기고 있으면 기도생활이 방해를 받는다. 이기심, 분노와 두려움을 죄로 인정하지 않으면 기도 응답을 기대할 수 없다. 그러나 하나님께 모든 죄를 자백하면 기도가 다시 회복된다.

"요한일서 1:9 말씀을 얼마나 자주 적용해야 하나요?" 내가 자주 받는 질문이다.

내 대답은 언제나 똑같다. "생각이나 행동으로 죄를 지을 때마다, 그 죄를 깨닫게 되는 순간마다 그래야 합니다." 죄를 지었으면 시간을 끌지 말고 자백하자. 우리가 "불같이 노하거나" 두려움과 우울증에 빠질 때마다 성령을 근심케 하고 소멸한다. 자신의 이기적인 생각이나 행동을 깨닫게 될 때마다 하나님께 자백하고, 우리를 신실하게 용서하시고 회복시키시는 하나님께 감사하자.

사랑 많으신 하늘 아버지께 죄된 습관을 없애 주시도록 간구하라

"그를 향하여 우리의 가진 바 담대한 것이 이것이니 그의 뜻대로 무엇을 구하면 들으심이라 우리가 무엇이든지 구하는 바를 들으시는 줄을 안즉 우리가 그에게 구한 그것을 얻은 줄을 또한 아느니라."요일 5:14-15

두려움과 분노와 이기심을 이기는 것이 우리를 향한 하나님의 뜻이다. 위의 말씀은 하나님의 뜻대로 구할 때 기도 응답을 확신할 수 있음을 분명히 보여준다. 그러므로 하나님께서는 우리의 습관적인 약점을 고쳐 달라는 기도를 반드시 들어주실 것이다. 예수님은 "하늘과 땅의 모든 권세를 내게 주셨으니 그러므로 너희는 가서 모든 족속으로 제자를 삼으라"마 28:18-19고 말씀하셨다. 예수님은 모든 권세를 갖고 계시며 인간을 포함한 천지만물을 창조하심으로 그 권세를 드러내셨으므로, 우리의 타고난 약점을 이기게 하실 능력 또한 있으심이 분명하다.

이기적인 태도는 평생의 습관이 되고, 어떤 사람에게는 강박적인 충동이 된다. 습관은 가혹한 감독관이다. 많은 사람들이 말 그대로 "습관의 노예"로 살고 있다. 하지만 그리스도인은 다르다. 물론 우리도 습관의 희생자가 될 수 있다. 그러나 그리스도인에게는 가장 뿌리 깊은 습관도 깨뜨릴 수 있는 힘, 성령의 능력이 있다. 그리스도인 중에도 순식간에 그런 힘을 얻는 사람이 있고 시간이 걸리는 사람이 있다. 어느 쪽이건 이기심이라는 평생의 습관은 손쉽게 깨어지지 않는다. 그러나 하나님의 능력으로 계속해서 자신의 약점과 싸우다 보면 결국 승리를 체험하게 될 것이다.

하나님이 승리를 주셨음을 믿으라

"믿음으로 좇아 하지 아니하는 모든 것이 죄니라." 롬 14:23

많은 그리스도인들이 바로 이 부분에서 막힌다. 치료를 구한 후에도 "치료받은 느낌"이 없기 때문이다. 우리의 느낌은 치료 여부와 상관이 없다. 다만 하나님의 약속을 의지하고 그분의 승리를 기대해야 한다. 우리는 능력 주시는 그리스도를 통해 무슨 일이든 할 수 있다. 분노와 두려움에 떨던 이기적인 사람이 친절하고 신뢰하고 뭔가를 줄 줄 알게 된다. 상황을 염려하지 말고 우리의 길을 주님께 맡겨드리자.

승리하는 데 필요한 단계를 다 밟은 후 그것을 받아들이는 최선의 방법은 승리를 주신 하나님께 감사하는 일이다. 사도 바울은 데살로니가전서 5:18에서 "범사에 감사하라 이는 그리스도 예수 안에서 너희를 향하신 하나님의 뜻이니라"고 말한다.

이 구절은 우리에게 항상 감사할 일만 있을 거라는 뜻이 아니다. 내 친구 얘기를 좀 해야겠다. 목사인 그는 하나님을 피해 달아나고 있었다. 그는 만취한 상태로 차를 몰다가 도랑으로 굴러 떨어지는 바람에 왼쪽 팔뚝을 잃고 말았다. 물론 팔뚝을 잃어버리게 해주셔서 감사하다 말할 수는 없을 것이다. 그러나 그는 하나님이 그의 목숨을 살려주시어 회개할 기회를 주신 사실에 감사할 수 있었다. 그 후로 동부 텍사스에서 목회를 하면서 오랫동안 많은 열매를 거두었다.

처한 상황에 감사하는 것은 "그리스도 예수 안에서 우리를 향한 하나님의 뜻"일 뿐 아니라 하나님에 대한 순복의 표시이자 성령 충만한 삶을 여는 열쇠이다. 나는 "감사할 기분이 아니다."라고 솔직히 인정하는 사람들을 가끔 만난다.

그럼 나는 이렇게 말한다. "그러시면 감사한 마음이 들 때까지 믿음으로 감사하십시오. 그것이 우리를 향한 하나님의 뜻입니다."

하나님의 뜻은 우리가 범사에 감사하는 것이므로, 우리가 약점을 이기게 해달라고 기도했다면 그렇게 될 줄로 믿고 감사할 수 있다.

성령 충만을 구하라

"너희가 악할찌라도 좋은 것을 자식에게 줄 줄 알거든 하물며 너희 천부께서 구하는 자에게 성령을 주시지 않겠느냐." 눅 11:13

우리는 자신의 약점을 극복할 힘을 더욱 얻기 위해 8장에서 요약한 대로 성령 충만을 구해야 한다. 자신의 약점을 죄로 인정하고, 하나님께 그 죄를 자백하고, 약점을 이기게 해주시기를 믿음으로 구했다면, 성령 충만을 간구함으로써 섬김에 합당한 자로 준비되어야 마땅하다. 우리가 그분의 뜻대로 기도할 때 응답하신다는 약속을 믿고서 말이다.

성령으로 행하고 예수님 안에 거하라

"너희는 성령을 좇아 행하라 그리하면 육체의 욕심을 이루지 아니하리라." 갈 5:16

"너희가 내 안에 거하고 내 말이 너희 안에 거하면 무엇이든지 원하는 대로 구하라 그리하면 이루리라." 요 15:7, 15:1-11 참조

예수님 안에 "거하는 삶"은 "성령 충만한 삶"이고 그것이 바로 예수님이 우리에게 원하시는 삶의 방식이다. 다음은 성령으로 행하고 예수님 안에 거하기 위한 방법이다.

8장에 제시한 대로 성령 충만을 받으라.

하나님의 말씀을 꾸준히 읽으라.

성경은 초자연적인 책이므로 그것을 읽는 신자의 삶에 초자연적인 역사를 이루어낸다. 성령 충만한 그리스도인은 하나님의 말씀을 읽게 마련이다. 그것이 영혼의 주식主食이기 때문이다. 우리 모두 하나님의 생각을 알아야 한다. 그것은 하나님의 말씀으로 우리 마음을 채울 때만 가능하다.

하나님의 말씀을 꾸준히 읽기 위해서는 우선 규칙적인 시간을 떼놓아야 한다. 새신자의 경우 요한복음부터 시작하라고 권하고 싶다. 요한일서, 빌립보서와 에베소서를 여러 번 읽은 후 신약성경을 모두 읽으라. 신약성경을 다 읽기 전까지는 구약성경을 보지 말자.

늘 성령으로 행하기 위해서는 규칙적으로 성경을 읽는 습관이 필수지만, 경건의 시간이 또 하나의 율법이 되지 않도록 조심해야 한다. 주님은 새벽 2시에 잠들고 6시에 일어나 이른 약속시간에 맞추어 황급히 집을 나서는 우리를 이해하신다. 우리를 위해 죽을 정도로 우리를 사랑하신 그분은 우리에게 휴식이 필요하다는 걸 아신다. 우리가 얼마나 정신없이, 바쁘

게 사는지도 아신다. 그러므로 우리는 성경을 읽지 못한 날에도 성령 충만을 누릴 수 있다. 그러나 성령 충만한 그리스도인들은 하나님의 말씀으로 영혼의 배를 채우고픈 마음이 있기 마련이다. 하루에 1장에서 5장, 일주일에 적어도 닷새는 성경을 읽으라고 권하고 싶다.

또 하나의 제안. 성경과 비슷한 크기의 노트를 구해서 매일 일기를 쓰자. 그날 읽은 말씀에서 떠오르는 특별한 생각들을 적어 넣자. 그리고 노트에 적힌 내용을 가끔씩 살펴보면 마음이 풍요로워지고 성령으로 행하는 삶의 방향을 알게 되어 이기심과 죄에 맞서는 데 도움이 될 것이다.

매일 기도하라.

기도는 하나님과의 교제이므로, 성령 안에서 행하는 그리스도인의 삶에 규칙적인 습관으로 자리 잡아야 한다. 기도라고 하면 대부분의 사람들은 혼자 오랫동안 골방에 앉아있는 모습을 떠올린다. 물론 그런 시간은 유익하고 그리스도인의 삶에 꾸준히 있어야 마땅하다. 그러나 그것이 기도의 전부는 아니다. 누가복음 18:1은 "항상 기도하고 낙망치 말아야 될 것"을 가르친다. 그리고 데살로니가전서 5:17은 "쉬지 말고 기도하라"고 말한다. 성령으로 행하는 그리스도인들은 기도의 삶을 산다. 모든 일을 놓고 성령을 통해 예수님과 대화를 나눈다. 직장과 가정사의 모든 일에 대한 그분의 지도를 구한다. "범사에 그를 인정하라" 잠 3:6는 가르침을 실제로 따르는 것이다.

끊임없이 성령께 순종하라.

"너희 지체를 의의 병기로 하나님께 드리라." 롬 6:13 성령으로 행하는 그리스도인은 끊임없이 하나님께 순종한다. 하나님의 말씀에 위배되는 것이 아닌 한, 그리스도인이 어떤 욕구를 갖는 것은 잘못이 아니다. 그러나 우리는 언제나 겟세마네 동산에서 우리 주님이 드리셨던 기도를 본받아야 한다. "내 원대로 마옵시고 아버지의 원대로 되기를 원하나이다."눅 22:42 우리가 고집스럽고 완고하게 우리 방식을 고수한다면 위험한 길로 접어들게 된다.

우리가 대학생인데, 올해 대학을 옮기고 싶다거나, 연휴에 친구를 집에 초대하고 싶다고 가정해 보자. 그런 마음 자체를 주님이 싫어하시지 않을까 우려할 필요는 없다. 우리의 욕구는 하나님이 주신 것일 수 있기 때문이다. 하나님은 "구하는 자에게 좋은 것으로 주시"마 7:11기 원하는 분임을 언제나 명심하자. 성령 충만하여 하나님께 순종하는 그리스도인은 모든 욕구마다 "주님의 뜻이라면 이것도 하고 저것도 하겠습니다."라는 마음을 갖는다.

예수님을 섬기라.

주 예수님이 말씀하셨다. "사람이 나를 섬기면 내 아버지께서 저를 귀히 여기시리라."요 12:26 예수님은 제자들에게 "나를 따라오너라 내가 너희로 사람을 낚는 어부가 되게 하리라"마 4:19고 말씀하셨고, "아무든지 나를 따라오려거든 자기를 부인하고 날마다 제 십자가를 지고 나를 좇을 것이니라"눅 9:23고 하셨다.

예수 그리스도께서는 우리가 그분을 본받아 섬기는 삶을 살기 원하신다. 모든 그리스도인은 예수님을 섬기도록 구원받았다. 누군가의 말처럼, 모든 그리스도인은 '선교사' 또는 '선교지'이다. 하나님은 사람들을 쓰셔서 그분의 일을 하신다. 우리의 약점을 극복하게 하시고 유용하고 효과적으로 그분을 섬기게 하셔서 우리의 삶에 만족을 주신다. 하나님을 섬기는 삶은 영원한 상급으로 이어질 뿐 아니라 현재의 문제도 치료한다.

우리 인간은 자신보다 더욱 높은 존재나 대상을 섬기지 않으면 만족을 얻지 못하도록 설계되었다. 그리스도인에게 그 존재는 하나님이다. 세상에서 가장 행복한 사람들은 예수 그리스도를 위해 열매 맺는 삶을 사는 이들이다. 강한 우울질 성향 때문에 오랫동안 우울증에 시달려온 한 학교 교사가 최근 내게 오랜만에 아주 즐거운 날이 있었다고 말했다. 그날 그는 다른 교사에게 예수님에 대한 자신의 신앙을 전할 "기회"가 있었다. 그는 신이 나서 "그날 기분은 이번 주중 최고였어요."라고 말했다. 그 형제가 그동안 성령으로 행하고 인연이 닿는 수백 명의 사람들에게 복음을 전했더라면 그토록 오랫동안 우울증에 시달리지는 않았을 것이다.

우울증에 빠진 사람은 선택의 기로에 서게 된다. '그리스도께 나를 드려 그분을 섬길 것인가, 자기 연민의 죄에 빠져 허덕일 것인가?' 결국 문제는 자기 연민이냐 섬김이냐 하는 것이다.

성령 안에서 행하는 것은 하나의 생활방식이다. 그것은 초자연적인 생활방식이며, 신자에게 내주하시는 하나님의 성령의 초자연적인 활동의 결과이다. 또 예수님을 구주로 영접할 때 기대할 수 있는 결과이기도 하다. 하나님의 말씀은 이전 것이 지나고 "새것이 되었다"고후 5:17 약속하기 때문이다.

습관의 힘

습관은 많은 사람들을 얽어매는 악한 세력이다. 이기심, 분노, 두려움, 우울증, 그리고 온갖 약점들에 되풀이해서 빠지는 자신의 모습을 보더라도 놀라지 말자. 그러나 그러한 습관에 휘둘릴 필요가 없다빌 4:13 참조는 사실은 명심해야 한다. 마귀는 우리의 길을 결사코 방해하겠지만 "너희 안에 계신 이가 세상에 있는 이보다 크심이라" 요일 4:4 하신 성경의 약속을 기억하자.

나는 자신의 약점들을 죄로 인정하여 하나님 앞에 자백하고, 그 약점들을 이길 수 있도록 간구하고, 승리를 얻었다고 믿고, 성령 충만을 구하고, 성령 안에서 행하고도 옛날의 이기적인 습관으로 되돌아가고 만 사람들을 여럿 보았다. 그들은 도무지 나아지는 게 없는 자신의 모습에 그만 낙담하고 넌더리를 내고는 포기해 버리곤 했다. 그것은 마귀의 속임수이다!

치료를 위해서는 믿음의 행위가 필요하다. 죄를 지었음을 의식할 때마다, 자신의 약점을 극복하기 위해 이번 장에서 제시한 단계들을 되풀이하자. 그러면 마침내 옛 습관에 휘둘리지 않는 자신의 모습을 보게 될 것이다.

초신자가 낙심해서 나를 찾아온 적이 있었다. 그는 예수 그리스도의 이름을 함부로 들먹여 왔는데 더 이상 그러면 안 된다는 걸 알고 있었다. 생각 없이 습관적으로 계속되는 그 말버릇 때문에 그는 무척 괴로웠다. 그는 크게 상심한 채 울부짖었다. "어떻게 해야 이 몹쓸 습관을 버릴 수 있을까요?" 나는 이렇게 답했다. "예수님의 이름을 불경스럽게 일컬을 때마다 먼저 그것이 죄란 사실을 인정하십시오. 그리고 하나님께 그 죄를 자백하고 그것을 없애주시도록 간구하십시오. 습관을 이기게 해주신 것으로 믿고 미리 감사하며 성령 충만을 구하고 성령으로 행하십시오."

그로부터 3주도 채 안 되어 그 사람은 내게 돌아와 이제 신성 모독은 옛날 일이 되었다며 기뻐했다. 분노로 성령을 근심하게 하거나 두려움과 우울증으로 성령을 소멸하는 악한 습관은 그와 다를까? 이제, 하나님이 약점을 고쳐주신 몇몇 그리스도인들의 사연을 소개할까 한다.

약점을 치료받은 사례들

기계공도 정신과의사가 필요할 수 있다

어느 날 젊은 기계공이 내 사무실을 찾아왔다. 그는 정신과의사에게 750달러를 쓰고 나서 마침내 자신의 문제를 알게 되었다고 말했다. "저는 제 어머니를 증오합니다!" 알코올 중독자인 어머니 때문에 삶이 가망 없이 혼란스러워졌고 아버지와의 관계도 틀어졌던 그는 무의식적으로 어머니를 경멸하고 있었다.

얼마 전에 결혼도 하고 신앙생활도 시작해서 새로운 삶에 즐겁게 적응하던 참이었는데, 그의 어머니가 알코올 중독자 수용시설에서 풀려나왔던 것이다. 어머니가 전화를 걸어오면서부터 그의 부부관계에 문제가 생기기 시작했다. 직장동료들과도 문제가 생겼다. 모든 일이 어긋났고 갑자기 궤양도 생겼다. 어머니가 전화를 걸거나 집에 들르기만 하면 하루가 엉망진창이 되는 것이었다. 그는 어머니가 30미터 이내에만 나타나면 털이 주뼛 선다고 했다.

내가 물었다. "그동안 정신과 치료를 받으셨다면, 저에겐 왜 오신 겁니까?"

그는 상당히 흥미로운 대답을 했다. "정신과의사는 제 문제가 뭔지 가르쳐 주었을 뿐 그 문제를 해결할 방법은 말해 주지 않았거든요."

어떤 면에서 보면 정신의학에는 답이 없다. 사람들의 성마른 성질을 변화시킬 초자연적 능력과 그 원천이 없기 때문이다. 감사하게도 이 젊은이는 예수 그리스도를 영접했고 앞서 제시한 절차를 잘 따랐기에 마침내 털이 곤두서지 않고도 어머니를 만날 수 있었고, 더 나아가 성령을 근심하게 하지 않고 어머니에게 친절하고 부드럽게 말할 수 있었다. 이후에도 그는 계속해서 그 절차를 따랐고 오늘날도 승리를 누리고 있다.

회의적인 엔지니어

또 다른 젊은이가 전화를 걸어와 아내와 상담을 해줄 수 있느냐고 물었다. 그의 아내는 한 주에 두 번씩 정신과 상담을 받는다고 했다. 두 사람 다 우리 교인은 아니었다. 나는 그의 아내가 나를 찾아오는 게 여의치 않을 듯해서 그에게 이런 제안을 했다. "선생님이 먼저 저를 한번 찾아오시는 게 어떻습니까? 그런 다음 집에 돌아가셔서 부인께 어떤 목사와 상담을 했더니 부인과도 얘기하고 싶어한다고 말하면 될 테니까요."

그는 좋은 제안이라고 말했고 우리는 점심약속을 했다. 나는 그가 문을 열고 들어오면서 했던 말을 절대 잊지 못할 것이다. 정오 사이렌이 울리고 있었다. 그는 시계를 들여다보더니 매우 뿌듯한 듯 이렇게 말했다. "기록이 깨지지 않았습니다. 평생 약속 시간에 늦은 적이 없다니까요!"

그는 자리에 앉자마자 아내가 얼마나 자신을 비참하게 만드는 정신병자인지 25분 동안 분통을 터뜨리며 설명했다. 마침내 그가 이야기를 끝마치자 나는 "사영리"를 이용해 예수 그리스도의 복음을 전했다.

젊은이는 재빨리 내게 말했다. "글쎄요, 전 예수님을 믿지 않습니다. 무신론자라서 그런 건 아닙니다. 그저 믿지 않습니다." 나는 예수님의 놀라운 주장과 그분의 신성에 대한 방대한 증거를 제시하고픈 목사 특유의 욕구를 간신히 눌러가며 그의 말을 무시하고 계속 "사영리"를 제시했다. 복음을 다 소개한 후, 나는 신자의 삶과 불신자의 삶을 나타내는 두 개의 동그라미를 그려놓고 이렇게 물었다. "어느 원이 지금 당신의 삶을 보여줍니까?"

그가 불신자의 동그라미를 가리키며 이렇게 말했을 때 나는 약간 놀랐다. "이 동그라미가 제 삶을 보여줍니다. 이게 바로 제 모습입니다."

그가 예수님을 믿지 않는다고 주장했기 때문에 나는 다소 주저하며 말했다. "지금 당신이 예수 그리스도를 영접하지 못할 이유가 있습니까?"

그는 내 얼굴을 똑바로 쳐다보더니 이렇게 말했다. "아닙니다. 사실 제게 필요한 게 바로 그겁니다." 그러더니 무릎을 꿇고 기도하기 시작했다. 그는 자신이 얼마나 쉽게 성내고, 억울해하고, 분개하고, 앙심을 품는 사람이었는지 자백하고, 예수 그리스도께 용서를 구한 다음 자신의 삶에 들어와 주시도록 요청했다. 영접기도를 마친 후 그는 주저앉아 울기 시작했다. 몇 분 동안 나는 잠자코 그를 보고만 있었다. 이윽고 그는 한숨을 내쉬고 말했다. "지금까지 이렇게 편안한 적이 없었습니다!"

그때 나는 새로운 그리스도인이 된 그 안에서 성령께서 일하시는 증거를 보았다. 그는 이렇게 말했다. "그건 그렇고, 목사님, 오늘 제가 아내에 대해 했던 말은 모두 사실이 아닙니다. 다 잊으세요. 대부분의 문제는 저 때문에 일어났습니다."

그는 2주 후에 다시 찾아왔는데, 어찌나 꼼꼼한 사람이던지 숙제로 내주었던 성경암송구절을 모두 외웠고, 성경공부를 마쳤고, 매일 성경을 읽고 있었다. 나는 그 사실이 무척 흥미로웠다. 내가 "부인은 어떻습니까?"라고 물었을 때 그의 답변은 성령께서 그의 삶에 기적적으로 완전한 변화를 이루셨음을 다시 한번 보여주었다. "썩 잘 지내고 있지는 못합니다만, 이해할 수 있습니다. 그 동안 제게 받은 상처들을 극복하는 데는 오랜 시간이 걸릴 겁니다." 사랑이 넘치고 자비롭고 친절한 그 젊은이는 2주 전의 성마르고 함부로 말하며 앙심이 깊던 사람이 아니었다. 그는 우리의 타고난 약점을 이기게 해주시는 성령의 능력에 대한 또 다른 증거였다.

2달 후, 남편의 삶이 달라진 데 감동한 그의 아내가 집에서 무릎을 꿇고 예수님을 주와 구주로 영접했다. 이제 그녀는 두려움의 문제에서 벗어났고 더 이상 정신과의사를 찾아가지 않는다.

우울증에 대한 승리

자주 우울증에 빠지고 두려움에 사로잡히는 한 가정주부와 상담을 했다. 5년 전 충격요법을 받은 그녀는 자신이 그토록 우려하던 두려움과 우울증의 악순환에 다시 빠져들고 있음을 느꼈다. 그녀는 크리스천 가정에서 자라났고 훌륭한 크리스천 사업가와 결혼했지만 지금도 두려움이라는 약점에 사로잡혀 있었다.

그녀의 경우, 문제는 단순한 기질적 약점이 아니라 과거의 죄에 대한 죄책감이었다. 11년 전에 저지른 죄를 아무래도 머리에서 떨쳐낼 수가 없었던 것이다. 입으로는 "하나님이 저를 용서하신 걸 알아요."라고 말하면서 "하지만 제가 스스로를 용서하지 못하겠어요."라고 덧붙이곤 했다.

나는 아무래도 그녀가 하나님의 용서를 제대로 이해하지 못했다는 생각이 들어서 하나님의 죄 용서에 대한 성경의 가르침을 모두 조사해 오라고 숙제를 내주었다. 2주 후 다시 돌아온 그녀의 얼굴은 환했다. 그녀는 난생 처음으로 자신의 죄에 대해 하나님과 화평을 누리는 것이 무엇인지 알았다고 했다. 그녀의 마음에 박혀 있던 그 죄는 점점 과거 속으로 사라졌고 그녀의 많은 두려움 또한 없어졌다. 그러나 여전히 가끔씩 장기간의 우울증에 시달렸기 때문에 그녀에겐 상담이 좀더 필요했다.

어느 날, 나는 그녀의 우울증이 자기 연민의 결과라는 점과 그녀가 하나님의 용서를 받아들였을 때 과거의 두려움을 치료받았던 것처럼, 자기 연민을 버린다면 우울증에서 벗어날 수 있을 거라는 사실을 설명했다. 완벽주의 성향이 있던 그녀는 남편의 부주의한 습관을 마음속으로 "씹어대곤" 했다. 또, 남편이 좀더 적극적으로 사랑을 표현하지 않는다고 불평할 때도 많았다. 그녀는 많은 부분에서 자기 연민을 느끼고 있음을 시인했다.

좋지 않은 습관들을 되돌아본 그녀는 그것이 죄란 걸 고백하고, 앞서 적용해본 방법을 적용함으로 비판과 자기 연민의 습관을 떨치고, 남편이 가져다준 축복들에 감사하기로 다짐했다. 몇 주 후 그녀는 전화를 걸어와 더 이상 상담을 받으러 올 필요가 없겠다고 말했다. 그녀는 몇 번이나 감사편지를 보내 왔고, 그녀의 남편 또한 "아내를 변화시켜 준" 데 대해 여러 차례 고마움을 표현했다. 그러나 그녀의 약점을 극복하게 해준 것은 상담이 아니라 성령을 통한 하나님의 능력이었다.

벗어날 길

이상은 하나님이 우리의 약점을 이기게 하실 수 있다는 사실을 보여주기 위한 몇 가지 사례에 불과하다. 대부분의 사람들은 자신의 문제를 과장하는 경향이 있다. 다음의 말씀을 기억한다면 큰 위로가 될 것이다. "여러분이 당한 시험은 모든 사람들이 다 당하는 시험입니다. 하나님은 신실하신 분이시므로 여러분이 감당할 수 없는 시험당하는 것을 허락하지 않으시고 여러분이 시험을 당할 때에 피할 길을 마련해 주셔서 감당할 수 있게 하실 것입니다." 고전 10:13, 현대인의성경

우리의 모든 약점들은 기질과 환경과 교육과 동기 부여의 결과이므로 "모든 사람들이 다 당하는" 것이다. 우리가 예수 그리스도를 주와 구세주

로 영접했다면 이제 성령께서 우리의 동인動因이시고 우리 성격의 가장 중요한 부분이시다. 예수 그리스도께서 우리에게 주시고자 하신 풍성한 삶요 10:10은 성령 충만을 통해 우리의 것이 된다. 지금까지 자신의 약점에 휘둘려 살아왔더라도 이제 용기를 내자. 예수 그리스도께서 그것들을 이기실 수 있다! 우리의 기질에 대한 통제권을 성령께 내어드릴 때, 전혀 새로운 삶이 열린다!

토의를 위한 질문

1. 기질별 약점들을 보여주는 12장의 도표를 참조하라. 자신의 기질조합을 생각해 보고 일상생활에서 중요한 순서대로 약점을 나열해 보자. (가능하다면 전체 그룹을 기질유형에 따라 네 개의 소그룹으로 나누고, 소그룹별로 솔직하게 약점을 토의해 보자.)
2. 그리스도인이 된다고 해서 우리의 옛 습관이 반드시 변화하는 것은 아니다. 그 이유는 무엇일까?
3. 무엇이 옛 습관을 바꿔놓는가? 성령으로 행하는 다섯 단계를 제시된 성경구절과 함께 꼼꼼히 분석해 보자.
4. 성령으로 행하는 데 있어 매일의 기도와 성경공부가 왜 그토록 중요할까?
5. 하나님과 이웃을 섬기는 일은 우리가 그리스도와 계속 동행하도록 도와준다. 그 일이 어떤 식으로 이루어질까?
6. 이번 장 끝 부분에 나오는 사례들에 대해 토의해 보자. 나쁜 습관을 이기는 데 있어 반복은 어떤 역할을 할까? 반복의 중요성을 보여주는 자신의 경험을 얘기해보자.
7. 마르틴 루터는 말했다. "자신의 힘을 믿는다면 우리는 싸움에서 지고 말 것이다." (시간이 된다면 "내 주는 강한 성이요"[찬송가 384장]의 전체 가사를 읽거나 노래해 보자. 이 찬양은 승리하는 그리스도인의 삶에 대해 어떤 깨달음을 주는가?)
8. 조용히 기도와 고백의 시간을 갖자. 그리고 약점을 극복하기 위한 처음 다섯 단계를 밟아 보자.
9. 이번 주에 결정해야 할 일 중에서 자신의 뜻을 하나님의 뜻에 맞춰야 할 일이 있는지 얘기해 보자.
10. 이번 주에는 하나님께 자신을 내어드려 하나님과 가족과 이웃과 모르는 사람을 섬겨보자. 구체적으로 어떤 일을 할 수 있을까?

CHAPTER 14

성령으로 달라진 기질들

상담가로 일하면서 나는 분명한 성령의 역사로 인해 기질이 크게 달라져 원래 모습이 거의 남아 있지 않은 사람들을 목격하며 큰 기쁨을 맛보았다. 그것은 사람의 약점을 보완함으로써 이루어진 일이다. 기질에 대해 전혀 모르는 사람에게 변화가 일어날 때 특히 신이 난다. 성령께서 변화시켜 주신 것이 분명하기 때문이다.

이런 기질의 조정은 남의 일만이 아니다. "거듭남重生"은 초자연적인 경험이기에 초자연적인 결과를 낳는다. 성령께서 사람 안에 영적인 힘을 넣어주시면 그 사람은 "새로운 피조물"로 보이게 된다. 기질이 달라지는 정도는 성령께 순복하는 정도, 그 삶이 성령으로 충만한 정도에 정비례한다.

갈라디아서 5:22-23에 나오는 성령의 아홉 가지 특성(열매)은 하나님이 기질이라는 원료를 사용해 어떤 변화를 일으키시는지 잘 보여준다. 책의 막바지에 이른 지금, 다시 한번 각 기질을 살펴 성령께서 어떻게 천성적 약점을 이기게 해주시는지 보자. 이러한 변화는 서서히, 대개 본인도 알아차리지 못하는 가운데 일어난다. 그러나 어떤 죄에 몹시 시달리다가 성령의 치료를 구한 사람의 경우는 다를 수 있다.

성령 충만한 다혈질

다혈질은 성령으로 충만해져도 한결같은 외향성을 보인다. 원기왕성하고, 분위기를 주도하고, 동정심이 많다. 원래 말이 많은 기질이다 보니 그의 변화는 대화에서 가장 먼저 나타난다. 말은 여전히 많겠지만, 그리스도 안의 새 생명이 대화의 주제가 된다. 그것이 그의 주요 관심사이기 때문이다. 구원받지 못한 다혈질이 늘 불경스럽고 어리석은 말을 되뇌는 반면, 그는 새로운 말들을 배우게 된다. 여전히 재치 있는 농담으로 사교 모임에 활기를 주지만, 음담패설이 아니라 건전한 농담을 즐긴다.

다른 사람들의 심정에 공감하는 마음은 여전하지만, 성령 충만한 다혈질의 긍휼에는 지향하는 바가 있다. 우는 사람들을 얼싸안고 마냥 우는 데 그치지 않고, 하나님의 약속을 나누고 예수님을 전함으로써 격려한다.

자제

다혈질에게 가장 심각한 문제는 의지박약일 것이다. 성령 충만해진 다혈질은 다수의 의견에 끌려가거나 "가장 손쉬운 길을 따르고 싶은" 유혹을 이길 힘을 얻게 된다. 좀더 일관성 있는 삶을 살게 되고, 좀더 조직적이고, 신뢰할 수 있는 사람이 된다. 기존의 책임을 잘 감당하기 위해 새로운 제안을 거절하는 법도 배우게 된다. 본래 주변 상황에 잘 흔들리지만, 이제는 이성과 단 둘이 있는 시간을 피하고 더 이상 성적 유혹을 즐기지 않는다. 가치관이 달라지고, 배우자를 더 매력적으로 여기게 된다. 또 가족의 행복을 더 중요하게 생각하게 된다.

성령 충만한 다혈질은 하나님께 쓰임받고 싶다는, 새로운 인생 목표를 발견한다. 성령의 쓰임을 받아 다른 사람들을 구세주께 인도하는 기쁨을 맛보게 되면, 이전의 생활방식은 더 이상 중요해 보이지 않는다.

평안

성령께서 다혈질에게 공급하시는 또 다른 힘은 평안이다. 다혈질은 본래 모든 일에 안달을 내지만, 성령께서 새로운 목표를 주시면 느긋한 평안을 얻게 된다. 자신의 길을 주님께 맡기는 법을 배우고, 다툼과 혼란만 일으키던 그가 사람들에게 즐거움을 주고 그들을 위로한다. 덕분에 경솔한 판단으로 인한 여러 가지 불쾌한 상황들을 피하게 된다.

이러한 평안과 자제력으로 불같은 성질을 다스리며, 분노를 이기기 위한 방법12장 참조에 따라 당혹과 수치를 피한다. 이렇게 그는 점점 더 큰 평안을 누리게 된다.

겸손

성령께서는 천성적으로 자기 중심적인 다혈질에게 새로운 겸손을 주셔서, 다른 사람들의 필요와 감정에 관심을 갖게 해주신다. 그는 더 이상 좌

 중을 웃기기 위해 한 사람을 바보로 만들지 않고, 다른 사람의 느낌을 존중해 새로운 유머를 찾는다. 그의 화제 역시 더 이상 자기 자신이 아니다. 그는 주 예수 그리스도와 기독교 사역, 그리고 다른 사람들에 대해 말한다. 한마디로, 저 잘난 맛에 살던 사람이 과거의 과시욕과 판이한, 예전엔 몰랐던 겸손을 알게 된다. 이렇게 겸손해진 덕분에 그는 새로운 친구들을 사귀게 된다. 자신을 드러내고 표현하는 기질이다 보니 주위 사람들도 그의 신앙에 대해 알게 되고 영향을 받는다.

대표적인 인물

사도 베드로는 성령 충만한 다혈질의 훌륭한 본보기이다. 오순절 이후, 베드로는 능력 있게 예수 그리스도를 전파했다. 그 시점부터 베드로의 삶에는 명백한 일관성과 자제력이 있었고 자기 유익을 구하는 모습은 찾아볼 수 없었다. 그전에도 리더였지만, 산헤드린 앞에서 보여준 행동행 4장에는 그의 본성과는 다른, 성령이 주신 자제력이 엿보인다. 성령으로 충만했기 때문에 그는 크게 쓰임을 받아 그리스도께 영광을 돌리는 삶을 살았다.

내 주위엔 거의 순수 다혈질이라 할 만한 영업사원 친구가 있다. 어느 날, 그가 내게 점심을 사며 자신의 문제를 털어놓았다. 지난 분기에는 영업소 판매왕에 올랐던 그가 이번에는 시들해져서 한 분기 내내 아무것도 못 팔았다는 것이다. 음욕에 시달리면서 예전의 방탕한 생활이 다시 매력적으로 보인다고 했다. 주일 성경공부도 그만뒀고 하찮은 핑계거리로 예배도 빼먹고 있었다. 그야말로 참담한 상태였다!

나는 "주께서 그 사랑하시는 자를 징계하시므로"히 12:6 성령께서 그를 그대로 내버려두지 않으실 것이고 그의 참담함은 주님이 주신 것임을 지적했다. 이어서 성령 충만한 삶에 대해 말하자 그는 잘 이해했다. 나는 그가 점차 새로운 자제력을 얻는 모습을 지켜보았다. 그로부터 지금까지 1년 이상 그는 매달 영업소에서 1-2위의 영업순위를 기록해 왔고 가정생활도 변화되었다. 그러나 더 좋은 일이 있었다. 그는 하나님의 쓰임을 받아 신자, 불신자를 막론한 많은 사업가들에게 큰 영향을 끼쳤다. 그는 지금의 성령 충만한 삶을 예전의 생활방식과 바꿀 마음이 전혀 없다고 말한다.

많은 다혈질 크리스천들이 성령 충만을 구했고 성령으로 행하면서 하나님의 쓰임을 받아 복음을 전했다. 하늘나라에서 그들의 상급이 클 것이다! 그러나 슬프게도, 안절부절하며 부질없이 살다가 싸움이나 벌이고, 다른 신자들에게 상처나 주고, 그래서 사실상 교회의 사역을 방해한 다혈질들도 무수히 많았다. 그들은 구원을 얻되 "불 가운데서 얻은 것"고전 3:15 같을 것이고 거의 상급을 기대할 수 없을 것이다. 성령으로 충만해지고 그리스도 안에 거하라는 하나님 말씀에 순종하지 않았기 때문이다.

나의 가장 소중한 친구 켄 포는 주님의 일을 하는 부흥사다. 그는 중고차 중개업을 하던 중 예수님을 믿게 되었다. 당시의 그에 대해서는 아는 바가 없지만, 그의 말에 따르면 자신은 구원받지 못한 가정에서 자랐고 그 흔적이 곳곳에 있었다고 한다. 육신을 좇아 말하고 행했다는 뜻일 것이다.

그를 안 지 어언 30년이 지났지만 그는 어떤 성령 충만한 다혈질보다 단연 일관성이 있다. 누구보다 외향적이고 어떤 개그맨보다 더 재미있다. 모두가 그와 함께 있는 걸 좋아한다. 그는 분위기를 살리는 데 뛰어난 재주가 있고, 말씀 안에 거하며 타고난 본성을 뛰어넘는 깊은 영성의 소유자이다. 그가 캠프 목회자로 있었고, 40년 이상 대표를 맡은 홈레이크에서 수천 명의 사람들이 주님을 영접함으로 구원받았고 주님을 섬기기로 결심했다. 그가 보여준 일관성은 다혈질에게선 찾아볼 수 없는 성향이다. 그것이 성령의 역사다!

성령 충만한 담즙질

성령 충만한 담즙질은 역동적이고 유능한 크리스천 지도자가 되는 경우가 많다. 본래 의지력이 강한 그가 성령의 인도로 영원한 목표를 추구하게 되면 더욱 많은 열매를 맺는다. 그는 주님의 일을 완수하기 위해 "전력을 다한다." 사실 교회사의 많은 위대한 지도자들이 강한 담즙질이었다. 그들이 많은 일을 해내는 것은 특별히 머리가 좋아서라기보다는 적극적인 정신과 집요한 결단력의 결과였다.

몇 년 전에 실시한 한 판매회사의 조사에 따르면, 뛰어난 판매원과 평범한 판매원의 차이는 17%의 노력에 달려있다고 한다. 담즙질 그리스도인은 기꺼이 그 여분의 노력을 기울일 사람이다. 그런 노력 위에 타고난 낙관주의가 더해지면 "하나님을 위해 큰일을 벌일" 사람이 탄생한다.

지난 20년 동안, 나는 미국 전역의 수천 명의 목회자들과 협력해서 가정생활세미나를 열었다. 그 목회자들의 상당수가 담즙질이었고, 독립교회나 침례교의 경우 그 비율은 더욱 높았다. 실제로 목회자의 기질조합은 대부분 다혈담즙질 또는 담즙다혈질이다. 목회 방식을 보면 그 차이가 분명하게 드러난다. 교인들을 사랑하고 정이 살아있는 교회로 이끄는 따뜻한 목회자는 다혈담즙질이다. 조직력과 교인들의 마음을 움직이는 설교는 담즙다혈질의 특징이다.

교회사를 보면 담즙질 지도자들이 때때로 하나님의 공로를 가로채고 싶은 유혹에 넘어져 성령을 근심케 하는 경우가 있다. 주님의 일을 인간의 힘으로 하고자 할 때, 그의 지도력은 오히려 위협이 된다. 담즙질은 타고난 능력이 탁월하기 때문에, 그가 성령을 소홀히 한다는 사실을 다른 사람들이 깨닫기까지는 어느 정도 시간이 걸린다. 바울은 "내가 그리스도를 본받는 자 된 것같이 너희는 나를 본받는 자 되라" 고전 11:1고 말했다. 우리는 그리스도를 본받는 크리스천 지도자만을 본받아야 한다. 그리스도의 모습은 그분의 말씀에서 볼 수 있다.

성령 충만한 담즙다혈질이 목회에 성공을 거두는 열쇠는 의지력이 아니라 성령께 의지하는 믿음이다. 최신 마케팅 전략이 아니라 그 안에 계신 성령의 능력이다. 담즙질 특유의 교만을 피한 사람들도 많지만 그렇지 못한 사람들 또한 많다. 내가 아는 많은 목회자들 중 간음죄를 저지른 사람들은 대부분 오만한 사람들이었다. 목회자건 평신도건 담즙질은 자신이 규칙에 매이지 않는 사람이라고 생각하는 듯하다. 하나님의 원칙을 전하면서도 정작 자신에게는 그 원칙을 적용하지 않기도 한다. 그러다 보면 결국 스스로 걸려 넘어지게 된다. "하나님은 만홀히 여김을 받지 아니하시나니 사람이 무엇으로 심든지 그대로 거두리라" 갈 6:7고 했기 때문이다.

반면, 대단히 조직적인 리더면서도 그리스도께 의지하는 겸손한 마음을 가진 목회자들도 있다. 그런 사람의 믿음은 주위 사람들에게 큰 영향을 끼친다. 그들은 하나님을 위해 큰일을 벌일 뿐 아니라, 그 꿈이 이루어진다는 확신을 다른 사람에게도 심어준다. 교회사에는 하나님의 능하신 손 아래서 자신을 낮추어 그분의 쓰임을 받은 탁월한 담즙질 지도자들이 많다. 현대의 훌륭한 선교단체들을 세워 초기에 이끈 이들은 대부분 헌신된 담즙질이었다.

담즙질은 영적인 힘이 가장 많이 필요한 기질이다. 그러나 정작 본인들은 그 사실을 잘 받아들이지 않는다. 담즙질은 뿌듯한 성취감이 주는 유혹을 좀처럼 떨쳐내지 못한다. 그는 성령의 도움 없이 "주의 일을 하는" 데 만족할 때가 많다. 바울과 더불어 자신이 "매일 죽어야" 한다는 사실을 인정하고, "내가 그리스도와 함께 십자가에 못박혔나니 그런즉 이제는 내가 산 것이 아니요 오직 내 안에 그리스도께서 사신 것이라"갈 2:20고 기꺼이 말할 수 있는 담즙질(과 그 가족들)은 복되다.

사랑

성령 충만한 담즙질에게 첫 번째로 나타나는 변화는 다른 사람을 사랑하는 마음이다. 담즙질은 서서히 그리스도께서 목숨을 내어주신 소중한 존재로 다른 사람들을 보게 되고, 순수한 연민을 가지고 그들을 바라보게 된다. 하나님의 말씀을 전하기 위해 선교사를 파송해야 하는 이유도 비로소 깨닫게 된다.

사촌이 성경 번역 선교사가 되어 "브라질의 정글에 인생을 묻겠다."는 말을 들은 한 담즙질 불신자가 이런 말을 했다. "나라면 기관총을 갖고 원주민들을 소탕해 버릴거야." 그런데 사촌이 선교지에서 첫 번째 선교활동을 하는 동안, 그가 회심했다. 그는 4년 후 돌아온 사촌을 공항에서 맞이했고 사촌의 가족 전부에게 새 옷을 맞춰 주었다. 성령께서 그를 변화시키셨기 때문이다. 최근 그는 부부가 함께 위클리프성경번역선교회를 위해 기금 모금을 하고, 성경이 없는 전 세계 부족들에게 복음을 전할 일꾼들을 모으는 일을 하기로 했다고 말했다! 오직 성령께서만 그런 냉혈한의 가슴에 사랑을 심어 주실 수 있다!

평안

성령 충만한 담즙질은 별다른 일을 하지 않을 때도 풍성한 평안을 맛본다. 직관적인 판단력을 근거로 설익은 채 후다닥 달려 나가는 대신, 하나님의 지혜를 구하고 "주님을 기다리기"가 점점 더 쉬워진다. 예전처럼 분노에 시달리지 않고, 하나님의 평안을 누리면서 더 큰 행복과 만족을 맛본다. 부당한 일을 당해도 "안달하고" "맘을 졸이는" 대신, 모든 염려를 주님께 맡기는 법을 배운다. 복수는 하나님의 몫으로 맡긴다. 한마디로, 제 방식으로 일하기보다는 성령 충만을 받아 예수님과 동행하는 삶을 더욱 귀히 여기게 된다.

그는 영혼과 마음의 평안뿐 아니라 육체의 건강도 얻게 된다. 나는 식구 네 명 모두가 담즙질인 가족을 안다. 그런데 그 집에서 가장 담즙질 성향이 강한 사람 딱 한 명만 궤양이 없었다. 그가 가족 중 성령 충만한 삶에 대해 배운 유일한 사람이라는 사실은 절대 우연이 아닐 것이다.

온유

성령으로 충만해지면 담즙질은 퉁명스럽고, 무뚝뚝하고, 밉살스런 성향을 버리고 정중하고, 품위 있고, 예의바르게 처신한다. 사람들 앞에서 아내를 무시하던 그가 아내를 존중하기 시작한다. 배려와 예의 자체가 의미 있어서라기보다는, 아내가 그런 태도를 중요하게 생각하고 또 그것이 예수님을 전하는 좋은 본이 되기 때문이다.

자비

성령께서 교만한 담즙질의 마음에 자비와 겸손을 주시면, 담즙질은 다른 사람들을 위해 뭔가 하고 싶은 새로운 욕구를 가지게 되고, 다른 사람이 자신의 잘못과 약점을 지적해도 참을 수 있게 된다. 다른 사람의 약점을 보게 되어도 우월감을 느끼지 않고, 자제력을 선물로 주신 하나님께 감사하게 될 것이다. 담즙질에게 자제력은 쓰면 쓸수록 그 소중함을 더욱 알게 되는 선물이다.

양선과 오래 참음

세상에는 어려운 사람들이 너무 많기 때문에 성령 충만한 담즙질은 그들을 돕는 일로 언제나 바쁠 것이다. 그러나 이제는 자신의 활동 욕구를 채우기 위한 "선"을 행하는 데 시간을 들이는 대신, 성령의 인도를 받아 모든 사람에게 가장 필요한 예수 그리스도의 복음을 전하는 데 전력을 다하게 된다. 그는 새로운 품위와 오래 참음과 재치로 많은 영혼을 구원의 자리로 이끌고, 주님을 위해 사람들에게 정성을 들이는 풍성하고 보람된 삶을 살게 되며 주의 명령에 순종함으로 하늘나라에 상급을 쌓는다.

대표적인 인물

몇 년 전, 나는 담즙질을 변화시키는 성령의 능력을 분명히 보았다. 우리 교회에 그야말로 심술궂은 십대 소년이 한 명 있었다. 네 살배기 여자아이는 그 근처에도 가지 않으려 했다. 그 소년이 고등학교 3학년이 되었을 때 성령께서 그의 죄를 깊이 깨닫게 하셨다. 그때 그는 세례도 받았고 교인명부에도 올라 있었지만 자신이 거듭나지 않았음을 알게 되었다. 그해의 마지막 날, 그는 예수 그리스도를 자신의 주와 구주로 영접했다.

그 소년에게 나타난 변화는 참으로 놀라웠다! 그는 믿기 어려울 정도로 점잖고 친절해졌다. 두 달 후, 예배를 마치고 인도까지 걸어 나간 그 소년을 보고 내 어린 딸이 교회 유아실 계단에서 뛰어 내려갔다. 그가 미소를 머금고 딸아이를 향해 양팔을 내밀자 놀랍게도 딸아이는 펄쩍 뛰어 그에게 꼭 안겼다. 그의 겉모습은 변한 게 없었지만, 분명히 이전과는 전혀 다른 사람이었다.

성령 충만한 담즙질은 본성적인 담즙질이 모르는 많은 축복을 누리게 된다. 그 중에서도 대표적인 것이 사랑과 우정이다. 구원받지 못한 담즙질은 절친한 친구가 많지 않다. 존경도 받고 인정도 받지만 좀처럼 사랑은 받지 못한다. 그러나 성령 충만을 받을 때, 담즙질은 순수하고 우아한 인품으로 사람들에게 호감을 주게 된다. 자연적인 담즙질은 가족조차 자신을 사랑하지 않는 사실에 "아무 상관없다"고 대꾸한다. 그러나 속으로는 그렇지 못하다. 그의 마음은 성령 충만의 절박한 필요성을 알기 때문이다.

사도 바울은 성경 인물 중에서 성령 충만한 담즙질의 가장 좋은 본이다. 미숙한 담즙질일 때의 모습은 사도행전 8-9장에서 볼 수 있다. 그러나 그가 얼마나 달라졌는지, 회심 후 그의 처신을 본 많은 사람들은 그의 변화를 예수 그리스도의 초자연적인 능력으로 인정하지 않을 수 없었다.

성령 충만한 우울질

우울질의 많은 재능은 성령 충만으로 인해 더욱 풍성해지고 많은 열매를 맺는다. 우울질은 감정이 풍부하고 민감한 성품을 가진 탓에 다른 사람의 마음속 필요를 진심으로 공감한다. 잃어버린 영혼의 처량한 울부짖음을 그 누구보다 분명하게 들을 수 있다. 우울질이 성령으로 충만해지면 그 울부짖음뿐 아니라 그들을 위한 하나님의 일에 쓰임 받을 수 있다. 분석적 완벽주의 덕분에 외향적 기질들이 소홀히 하기 쉬운 세부작업에 특히 적임자다.

성령 충만한 우울질은 다른 사람의 부주의에 짜증을 내며 능률이 떨어지는 게 아니라 주님을 조용히 섬기고 하나님 나라의 일을 하는 것을 기쁨으로 여길 것이다.

우울질의 희생정신은 수천 명의 선교사를 낳았다. 나는 박사 논문 준비의 일환으로 43개국에 나가 있는 선교사 천 명의 기질을 분석했다. 조사 결과 70%가 우울질이었다. 많은 그리스도인들은 다른 사람들이 모두 포기한 후에도 집요하게 자신을 전도한, 신실하고 성령 충만한 우울질을 회상할 수 있을 것이다. 다른 사람에 대한 지극한 연민 때문에 그는 어려움도 무릅쓰고 사람들을 주께로 인도한다.

아름다운 찬양과 의미심장한 시, 메시아와 같은 웅장한 음악, 위대한 예술작품, 깊은 영적 진리가 담긴 글 등은 성령의 인도하심을 받고 성령의 힘을 덧입은 우울질의 재능으로 인해 나타난 결과물이다. 소수의 그리스도인들만이 그런 것들 속에서 우울질의 재능을 읽어낸다.

양선

우울질의 삶을 좌지우지하는 이기심은 그가 성령으로 충만해질 때 자비와 온유에게 자리를 내주고 만다. 우울질을 위한 최상의 요법은 자신에게서 눈을 떼고 다른 사람의 일에 참여하는 것이다. 그러나 예수 그리스도께서 그에게 새로운 눈을 열어 주시지 않으면 그런 일은 일어날 수 없다.

성령의 자비와 양선이 우울질 안에서 작동하기 시작하면, 그는 자신을 "죄인 중의 괴수"요 하나님의 무한하신 긍휼을 받은 자로 여기게 된다. 그럴 때 그는 참으로 겸손해진다.

우울질은 맡은 일을 대충 하는 법이 거의 없지만, 성령 충만을 받을 때 다른 사람들의 필요에 너무나 예민해져서 그들을 섬기기 위해 하나님께 자신을 드리게 된다. 이제 그 일을 하는 원동력은 그의 완벽주의가 아니라 성령의 역사이다. 성령께서 원하시는 것이 그의 완벽주의가 아니라 그 자신임을 깨닫게 될 때, 그는 하나님께 쓰임받을 준비가 된다.

하나님은 누구든 쓰실 수 있다. 바울은 이렇게 말했다. "내가 약할 그 때에 곧 강함이니라." 고후 12:10 우울질이 그 사실을 깨닫게 되면 다른 사람들의 약점에 더 관대해지고, 비판하고픈 충동도 덜 느끼며 그들의 예민한 마음을 상하게 하지도 않는다. 보통의 우울질은 그날 하루 자신에게 쏟아진 비판, 쓰라린 말과 생각, 그리고 그 결과들을 곱씹다 고문대 같은 잠자리에 눕지만, 성령 충만한 우울질은 평안하게 잘 수 있다. 성령 충만한 우울질은 맡은 일에 최선을 다한 것으로 만족하고 결과는 하나님께 맡긴다.

충성(믿음)

성령의 일곱 번째 열매인 믿음은 우울질의 비관적인 성향을 없애준다. 비관주의는 전염성이 있지만, 믿음은 비관주의를 치료한다. 우울질 신자가 성령의 다스림을 받으면, 이전엔 불가능해 보이던 일들도 하나님의 능력을 염두에 두고 바라보게 된다. 우울질 모세는 믿음으로 위대한 지도자가 되었다. 오늘날 거대한 장애물에 직면한 많은 신자들이 믿음의 눈으로 그것을 바라보았고, 그리하여 하나님이 주시는 승리를 맛보았다. 하나님은 믿음의 사람들을 찾고 계신다.대하 16:9 하나님은 천재와 지성인들을 찾으시는 게 아니라, 불가능을 이루시는 그분의 능력을 믿는, 쓸 만한 그릇을 찾고 계신다.

몇 년 전 내가 쓰던 갈색 선글라스가 부러졌다. 새 선글라스를 사러 다니다가 녹색 렌즈를 쓰면 사물이 한층 생기 있게 보인다는 것을 알게 되었다. 풀이 더 푸르게 보이고, 하늘은 더 파랗게 보이고, 한마디로 모든 색깔이 더 선명해졌다. 그때 문득, 성령 충만한 신자는 믿음의 안경을 쓰게 되어 모든 것을 더 좋게 바라본다는 생각이 들었다. 불가능이 가능해지고, 이룰 수 없던 것들이 이루어진다. 이런 어두운 시대에 성령 충만한 사람은 참으로 복되다. 믿음의 안경은 모든 것에 생명력을 부여하기 때문이다.

하나님은 성경 시대는 물론, 이후 역사 속에서도 온갖 사람들을 사용하셨다. 그 중에는 사도 바울처럼 잘 훈련된 천재도 있었고, 베드로처럼 훈련받지 못한 보통 사람도 있었다. 그러나 하나님의 쓰임을 받은 사람은 시대를 막론하고 믿음이라는 공통점이 있다. 두려움과 의심, 염려는 그리스도인이 하나님께 쓰임받지 못하도록 방해하는 최악의 요소들이다.

희락과 평안

우울질이 타고난 울적함은 성령의 희락과 평안에 배겨 나지 못한다. 우울질을 포함한 그 누구라도 성령 충만한 상태에서 우울증에 빠질 수는 없다(신체적인 원인에 의한 경우는 예외다). 그들은 절대 우울증에 빠지지 않는다는 뜻이 아니다. 우울하고 울적할 때는 성령 충만하지 않은 상태라는 의미이다. 상황에 휘둘리지 않고 성령 충만한 상태를 유지하면, 울적함도 점차 사라질 것이다.

그리스도인의 희락과 평안의 원천은 하나님의 말씀과 성령의 은사, 이 두 가지이다.골 3:15-17, 엡 5:18-21 참조 울적한 상태인데도 불구하고 성경을 절대 읽지 않는 그리스도인들이 있다. 그들은 하나님의 말씀을 읽어 마음과 영혼을 새롭게 하기보다는 그저 빈둥거리며 자기 연민에 빠지는 쪽을 택한다. 예수님은 이렇게 말씀하셨다. "내가 이것을 너희에게 이름은 내 기쁨이 너희 안에 있어 너희 기쁨을 충만하게 하려 함이니라."요 15:11 "이것을 너희에게 이름은 너희로 내 안에서 평안을 누리게 하려 함이라 세상에서는 너희가 환난을 당하나 담대하라 내가 세상을 이기었노라."요 16:33

성령의 희락과 평안을 받은 우울질은 하나님의 풍성한 은혜를 누릴 마음의 준비가 된다. 성령 충만한 한 우울질이 내게 이렇게 말한 적이 있다. "성령으로 행하게 되면서부터 저는 행복을 좇는 일을 그만두었습니다. 그런데 어느 날 저는 깨달았습니다. 제가 행복하다는 사실을요!"

나는 성령 충만한 우울질이 어떤 상황에도 주님을 떠나지 않고 신실하게 섬기는 모습을 보았다. 그것은 성령이 주신 희락으로 자신의 삶이 완전히 달라졌음을 자신이 잘 알기 때문일 것이다. 그에 비해 다른 기질들은 그리스도 안에서의 새로운 삶을 당연하게 여기다가 감사할 줄 모르던 옛 사고방식으로 더 쉽게 돌아가 버릴 수 있다.

사랑

성령 충만한 우울질은 하나님의 사랑을 깊이 맛보면서 자기 몰두에서 벗어나 예수님과 다른 사람들에게 더욱 관심을 갖게 된다. 그것만으로도 우울증에 대한 좋은 치료가 된다. 하나님의 사랑에 힘입어 우울질은 다른 사람이 된다.

대표적인 인물

한 우울질 주부가 내게 다혈질 남편이 한결같지 못한 것을 불평했다. 언제나 귀가시간이 늦고, 도대체 믿기 어렵고, 옷도 대충대충 입고, 늘 감당할 수 없을 만큼 많은 일을 떠맡는다는 것이었다. 그녀는 그렇게 내 앞에서 남편 흉을 잔뜩 보았다. 나는 하나님이 그녀보다 오히려 약점이 많은 남편을 사용하고 계심을 부드럽게 지적했다. 역동적인 초신자였던 그는 여러 직장 동료들과 고객들을 예수님께 인도했다. 그녀는 남편보다 훨씬 재능이 많고 창의적이면서도 좀처럼 복음을 전하지 않았고 주님을 섬길 "적당한 때"만 마냥 기다리고 있었다.

왜 그랬을까? 남편은 주님을 섬기는 데 자신을 드렸다. 그런데 아내는 때가 적절치 않거나, 성경구절을 제대로 모르거나, 상대의 기분을 상하게 할까봐 전전긍긍하기만 했다.

그러나 오늘날 그녀는 전도왕이다. 이제 그녀는 변명 대신 "주님, 여기 제 입술이 있습니다. 원하시면 사용해 주십시오."라고 기도한다. 대화를 어떻게 시작해야 할지 모를 때도 있지만 성령께서는 계속 그녀를 사용하신다. 성령께서 주시는 자비와 양선은 누구라도 하나님의 쓰임을 받게 하고 열매 맺는 삶을 살게 한다.

나는 24세 여성을 통해 또 다른 극적인 변화를 목격했다. 그녀는 극심한 우울증으로 4년 동안 치료를 받고 정신병원에서 퇴원하는 길에 우리 교회에 출석했다가 예수님을 구주로 영접했다. 그녀만큼 놀라운 변화를 보여 준 사람도 없었지만 그녀만큼 많은 진전이 필요했던 사람 역시 드물었다. 그녀는 말할 수 없이 어려운 환경에서 자라났고 삶의 기쁨을 거의 알지 못했다. 우리는 그녀를 집중 양육했고, 그 변화는 누가 봐도 분명했다.

나는 그녀가 정기적으로 정신과 의사의 진단을 받아야 하는 줄 몰랐다. 어느 날 그녀는 교회로 전화를 해서 지금 병원에 있으니 와서 자기를 데려가 달라고 눈물로 호소했다. 담당 정신과 의사는 그녀의 변화를 느끼고 그 동안 어디에서 무엇을 했느냐고 물었고, 그녀는 자신의 구원 체험에 대해 순진하게 말했다. 담당 의사는 위기감을 느꼈던 듯하다. 그는 자리에서 벌떡 일어나 그녀 앞에 떡 버티고 서서 소리 높여 이렇게 경고했다. "종교란 결국 제 무게에 못 이겨 일순간에 무너지고 마는 엉터리 버팀목일 뿐입니다. 그렇게 되면 결국 증상이 악화되고 말 겁니다!"

당연히 그녀는 크게 상심했고, 그런 상황에서 교회로 전화를 했던 것이다. 상담 교역자는 그녀에게 택시를 타고 곧바로 자기 사무실로 오라고 했다. 그는 두 시간 동안 그녀와 마주앉아 그 상한 마음을 싸매려 노력했고, 그녀는 마침내 교역자가 제시하는 다음의 성경 말씀을 이해할 수 있었다. "육에 속한 사람은 하나님의 성령의 일을 받지 아니하나니 저희에게는 미련하게 보임이요 또 깨닫지도 못하나니 이런 일은 영적으로라야 분변함

이니라."고전 2:14

그 후 그녀는 상담 교역자의 충고에 따라 무분별한 정신과 의사를 용서하고 계속 성령으로 행하며 자신이 낫고 있음을 믿고 하나님께 감사해야 한다는 확신을 갖게 되었다.

나는 그 여성이 사회의 당당한 일원으로 활짝 꽃피는 모습을 지켜보았다. 그녀는 병원에 일자리를 구했고, 야간학교를 다니며 교회 청년부 활동도 열심히 했다. 서른 즈음에는 암 환자 전담부서의 주임이 되었다. 그녀는 하나님의 구원과 성령 충만한 삶을 통해 전혀 새롭게 사는 법을 발견했고, 두 번 다시 상담가들의 치료를 받을 필요가 없었다.

도마는 하나님이 성령 충만한 우울질에게 베푸시는 은혜를 잘 보여주는 인물이다. 그는 다음과 같은 말 때문에 의심하는 제자로 알려져 있다. "내가 그 손의 못자국을 보며 내 손가락을 그 못자국에 넣으며 내 손을 그 옆구리에 넣어 보지 않고는 믿지 아니하겠노라."요 20:25 그것은 도마의 의심이 낳은 노골적인 불신이다. 주님께서 다시 살아나실 거라고 거듭 말씀하셨고, 나머지 열 제자가 "우리가 주를 보았노라"요 20:25고 말했음에도 그런 말을 했으니 노골적이랄 수밖에 없다.

우울질 도마의 비관주의는 또 다른 상황에서도 드러난다. 요한복음 11장에서 예수님은 목숨이 위험하다는 제자들의 경고에도 불구하고 한사코 베다니 나사로의 집으로 가고자 하셨다. 주님의 단호한 결심 앞에서 도마는 동료 제자들에게 이렇게 말했다. "우리도 주와 함께 죽으러 가자."16절

인간적으로 볼 때 비관적인 사람은 실패하기 마련이지만, 도마의 경우는 그렇지 않았다. 도마는 성령으로 충만해진 후 계속해서 신실하게 주님을 섬겼다. 성경은 도마의 나머지 인생에 대해 들려주지 않는다. 그러나

나는 인도 마드라스에 갔을 때 그곳에서 도마의 무덤을 보았다. 많은 학자들이 역사적 사실로 인정하는 그의 선교활동은 이렇다. 오순절 후, 도마는 성령의 이끄심을 받아 인도로 갔고, 그곳에서 위험을 무릅쓰고 능력 있게 그리스도를 전파했다. 그로 인해 많은 사람들이 회심했고 교회들이 세워졌다. 오늘날 인도 남부 교회들의 기원은 의심 많은 우울질 도마가 성령 충만해져서 예수 그리스도의 신실한 종이 된 1세기로 거슬러 올라간다.

성령 충만한 점액질

구원받지 못한 점액질은 그리스도인보다 오히려 더 그리스도인처럼 행동할 때가 많다. 그들은 천성적으로 차분하고, 태평하고, 평화롭고, 유쾌하고, 한결같기 때문이다. 그런 특성들은 기본적으로 그리스도인에게서 나타나는 모습이다. 그럼 성령께서는 점액질을 위해 어떤 일을 하시는가?

우선, 점액질의 감정과 생각이 그의 겉모습과 더욱 일치하게 하신다. 엉큼하고, 완고하고, 겁 많고, 무심하고, 될 대로 되라는 식의 약점들도 이기게 하신다. 점액질은 좋은 지도자로서의 자질이 있는데, 성령께서 그러한 잠재력을 발휘할 힘을 주신다. 본래의 점액질로서는 있을 수 없는 일이지만, 성령 충만한 점액질은 리더 역할을 자원할 수도 있다.

사랑

성령의 첫 번째 열매, 사랑은 점액질에게 커다란 의욕을 심어준다. 그 마음에 타인을 향한 순전한 사랑이 가득 참에 따라, 자기 보호의 껍질에서 벗어나 적극적으로 그리스도를 섬기게 된다. 주님을 사랑하게 될수록 더욱 자신을 잊고, 이전에 거절했던 일도 주님을 위해 맡게 된다. 주님의 능력을 힘입어 구경꾼에서 자발적인 리더와 참여자가 된다.

성령께서 주시는 사랑의 은사로 한결 부드러워진 점액질의 유머는 가족과 동료들에게 큰 즐거움을 준다. 하나님은 점액질을 사용하셔서 다른 사람들에게 활력을 주시고, 안정을 주시고, 힘을 주신다.

충성(믿음)

성령 충만한 점액질에게 주어지는 믿음의 은사는 깊이 뿌리내린 두려움을 쫓아낸다. 두려움은 가혹한 노예감독이다. 성령께서 확신과 믿음을 주시면 점액질은 자신에게 있던 많은 제약들을 떨치게 된다. 많은 점액질들이 "나는 사람들 앞에서 아무 말도 안 할 거야."라고 말한다. 그러나 성령의 능력으로 그들은 달라진다.

그러한 변화는 하룻밤 새 나타나지 않는다. 그러나 다른 사람들에게 관심을 기울이고 그들에게 복음을 전하고픈 갈망이 서서히 두려움을 이겨낸다. 그는 한번 말을 시작하면 대개 잘한다. 준비가 잘 되어 있는데다 생각도 잘 정돈되어 있기 때문이다. 결코 외향적이진 않지만 정보와 논리가 잘 갖춰진 점액질의 차분한 메시지는 수다스러운 외향성에 흥미를 잃은 사람들에게 환영을 받는다.

양선

성령으로 충만해짐에 따라, 점액질은 그에게 능력 주시는 그리스도 안

에서 모든 것을 할 수 있다는 사실을 서서히 깨닫게 된다.빌 4:13 참조 그런 깨달음에 힘을 얻은 그는 다른 사람을 섬길 기회를 찾게 되고, 기질상 믿을 수 있고 일을 잘하기 때문에 더 큰 기회들이 다가오게 된다.

자비

성령께서 주시는 양선과 자비로 인해 점액질은 다른 사람들을 생각하게 되고, 다른 사람들의 필요가 의욕의 원천이 된다. 관대함이 영혼에 밀려들고, 타고난 이기심은 자신의 소유와 시간을 내어주는 새로운 은사에 자리를 내주게 된다.

절제

성령께서 주시는 절제는 점액질이 맡은 일을 끝까지 해내고 여러 가지 새로운 일을 할 수 있게 해준다. 생산적이고 신실한 많은 사역자들이 성령 충만한 점액질이다.

점액질의 좋은 본보기는 태평하고 온화한 아브라함이다. 오랫동안 두려움에 휘둘려 살던 아브라함은 하나님을 믿고 너무도 달라졌다. 갈라디아서 3:6 말씀을 보자. "아브라함이 하나님을 믿으매 이것을 그에게 의로 정하셨다." 그의 가장 큰 약점이었던 두려움이 성령으로 인해 가장 큰 자산, 믿음으로 바뀌었다.

모든 약점을 이기는 힘

성령의 아홉 가지 열매는 모든 인간의 약점을 이길 힘을 준다. 하나님은 우리가 자신의 약점과 결점에 휘둘리길 원하지 않으신다. 그것이 성령께서 우리에게 오신 이유 중 하나이다. 스스로의 약점을 깨달은 대부분의 사람들은 자신이 다른 기질이기를 바라지만, 그것은 정작 자신에게 무엇이 필요한지 모르고 하는 생각이다. 그들에게 필요한 것은 자신의 약점을 이길 수 있도록 성령 충만을 받는 일이다.

성령의 능력만이 우리 자신의 약점을 극복하게 해준다. 그리스도인의 삶에서 가장 중요한 한 가지를 꼽자면 성령 충만해지는 것이다. 8장으로 다시 돌아가 "성령으로 충만해지는 법"을 읽고 매일 성령 충만해지자.

한 젊은이가 존경하는 노인에게 영적으로 패배한 마지막 날이 언제였느냐고 물었다. 노인은 30년 전이라고 대답했다. 그는 30년 전부터 죄를 짓고 나면 한 시간 이내에 회개의 기도를 하기로 다짐하고 그것을 실천해 왔다고 설명했다. 그 둘 사이의 시차가 줄어들수록 성령으로 행할 가능성은 더욱 높아진다.

성령 충만을 진심으로 간구할 때눅 11:13, 우리는 성령 충만한 삶의 승리와 능력을 누리게 될 것이다. 일관성을 가지는 데까지는 시간이 걸리겠지만, 우리가 극복해야 할 대상은 여러 해 동안 습관으로 굳어진 것들임을 기억해야 한다. 당장에는 변화를 느끼기 어렵겠지만, 언젠가 우리가 새로운 피조물로 일상을 살아갈 날이 올 것이다. 참으로 주님께 찬양할 일이다.

여호와께서 우리를 위하여 대사를 행하셨으니 우리는 기쁘도다.시 126:3

토의를 위한 질문

1. 성령 충만한 열두 위원(각 기질조합에서 한 사람씩)으로 구성된 교회 위원회를 상상해 보자. 이 위원회는 어떻게 "일할까?" 위원들은 우선순위와 제안 내용에 대해 언제나 동의할까?

2. 이 책을 공부하면서 자신의 기질유형에 대해 알게 된 가장 중요한 사실 두 가지를 말해 보자.

3. 자신의 기질조합을 고려할 때, 성령의 아홉 가지 열매 중 자신의 약점들을 이겨내기 위해 가장 필요한 것은 무엇일까?

4. 꾸준히 성령으로 행하여 성령의 열매들을 맺는다면 우리의 다음 주는 어떻게 달라질까?

5. 꾸준히 성령으로 행하여 성령의 열매들을 맺는다면 우리의 인간관계는 어떻게 달라질까?

6. 하나님은 우리의 잠재력을 살려 온전히 사용하기 원하신다. 이 책을 보는 도중 성령께서 각자 개발해야 할 부분을 새롭게 보여주셨는가?

7. 이 책을 통해 배운 가장 큰 교훈은 무엇인가? 구체적으로 말해 보자.

8. 이 책에 덧붙이고 싶은 내용이 있다면 무엇인가?

인용 도서 목록

Brandt, Henry. *The Struggle for Peace*. Wheaton, Ill.: Victor Books, 1965.

Cramer, Raymond L. *The Psychology of Jesus and Mental Health*. Grand Rapids: Zondervan, 1959. 예수님의 심리학과 정신 건강 (생명의말씀사)

Field, David. *Marriage Personalities*. Eugene, Oreg.: Harvest House, 1986.

Hallesby, Ole H. *Temperament and the Christian Faith*. Minneapolis: Augsburg, 1962.

Lenski, Richard C. *Interpretation of Galatians, Ephesians, and Philippians*. Minneapolis: Augsburg. 1937.

Lloyd-Jones, D. Martyn. *Spiritual Depression: Its Causes and Cure*. Grand Rapids: Eerdmans, 1965.

Maltz, Maxwell. *Psycho-Cybernetics*. Hollywood: Wilshire, 1967.

McMillen, S. I. *None of These Diseases*. Grand Rapids: Fleming H. Revell, 1963.

Newton, Joseph Fort. "A Minister's Mail." *Readers's Digest*. Reprint, October 1964.

역자 후기

　성령과 기질을 번역하다 보니 요한복음 5장에 등장하는, 베데스다라는 못에서 지내는 38년 된 병자의 사연이 떠올랐다. 그곳에는 가끔 천사가 내려와서 물을 동하게 하는데 그때 제일 먼저 들어가는 사람의 병이 나았다고 한다. 예수님은 그 사람의 병이 오래된 줄 아시고 이렇게 물으셨다.
　"네가 낫고자 하느냐?"
　뚱딴지같은 질문이 아닐 수 없다. 그러나 38년 된 병자의 대답을 들어 보면 그렇지가 않음을 알 수 있다.
　"주여, 물이 동할 때에 나를 못에 넣어줄 사람이 없어 내가 가는 동안에 다른 사람이 먼저 내려가나이다."
　그 말대로라면 그 사람이 거기 왜 앉아 있는지 의심스럽다. 정말 물이 동할 때 들어가서 낫고 싶은 의지가 있는 사람의 대답이 아니라, '내가 나을 수 없는 너무도 필연적인 이유'를 갖고 있는 사람의 답변으로 들린다. 자기를 도와줄 사람이 없다는 '외부적인 요인'을 버젓이 내놓는다. 그러니까 그 사람이 거기 있는 것은, 혹시 그곳에서 구걸을 한다거나 하는 다른 이유가 있는 게 아닐까 하는 의심이 생기는 것이다. 물론 모르는 일이다. 하지만 나중에 그 사람을 만나신 예수님의 당부는 그것이 단지 '쓸데없는 상상'이 아님을 보여준다. 예수님은 이렇게 말씀하셨기 때문이다.

"보라 네가 나았으니 더 심한 것이 생기지 않게 다시는 죄를 범치 말라."
글쎄, 38년 동안 꼼짝도 못한 병자가 과연 어떤 죄를 범할 수 있을까?

번역만 해서 먹고 산 지가 벌써 2년이 넘고, 그 동안 번역한 책도 스무 권이 훌쩍 넘어갔다. 대부분 신앙서적을 번역하다 보니 아무래도 자주 접하게 되는 이름이 있다. 동일한 저자의 작품을 몇 번 번역하게 되는 경우도 생긴다. '팀 라헤이'도 그 중 한 명이었다. 내가 그 이름을 처음 접하게 된 것은 레프트 비하인드라는 책을 번역할 때였다. 나이 많은 할아버지가 상상력이 풍부하시구나, 그런 생각을 했더랬다. 그 후에 기질에 관한 책을 번역하는 과정에서 그의 이름과 이 책 성령과 기질에 대해 듣게 되었다. 기독교권에서 나온 기질에 관한 서적의 선구자격에 해당하는 이 책은 말하자면 그쪽 분야에서 '고전'처럼 소개되고 있었다. 팀 라헤이에 대한 친숙함도 있고, 고전은 고전이 된 이유가 있는 법이라, 한번 봐야지 마음먹고 있었다.

그리고 이 책의 번역을 맡아 꼼꼼히 읽어 나가면서 이런 질문을 던지게 되었다. 기질에 관한 기독교 서적이 많이 있지만, 이 책이 고전으로 통하고 여전히 많은 사람들의 마음을 끄는 이유는 무엇일까? 이 책이 수없이 쏟아져 나오는 기질 관련 저서와 구별되는 점은 뭘까?

이 책의 특징은 '달라지려고 노력하라'는 풍의 인간적인 노력에 호소하지 않는다는 데 있다. 그것은 성령과 기질 원제 Spirit-Controlled Temperament, 성령 충만한 기질이라는 제목에도 잘 드러나 있다. 그 제목은 '기질은 날 때부터 타고 나는, 근본적으로는 변하지 않는 개인의 특성이지만, 성령 충만을 받은 사람에게서는 기질이 변했다는 느낌이 들 정도로 다른 모습이 나타난다'는 책의 요지를 그대로 담고 있다. 그래서 이 책은 상당한 분량을 할애해 성령 충만을 받는 법을 소개하고 있다. 그것이 나름대로 분석과 진단을 제시하지만, 정작 처방이라는 면에서는 뾰족한 수를 제시하지 못하는 여타의 기질 관련 서적과의 가장 큰 차이점이다.

저자는 성령 충만을 받는 것을 축으로 하는, 기질상의 약점을 이기기 위한 일종의 비법을 제시한다. 그것이 어떤 면에서 너무 기계적이고 지나친 단순화가 아닌가 하는 느낌이 들 수 있다. 하지만 그렇게 삐딱하게만 볼 일은 아니다. 저자가 제시하는 약점 극복의 비결은 그대로 기계적으로 따라하면 효과가 보장되는 주문이나 공식이 아니라, 성령님의 도우심을 구하고 그로 인해 자신의 약점을 극복하기 원하는 자들을 위한 가이드라인이라고 봐야 할 것이다.

어떤 면에서 우리 모두 38년 된 병자와 같다. 각자의 기질상의 약점으로 수년, 때로는 수십 년 이상 시달려온 만성 환자들이다. 그런 우리에게 예수님이 다가오신다. "네가 낫고자 하느냐?" "그게 무슨 말씀입니까?" 하고 따져 묻기 전에 한번 곱씹어볼 일이다. 나는 38년 된 병자처럼 이렇게 묻고 있지는 않은가? "도와줄 사람이 없어서 나을 수가 없네요. 그냥 이렇게 살아야겠네요. 그러니 마음에 걸리는 그런 얘긴 그만하시고 돈푼이나 주시면 안 될까요?"

개인적으로 이 책에서 가장 인상적이었던 부분은 우울증의 원인을 '자기 연민'으로 적시한 11장이다. 자기 연민은 그 자체로 볼 때 얼마든지 타당성이 있을 수 있다. 그러나 거기서 또한 38년 된 병자의 목소리를 들을 수 있다. "나름대로 나도 힘들다구요. 여기 매일 나와 있는 게 쉬운 일인 줄 아십니까? 여기 나와 있는 게 어딥니까?"

예수님은 성령을 주심으로 내게 죄와 약점에서 벗어날 길을 주셨다. 이제는 "보라 네가 나았으니 더 심한 것이 생기지 않게 다시는 죄를 범치 말라"고 당부하시는 게 아닐까. 그렇게 생각하니 저자가 참 친절한 안내자라는 생각이 들었다. 예수님이 자주 하신 말씀이 믿음대로 되라는 말씀이었다. 그건 어떤 면에서는 정말 원하는 것을 얻게 된다는 말씀이 아닐까. 내가 정말 원하는 건 뭘까. 38년 된 병자는 병이 낫고 나서 새로운 일거리를 찾아야 했을 것이다. 그것이 과연 만만한 일이었을까? 그냥 누워있던 옛날로 돌아가고 싶은 적은 없었을까? 아마 그런 그에게 예수님이 '더 심한 것이 생기지 않게 죄를 범치 말라'고 하신 것이 아닐까?

이런저런 생각을 해보게 하는 성령과 기질, 마음을 비우고 일독을 해볼 것을 권한다. 나와 아내가 그랬듯, 많은 유익을 얻을 수 있으리라.

사명선언문

너희가 흠이 없고 순전하여……세상에서 그들 가운데 빛들로
나타내며 생명의 말씀을 밝혀 _ 빌 2:15-16

1. 생명을 담겠습니다
만드는 책에 주님 주신 생명을 담겠습니다.
그 책으로 복음을 선포하겠습니다.

2. 말씀을 밝히겠습니다
생명의 근본은 말씀입니다.
말씀을 밝혀 성도와 교회의 성장을 돕겠습니다.

3. 빛이 되겠습니다
시대와 영혼의 어두움을 밝혀 주님 앞으로 이끄는
빛이 되는 책을 만들겠습니다.

4. 순전히 행하겠습니다
책을 만들고 전하는 일과 경영하는 일에 부끄러움이 없는
정직함으로 행하겠습니다.

5. 끝까지 전파하겠습니다
모든 사람에게, 땅 끝까지, 주님 오시는 그날까지
복음을 전하는 사명을 다하겠습니다.

서점 안내

광화문점 서울시 종로구 새문안로 69 구세군회관 1층
02)737-2288 / 02)737-4623(F)

강남점 서울시 서초구 신반포로 177 반포쇼핑타운 2층
02)595-1211 / 02)5953549(F)

구로점 서울시 동작구 시흥대로 602, 3층 302호
02)858-8744 / 02)838-0653(F)

노원점 서울시 노원구 동일로 1366 삼봉빌딩 지하 1층
02)938-7979 / 02)3391-6169(F)

일산점 경기도 고양시 일산서구 중앙로 1391 레이크타운 지하 1층
031)916-8787 / 031)916-8788(F)

의정부점 경기도 의정부시 청사로47번길 12 성산타워 3층
031)845-0600 / 031)852-6930(F)

인터넷서점 www.lifebook.co.kr